教师教育系列教材

# 心理学原理与应用

贾宏汝　主编

清华大学出版社
北　京

## 内 容 简 介

本书立足于为读者提供心理学在实践活动中的理论指导，让读者在遇到心理问题的时候，能够找到适当的解决办法。全书共分为十六章，第一章～第十二章是基础原理部分，在内容上分别对心理学的发展脉络、相关思想以及生理基础进行了介绍，从感知觉、意识、注意、记忆、思维、想象、情绪情感、意志、个性倾向、气质、性格和能力等方面解释了人的心理活动。第十三章～第十六章是心理学的实践应用内容，第十三章～第十五章对青少年的学习和心理健康进行了介绍，第十六章阐述了教师的心理特征和促进师生共同成长的方式。

本书既可用作高等院校的公共心理学课程教材，也可用作教师资格证培训、中小学教师继续教育培训教材和自学者的参考书。

本书封面贴有清华大学出版社防伪标签，无标签者不得销售。
版权所有，侵权必究。举报：010-62782989，beiqinquan@tup.tsinghua.edu.cn。

**图书在版编目(CIP)数据**

心理学原理与应用/贾宏汝主编. —北京：清华大学出版社，2021.7
教师教育系列教材
ISBN 978-7-302-58154-3

Ⅰ. ①心… Ⅱ. ①贾… Ⅲ. ①心理学—师资培训—教材 Ⅳ. ①B84

中国版本图书馆 CIP 数据核字(2021)第 085708 号

责任编辑：孟　攀
装帧设计：杨玉兰
责任校对：李玉茹
责任印制：沈　露

出版发行：清华大学出版社
　　网　　址：http://www.tup.com.cn, http://www.wqbook.com
　　地　　址：北京清华大学学研大厦 A 座　　邮　编：100084
　　社 总 机：010-62770175　　邮　购：010-62786544
　　投稿与读者服务：010-62776969, c-service@tup.tsinghua.edu.cn
　　质量反馈：010-62772015, zhiliang@tup.tsinghua.edu.cn
　　课件下载：http://www.tup.com.cn, 010-62791865
印 装 者：北京鑫海金澳胶印有限公司
经　　销：全国新华书店
开　　本：185mm×260mm　　印　张：12　　字　数：292 千字
版　　次：2021 年 9 月第 1 版　　印　次：2021 年 9 月第 1 次印刷
定　　价：39.00 元

产品编号：091393-01

# 前　言

从1879年冯特将心理学作为一门单独的学科独立出来之后，心理学便有了很大的发展，在发展初期，心理学有很多派系，不同主张的心理学家对心理学的研究对象、主要任务、研究方法以及心理现象都有自己的见解，各个派别之间的理论也有较大的差异。在第二次世界大战之后，各个派别的心理学思想才开始彼此融合和吸收，心理学家们对客观对象的研究才开始趋向统一。

近20年来，人类政治经济、医学科技、教育教学等都有了较大进步，所以心理学在对人的认知结构、人的心理发展、人脑的机制以及人在心理学社会实践中体现出来的行为等方面的研究更加深入。在政治、经济和科学技术的影响下，国内外的心理学理论在相互交流和借鉴的过程中非常迅猛地发展着，心理学逐渐成为一门较为成熟的学科。

这本书在编写的时候主要分为两大篇目，第一个篇目是基础原理篇，首先，对心理学的研究对象、研究任务和方法，以及心理学的诞生、发展和现状进行介绍，之后阐述了人的心理产生的生物学基础，以及人脑与心理的联系等相关内容，最后是对普通心理学中心理现象研究的一般规律分别进行介绍。第二个篇目是实践应用篇，首先，阐述了青少年的心理发展、学习心理以及心理健康的相关内容，其次，对教师在成长和发展中的心理特征和心理健康进行介绍，从理论和实践两个方面入手，对心理学的相关内容进行说明。

编　者

# 目 录

## 第一章 心理学概述 ............ 1

### 第一节 心理学的研究对象 ............ 1
一、心理与心理现象 ............ 1
二、心理学 ............ 2
三、心理学的意义 ............ 3

### 第二节 心理学研究的任务、原则和方法 .... 5
一、心理学研究的任务 ............ 5
二、心理学研究的基本原则 ............ 6
三、心理学研究的方法 ............ 7

### 第三节 心理学的诞生与发展 ............ 8
一、心理学的诞生 ............ 8
二、心理学的发展 ............ 10
三、心理学的现状 ............ 11

课后习题 ............ 12

## 第二章 心理的生物学基础 ............ 13

### 第一节 心理行为产生的基础 ............ 13
一、人脑的机能 ............ 13
二、客观现实的反映 ............ 14

### 第二节 神经系统的结构与功能 ............ 15
一、周围神经系统 ............ 15
二、中枢神经系统 ............ 17
三、神经系统的基本活动方式 ............ 18

### 第三节 大脑的结构与功能 ............ 19
一、大脑的结构 ............ 19
二、大脑皮层的分区及机能 ............ 20
三、脑功能研究的主要理论 ............ 21

### 第四节 脑与心理活动 ............ 23
一、脑与认知 ............ 23
二、脑与行为 ............ 24
三、脑与情绪 ............ 25
四、脑与人格 ............ 26

课后习题 ............ 27

## 第三章 感觉与知觉 ............ 28

### 第一节 感觉 ............ 28
一、感觉的概念 ............ 28
二、感觉的种类 ............ 28
三、感受性与感觉阈限 ............ 30
四、感觉的基本规律 ............ 31

### 第二节 知觉 ............ 32
一、知觉概述 ............ 32
二、知觉的种类 ............ 33
三、知觉的特性 ............ 34
四、错觉 ............ 36

### 第三节 良好感知觉能力的培养 ............ 37
一、感觉能力的发展 ............ 37
二、知觉能力的发展 ............ 38
三、观察力的发展 ............ 39

课后习题 ............ 40

## 第四章 意识与注意 ............ 41

### 第一节 意识概述 ............ 41
一、意识的概念和特性 ............ 41
二、意识的水平和分类 ............ 42
三、意识的局限性及能动性 ............ 43
四、生物节律的周期性与意识状态 .... 44

### 第二节 几种特殊的意识状态 ............ 44
一、睡眠 ............ 45
二、梦 ............ 45
三、催眠 ............ 46

### 第三节 注意 ............ 47
一、注意的概念及特性 ............ 47
二、注意的功能 ............ 48
三、注意的分类 ............ 49
四、注意与心理活动的关系 ............ 50
五、注意的影响因素 ............ 51

第四节　注意的品质与培养 ..................... 52
　　　　一、注意的广度与培养 ..................... 52
　　　　二、注意的稳定性与培养 ................... 53
　　　　三、注意的分配与培养 ..................... 54
　　　　四、注意的转移与培养 ..................... 55
　　课后习题 ..................................... 56

## 第五章　记忆 ..................................... 57

　　第一节　记忆概述 ............................. 57
　　　　一、什么是记忆 ........................... 57
　　　　二、记忆的类型 ........................... 58
　　　　三、记忆的作用 ........................... 59
　　第二节　记忆的过程 ........................... 60
　　　　一、识记 ................................. 60
　　　　二、保持 ................................. 61
　　　　三、再现 ................................. 62
　　　　四、遗忘 ................................. 63
　　第三节　记忆品质及其培养 ..................... 64
　　　　一、记忆品质 ............................. 64
　　　　二、良好记忆品质的培养 ................... 65
　　课后习题 ..................................... 66

## 第六章　思维与想象 ............................... 67

　　第一节　思维概述 ............................. 67
　　　　一、思维的概念及其特征 ................... 67
　　　　二、思维的过程 ........................... 68
　　　　三、思维的种类 ........................... 69
　　　　四、思维的形式 ........................... 69
　　第二节　表象与想象 ........................... 70
　　　　一、表象 ................................. 70
　　　　二、想象 ................................. 72
　　第三节　问题解决 ............................. 73
　　　　一、问题解决的概念 ....................... 74
　　　　二、问题的表征 ........................... 75
　　　　三、问题解决的策略 ....................... 75
　　第四节　思维与想象能力的培养 ................. 77
　　　　一、思维的品质 ........................... 77
　　　　二、创造性思维的培养与训练 ............... 78
　　　　三、解决问题能力的培养 ................... 79

　　　　四、想象力的培养 ......................... 80
　　课后习题 ..................................... 81

## 第七章　情绪和情感 ............................... 82

　　第一节　情绪 ................................. 82
　　　　一、情绪的概念 ........................... 82
　　　　二、情绪的状态 ........................... 83
　　　　三、情绪的功能 ........................... 84
　　　　四、情绪的外部表现 ....................... 85
　　　　五、情绪理论 ............................. 86
　　第二节　情感 ................................. 87
　　　　一、情感的概念 ........................... 87
　　　　二、情感的种类 ........................... 88
　　　　三、情感与情绪的关系 ..................... 89
　　第三节　情绪调控与情感的培养 ................. 90
　　　　一、情绪的调控 ........................... 90
　　　　二、情感的培养 ........................... 92
　　课后习题 ..................................... 92

## 第八章　意志 ..................................... 93

　　第一节　意志概述 ............................. 93
　　　　一、意志的概念 ........................... 93
　　　　二、意志与认识、情感的关系 ............... 94
　　第二节　意志行动 ............................. 95
　　　　一、意志行动的特征 ....................... 95
　　　　二、意志行动的过程 ....................... 95
　　第三节　意志行为中的挫折 ..................... 97
　　　　一、挫折的概念 ........................... 97
　　　　二、挫折产生的原因 ....................... 98
　　　　三、增强挫折承受力的方法 ................. 98
　　第四节　意志品质及其培养 ..................... 99
　　　　一、意志品质 ............................. 100
　　　　二、意志的发展 ........................... 101
　　　　三、意志的培养 ........................... 102
　　课后习题 ..................................... 103

## 第九章　个性倾向 ................................. 104

　　第一节　需要 ................................. 104
　　　　一、需要的概念 ........................... 104
　　　　二、需要的种类 ........................... 105

三、需要层次理论 .................. 105
　　四、需要的发展及培养 .............. 106
第二节　动机 .......................... 107
　　一、动机概述 ...................... 107
　　二、动机理论 ...................... 108
　　三、良好动机的培养 ................ 109
第三节　兴趣、志向和价值观 ............ 110
　　一、兴趣 .......................... 110
　　二、志向 .......................... 111
　　三、价值观 ........................ 112
　　四、兴趣、志向和价值观的培养 ...... 113
课后习题 .............................. 114

## 第十章　气质 ........................ 115

第一节　气质概述 ...................... 115
　　一、气质的概念和特征 .............. 115
　　二、气质的类型 .................... 116
第二节　气质对个性心理和实践的影响 .... 117
　　一、气质对能力的影响 .............. 117
　　二、气质对职业活动的影响 .......... 118
　　三、气质对心理健康的影响 .......... 118
　　四、气质对自我教育的影响 .......... 119
课后习题 .............................. 120

## 第十一章　性格 ...................... 121

第一节　性格概述 ...................... 121
　　一、性格的概念 .................... 121
　　二、性格的结构特征 ................ 122
　　三、性格的类型 .................... 122
第二节　性格理论与性格测量 ............ 123
　　一、性格理论 ...................... 123
　　二、性格的评测 .................... 124
课后习题 .............................. 125

## 第十二章　能力 ...................... 126

第一节　能力概述 ...................... 126
　　一、能力的概念 .................... 126
　　二、能力与知识、技能的关系 ........ 126
　　三、能力的种类 .................... 127
第二节　能力理论与能力测量 ............ 128

　　一、能力理论 ...................... 129
　　二、能力测量 ...................... 130
第三节　能力的形成与发展 .............. 131
　　一、影响能力形成与发展的因素 ...... 131
　　二、能力发展的一般趋势 ............ 132
　　三、能力发展的个体差异 ............ 133
课后习题 .............................. 133

## 第十三章　青少年的心理发展 .......... 134

第一节　心理发展概述 .................. 134
　　一、什么是心理发展 ................ 134
　　二、终身发展观 .................... 135
　　三、心理发展的影响因素 ............ 136
第二节　心理发展的主要理论 ............ 137
　　一、精神分析发展理论 .............. 137
　　二、行为主义发展观 ................ 138
　　三、认知发展理论 .................. 139
　　四、文化—历史发展理论 ............ 140
　　五、社会学习理论 .................. 141
第三节　青少年心理发展的特点 .......... 142
　　一、个体心理发展的总体特点 ........ 142
　　二、青少年的心理发展特点 .......... 143
课后习题 .............................. 144

## 第十四章　青少年学习心理 ............ 145

第一节　青少年学习的特点和意义 ........ 145
　　一、学习的定义与青少年学习的
　　　　特点 .......................... 145
　　二、学习的类型 .................... 145
　　三、青少年学习的意义 .............. 147
第二节　学习理论 ...................... 148
　　一、行为主义学习理论与行为
　　　　塑造 .......................... 148
　　二、认知主义学习理论与知识
　　　　获得 .......................... 149
　　三、建构主义学习理论与新课程
　　　　改革 .......................... 149
第三节　学会学习 ...................... 150
　　一、学习动机及其激发 .............. 150

二、学习迁移及其促进 ..................... 151
　　三、学习策略及其训练 ..................... 152
　　四、学习风格及其差异 ..................... 153
**课后习题** ........................................... 154

## 第十五章　青少年心理健康 ............ 155

第一节　青少年心理健康教育 ..................... 155
　　一、心理健康的含义与标准 ............. 155
　　二、青少年心理健康的现状 ............. 156
　　三、学校心理健康教育 ..................... 157
第二节　学校心理辅导 ..................................... 158
　　一、学校心理辅导的含义 ................. 158
　　二、学校心理辅导的内容 ................. 159
　　三、学校心理辅导的原则和形式 ..... 160
　　四、学校心理辅导的主要方法 ......... 161
第三节　青少年常见心理问题的对策 ......... 163
　　一、青春期性心理问题 ..................... 163
　　二、学习心理问题 ............................. 164
　　三、人际交往问题 ............................. 165
　　四、青少年心理压力 ......................... 166
　　五、不良个性问题 ............................. 168

**课后习题** ........................................... 169

## 第十六章　教师心理 ........................ 170

第一节　教师的心理特征 ......................... 170
　　一、教师角色 ..................................... 170
　　二、教师威信 ..................................... 171
　　三、教学效能感 ................................. 173
　　四、教师期望 ..................................... 174
　　五、教师的人格品质与认知风格 ..... 175
　　六、教师的必备能力 ......................... 175
第二节　教师的成长与发展 ..................... 176
　　一、教师的成长历程 ......................... 176
　　二、教师成长与发展的基本途径 ..... 177
　　三、专家型教师 ................................. 178
第三节　教师心理健康 ............................. 180
　　一、教师心理健康的标准 ................. 180
　　二、中小学教师常见的心理问题 ..... 181
　　三、影响教师心理健康的因素 ......... 182
　　四、教师心理健康的自我维护 ......... 183

**课后习题** ........................................... 184

# 第一章　心理学概述

春秋战国时期，庄周在睡着的时候梦见自己变成了一只正在飞舞的蝴蝶，他十分开心，在睡醒后，他恍惚之间甚至分不清楚是自己做梦变成了蝴蝶，还是自己本就是蝴蝶，现在做梦变成了庄周。这件事，看似是庄周还没有睡醒，实际上体现出的是他对自我意识的探索，但是由于当时对心理学的认识和观察并没有很先进的方法，所以对心理学的研究带有主观臆测的成分。虽然古代有很多人都在研究人的心理活动，但是那时候的心理学只能归属于哲学，还没有成为一门独立的学科。

## 第一节　心理学的研究对象

人的心理活动是一个不断变化的过程，思考的过程是人的主观意识对客观事物的反映过程，心理现象是心理活动的表现形式。冯特在1879年建立了第一个心理学实验室，标志着心理学终于成为一门独立的学科，在此之后，无数的医生和心理学家提出了他们对心理学的不同见解，于是形成了心理学上的多个理论流派，人们开始用心理学的相关理论来探讨人的心理对生活、教育以及企业管理等多个方面产生的重要意义。

### 一、心理与心理现象

心理指的是人的内在活动状态，是人在不断思考的一个过程，是人的主观意识对于客观事物的反映。心理主要是一个变化过程，在这个过程中心理会不断地发展和演变，人的心理是对外界的反映，所以心理也会从人的行为举止以及对外界的反应中体现出来，除了植物人之外，人的喜怒哀乐都会反映到现实环境中，实现人与人之间的交流和沟通。

心理现象可以分为心理过程、心理状态和心理特征三类(见图1-1)，是心理活动的表现形式。其中心理过程是在客观事物的作用下心理活动的发生和发展过程，可以分为认知过程、情感过程和意志过程三个阶段，下面就对这三个过程进行简单的概念介绍。

图1-1　心理现象的分类

认知过程指的是人们学习知识并对知识进行信息加工和运用的过程，是基本的心理过程之一，包括感觉、知觉、记忆、思维和想象等因素；情感过程是一个人对于客观事物的表达过程，其内容主要是人对事物的态度。例如满意、愉快和悲伤等，是人的感受不断对外表达的一个过程；意志过程指的是一个人为了改变客观环境和事物，有计划、有意识地一步一步实现心理预期目标的过程，在完成这个过程中个人可能会选择多种方式来接近心理预期，克服一切困难来实现目标，这样的内在心理活动的流程就叫作意志过程。

心理状态具体指的是一段时间内稳定的心理活动，例如上课听讲时的聚精会神与注意力分散的状态，遇到高兴事情时的激情状态，以及充满信心的状态和产生犹豫的状态，这些都包括在心理状态的范围之内，是心理活动的基本形式之一。

心理特征指的是人在进行心理活动的时候所具备的稳定性特点，这些特点在能力、气质以及性格上都会有较大的差异性。例如有的人动手能力很强、有的人更擅长理论分析、有的人平易近人、有的人温婉大方、有的人开朗外向、有的人性格内向，这些都是不同心理特征的不同特点。

### 拓展阅读

心理特征中的能力指的是人们在完成社会活动的质量和数量水平上的限制因素，人人都具有能力，但不是每个人都具备特殊能力，比如说智力就是每个人都具备的一般能力，但是跳高就不是每个人都具备的能力，所以跳高就属于特殊能力。

性格来自希腊语"Character"，原意为属性，也就是一个人在社会活动中对外界的一种固有态度。性格会在人成长的过程中受到外界的一定影响而产生变化，例如有的人对待工作会十分用心，但是有的人就会懒懒散散地完成工作任务；有的人对待别人十分大方，但是也有人十分吝啬：这都是由于人们的性格导致的，同时也受到了外界的一定影响。

## 二、心理学

心理学在1879年才成为一门独立的学科，是因为那一年冯特建立了第一个专门的心理实验室，这个实验室位于德国的莱比锡大学内，从此冯特被称为"心理学之父"。在1879年之后出现了很多重要的心理学家，其中包括艾宾浩斯、弗洛伊德等。心理学是一门研究行为和心理现象的学科，它的分析对象不仅仅是人类，还包括具有行为和心理现象的动物。心理学包括理论知识和具体应用两个方面，由此也延伸出了理论心理学和应用心理学两个板块的内容。

心理学中影响最大的有三个流派，分别是精神分析学派、行为主义学派和人本主义心理学派(见图1-2)。精神分析学派的创始人是弗洛伊德，弗洛伊德总结了毕生的医疗实践，对病人的心理进行分析，通过精神分析和治疗提出了学说的主要理论，即人格理论和潜意识理论。弗洛伊德强调人的本能行为是自然的，以性欲为出发点。弗洛伊德还开始了在潜意识领域的研究，在此基础上阐释了无意识的功能和作用。作为医生的弗洛伊德在不断的医学实践和研究中十分重视对人格的研究，也十分重视心理学的诊断和应用。

行为主义代表人物是约翰·华生和伯尔赫斯·弗雷德里克·斯金纳。华生在20世纪20年代创立了行为主义心理学，该理论体系对心理学的整体发展具有重要的意义，在之后的时间里行为主义在不断地发展壮大，其中最具有影响力的心理学家就是斯金纳。

图 1-2　心理学中影响最大的三个流派

行为主义可以分为旧行为主义和新行为主义，以华生为代表的旧行为主义认为环境是决定人的行为的根本因素，人的行为都是在后天的学习中获得的，人们可以学习到病态的行为，也可以通过学习来改变这种不良的行为，提出了环境刺激与行为反应之间的规律性关系。以斯金纳为代表的新行为主义认为人的行为必须在自然科学的范围内研究，人的一切行为都是由外部的环境所决定的，人们会去重复有着积极结果的行为，而会尽量避免去重复有着消极后果的行为。行为主义主要采用客观的实验方法来进行研究，并不适用内省法为主要内容的研究方法。

人本主义学派的主要代表人物是亚伯拉罕·马斯洛和卡尔·罗杰斯。马斯洛的自我实现论认为人的行为主要驱使力是人的需要，他将人的需求按照金字塔的形式分为 7 个层次，从下至上分别是生理需求、安全需求、归属与爱的需求、尊重需求、认识需求、审美需求和自我实现需求，这就是著名的马斯洛需求层次理论。罗杰斯认为，人都有追求自我价值实现的趋向，罗杰斯主张用引导的方式来帮助人们决定自己的行为、表达自己的思想感情，让人的心理得到更健康的发展。

### 拓展阅读

心理学与医学、生物学和社会学等科学有关，心理学一方面在尝试用大脑运作来解释人的行为和心理，这就是和神经学有关的内容，属于医学的范畴；另一方面心理学在尝试解释人的心理与交往行为和社会行为的联系，这就属于生物学和社会学的范畴了。心理学在不同方面的研究是和不同的学科相关的，这也是在早期心理学属于哲学范畴的原因之一，它所涉及的人格、行为和人际关系等领域都和哲学有着共通之处。

## 三、心理学的意义

心理学是一门研究人和动物心理活动的学科，从这个概念上来看，心理学的主要研究对象就是人类和动物。人类的心理活动有非常高的研究价值，心理学也能够帮助人们更好地在社会中生活，不管是正在上学的孩子还是已经进入社会工作的成人，每个人在生活中都承受着巨大的压力，随着人们心理问题的逐渐显现，心理学也越来越被社会所重视。心理学的应用不仅仅是在医学领域，在生活、教育和企业管理等领域都能够起到一定的指导作用。接下来就从生活、教育和企业管理三个角度来介绍心理学研究的意义，如图 1-3 所示。

#### 1. 生活角度

心理学在生活上能够改变人的情绪并进而改善人的人际关系，能够有效地激发人的积极情绪，用乐观的态度去对待生活，积极地思考问题，在遇到困难的时候有勇气和毅力去迎接挑战。

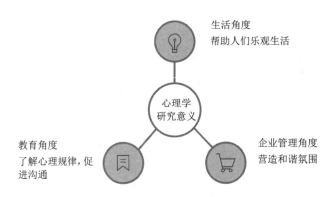

图 1-3　心理学研究的意义

社会心理学研究发现了首因效应和近因效应。首因效应指的是双方对彼此的第一印象影响了之后双方的交往交流活动；近因效应和首因效应相反，指的是当人们在受到一系列事物刺激的时候，会对最后面的事物产生优于中间事物的印象。这就是心理学知识在生活中的应用，人们可以利用心理学的相关知识来处理人际关系，例如在第一次约会的时候给对方留下好的印象，在约会结束的时候也要好好表现。应用好心理学知识，能够提升生活的质量，让人们更加了解自己。

### 2. 教育角度

心理学在人才教育和培养的过程中具有重要的意义，教师能够运用心理学的知识去了解学生，引导学生，和学生交流，了解学生的心理发展规律，能够让教师在和学生沟通的过程中避免单纯的说教，而是能够从学生的角度出发，帮助学生认识到错误。在教学中运用心理学能够有效地拉近教师和学生之间的距离，提高教师的工作效率。

从学生角度上来说，当教师能够从学生的角度思考问题，体会学生心理的时候，学生会很愿意和教师成为朋友，学生们会在喜欢上教师的同时喜欢上这一门学科，在学习上学生会更加积极主动，这样才能够达到教育的目的。

从学校的方面来看，由于很多学生在认识到社会压力之后会产生考试焦虑的心理，也有很多学生因为考试成绩不理想而产生负面的心理情绪，也因为有这些现象的出现，学校开始对心理学逐渐地重视了起来，现在各学校基本上都配备了心理咨询室，帮助同学们解决心理上的问题，以免出现因心理问题而造成生命陨落的事件。

### 3. 企业管理角度

心理学在企业管理中的应用有助于企业打造管理形式的差异性，营造和谐的工作氛围。及时了解工作人员的心理变化，在第一时间与其进行沟通疏导，能够有效地达到优化管理模式的目的。在企业管理中应用心理学还可以完善绩效管理形式，对现有的管理模式进行优化，提升员工的工作效率，激发员工的工作积极性。

心理学能够帮助企业管理人员优化人员甄选形式，在这个过程中只有对人的心理状态有一定的了解，才能够不断地完善应用体系，对人才资源进行合理配置，按照员工的能力将其分配到不同的岗位上。心理学还可以帮助管理人员优化组织管理形式，在此过程中应用管理心理学的知识能够促进员工之间的相互团结，让员工之间积极沟通和交流，促进企业的可持续发展。

## 第二节 心理学研究的任务、原则和方法

在进行心理学研究的时候,需要有任务上的指引才能更好地开展实验活动。对于心理学家来说,心理学研究的任务主要是对心理事实和心理规律的描述,以及对心理问题的预测和控制,并且在完成心理学研究任务的时候要遵循客观性、辩证发展和理论联系实际的原则,使用观察法、实验法等多种方法来进行心理学的研究。

### 一、心理学研究的任务

对心理学的研究不能仅仅局限于理论的研究上,还要将心理学的知识应用于实践活动中,这样才能够为人们的生活和工作带来帮助,让人们有积极向上乐观的态度,所以心理学的实践也是心理学家们的研究重点。在这之前首先要做的就是明确心理学研究的基本任务,心理学的研究任务包括描述心理事实、阐述心理规律、预测和控制心理问题(见图1-4),接下来就对这三个任务进行介绍,帮助读者了解心理学研究任务的内容。

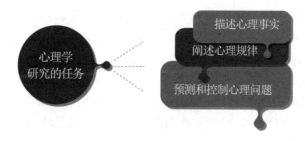

图1-4 心理学研究的任务

1. **描述心理事实**

进行心理学研究的第一步就是对心理现象进行科学的分析,这就要求心理学家们能够从科学的角度出发对出现过的各种心理现象进行界定,并以此作为判定标准来建立并发展心理学,让已经成为独立学科的心理学,有更完善的理论体系和科学概念。

2. **阐述心理规律**

心理学的科学性要求人们在研究心理学的时候不能只是单纯地去描述心理现象发生的事实,还要对现象从发生到结束的过程进行说明,揭示出这些心理现象产生的规律。这是人们在研究心理学的时候必须做的一项重要工作,也是在分析心理学的时候最重要的一步。

3. **预测和控制心理问题**

前面的两个任务都是从认识层面上来说的,但是从实践的角度上来说,心理学家们还要将自己的研究成果和社会现实相结合,改造客观世界的实践活动。心理学的知识可以帮助医生和心理学家预测和控制心理问题,让更多的人接受心理疏导,帮助人们在实践中了解、预测和控制自己的情绪。心理学家在预测心理问题的时候最常使用的就是测试量表,通过题目测试的方式可以判断出人们的智力、性格、气质和兴趣等心理表现形式,用以了

解人们的心理发展水平，提供专业的心理指导。

心理学的任务是要在研究理论基础的同时将心理学的相关知识应用于人们的实际问题，这是和其他学科一样的目的，理论的研究主要还是为了服务于实践，从另一个角度上来说实践中出现的问题也会对理论研究起到推动作用。随着目前社会压力的增加，很多学生和工作者都有着各种各样的心理问题，正是因为一些由心理问题导致的社会现象的出现，心理学才开始受到人们的重视。

### 拓展阅读

电影《少年的你》所展现的正是目前很多家长关注的校园霸凌问题，这也是近几年才开始被重视的一种社会现象，霸凌其他同学的学生一定有着不太健康的心理问题，这些问题的源头可能是家长的宠溺或者是原生家庭的延伸，而他们的行为也让受到校园霸凌的学生产生了严重的心理阴影，这些被家长们看成是小孩子打闹的事情，都会在孩子心中形成一个结，如果这个结不解开的话，之后还有可能导致更多的问题出现，就像电影中陈念因为一时的愤怒而将魏莱推下楼梯，让魏莱失去生命，也耽误自己的人生一样，人们的心理问题一定要被关注。

和成人的心理问题相比，社会对青少年的心理问题有更多的关注，从2010年富士康员工跳楼事件就可以看出来，青少年的心理发展还是不够成熟，在富士康跳楼的员工中最小的只有16岁，而平均年龄也都在20岁左右，该事件除了因为跳楼人数较多引起了社会关注之外，还有就是员工年龄较小引起的关注。因此在研究心理学理论和进行心理学知识应用的时候，心理学家们都会对青少年的心理问题进行研究，这也是为了从多个角度入手，帮助青少年建立健康、积极、乐观的人生态度，使青少年更好地融入社会。

## 二、心理学研究的基本原则

心理学家在进行心理现象研究的时候不能单纯地依靠自己的意志来进行理论阐述和实践检验，还要在研究心理现象的时候，遵循一定的原则(见图 1-5)，接下来就对这些原则进行介绍，帮助大家了解这些原则对心理现象研究的作用。

### 1. 客观性原则

客观性原则要求人们在对心理现象进行研究的时候，要认识心理学的本质，从它的本来状态出发，去解释和说明心理现象。心理学研究的道路并不是一帆风顺的，心理学至今取得的成就都是从古至今无数中外思想家们不断研究的结果，他们用当时最先进的科学手段，用实事求是的态度推动了心理学的向前发展。

心理学在诞生的时候是从哲学中脱离出来的，冯特用建立实验室的方法，让心理学成为一门单独的学科。之后，心理学不断地和自然科学和先进技术结合，有了进一步的发展，直到现在心理学依然还是在不断地应用着先进的科学技术，随着外科手术和医学检测仪器的进步，心理学的发展也有了更广阔的天地。

坚持心理学研究的客观性就要做到用实事求是的科学态度去看待心理学，但是在研究心理案例的时候，人们往往都会从理论假设的角度入手，先凭借自己的喜好来进行心理现象的研究，所以要想避免因为自己的主观因素影响心理学的研究，就一定不能忽视客观证据，不能将自己的猜测作为研究结果，一定要从事实出发对研究材料产生深刻的认识，这样才能坚持客观性原则。

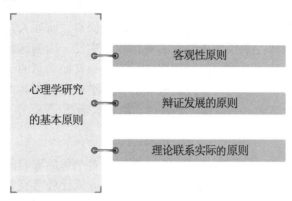

图1-5 心理学研究的基本原则

### 2. 辩证发展原则

人和动物在进化的过程中，都是从没有心理到产生心理，再从低级心理发展到高级心理，直到产生了意识，这是从进化角度来说的发展。从成长角度上来说，人在出生、幼儿期、少年期、青年期和老年期等不同的阶段，心理都会有不一样的发展和变化过程，人的需要也在随着年龄的增长而不断地变化，所以不管从哪个角度上来说，人的心理都是处于不断的发展变化中的，心理学家在进行心理现象研究的时候要用辩证发展的方式来进行理论探索和实践，才能更好地进行心理学研究。

### 3. 理论联系实际的原则

心理学理论的研究，一方面是为了不断地发掘人们的心理现象，不断地发展心理学，另一方面是为了用心理学的理论知识来帮助社会实践活动得到更好的完成。在人类的社会实践活动中，各行各业的人们都会遇到心理问题，例如父母需要了解孩子的心理才能帮助孩子成长，老师需要了解学生的心理才能传授更多的知识，企业需要了解员工的心理才能够更好地协调发展。解决社会实践中的心理学问题，也是心理现象研究的目标之一，所以心理学的理论和客观世界的实践是不能脱节的，要坚持理论联系实际的原则，才能让心理学有更长远的发展。

## 三、心理学研究的方法

在进行心理学研究的时候，需要根据研究目的的不同和研究对象的特点采用不同的研究方法，可以用来具体操作的心理学研究方法基本包括观察法、实验法、内省法、个案研究法、调查法和测试法。这些研究方法都是心理学家和心理医生在进行心理学研究的时候经常使用的，接下来就对观察法、实验法和内省法进行简单介绍，帮助大家了解这三种方法的不同特点。

### 1. 观察法

观察法主要是在自然的、无干扰的前提下对被观察者进行的有目的、有计划的观察了解，主要是通过感官的体验，必要时使用一定的科学仪器，研究人在社会生活中的行为。和其他几种研究方法相比，观察法更具有客观性和真实性，因为这种方式保持了生物的本性，让人的心理活动顺应了自然的发展规律，没有受到其他信息的干扰。但是这种方法也有一定的缺点，就是观察者需要根据被观察者的行为举止来观察其内心活动，具有一定的表面性和被动性，不能准确地把握被观察者内心的真实活动。

### 2. 实验法

实验法指的是在控制一定条件的基础上去考察它对个体的影响的研究方法，可以是控制一定的条件，也可以是营造出一定的环境，这样的方式比较客观并具备较强的针对性，条件的控制能够让观察者得到更符合要求的实验结果，但是这种方式可能涉及实验室及相关器材的使用，会产生较高的费用。

实验法可分为实验室实验和自然实验法两种类型。实验室实验主要是通过利用实验室内的设施来控制实验的条件，在实验室中进行心理学实验能够对条件有很高的控制力，也会增强实验数据的可信度。自然实验法是在类似日常生活的自然条件下，通过控制或创设一定的条件来研究人的行为的一种方法，这种方法具有实验法和观察法的双重优势，极具客观性，是常用的心理学研究方法之一。

### 3. 内省法

内省法主要是对自我意识的一种反省和观察，心理学家们在最早进行心理研究的时候采用的方式就是内省法。它包括两种方式，一是对自己的内心、思维和感觉进行思考、观察和探索；二是请实验志愿者将自己的心理活动用语言或文字的形式表达出来，心理学家或心理医生针对该材料进行心理活动研究。虽然行为主义心理学否定了内省法，但是构造心理学却将内省法作为最基本的研究方法，心理学派的观点多样也导致了心理学研究方式的不同。

## 第三节 心理学的诞生与发展

心理学在一开始的时候被归类为哲学范畴，冯特在莱比锡大学建立了世界上第一个心理实验室之后，心理学才成为一门单独的学科，之后在心理学的不断发展中，逐渐出现了构造心理学、格式塔心理学、机能主义心理学、行为主义心理学和弗洛伊德的精神分析法等多个心理学流派。就我国目前的心理学现状来说，近几十年来我国的认知心理学发展态势较好，并且已经在很多的领域中取得了成果。

### 一、心理学的诞生

不管是在东方还是在西方，人们都对心理有着浓厚的研究兴趣，在一开始的时候，心理学是属于哲学领域的，所以在很多哲学家的理论中，都蕴含着心理学的思想，这些思想如果用今天的心理学理论来诠释，就会发现它们都是正确的并且是具有参考价值的，例如《论语·阳货》中有一句"子曰：'性相近也，习相远也。'"意思是人的纯真本性都是相近的，但是后天的习性导致差别扩大。如果用后天环境对人的心理发展产生影响的理论来看，孔子的观点以及后来对"人性本善"和"人性本恶"的研究都是和该理论有异曲同工之妙的。

从西方角度来看，心理学也是从古就有的，被誉为西方医学之父的古希腊哲学家、医生希波克拉底按照人体中液体的不同比例，将人分成了胆汁质、多血质、黏液质和抑郁质四种类型(见图 1-6)，后来罗马医生盖伦将这四种类型归结为气质，虽然这两位医生的观点并没有科学依据，甚至带有一些朴素唯物主义色彩，但是该理论对人的气质类型的分类还是很准确的，所以至今不管是心理学还是教育学中都还在沿用这四种气质分类方法。

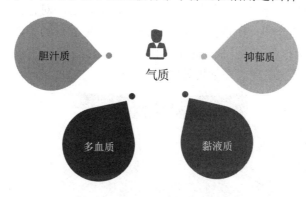

**图 1-6 四种气质类型**

心理学在早期的时候隶属于哲学范畴，甚至和生物学、医学有相关性，其并没有成为一门独立的学科，是因为心理学并没有足够的实验科学依据来支撑，更多的是由医生和哲学家们提出的思想，所以思想阶段的理论很难形成一门独立的学科。

在 19 世纪之后，有很多心理学家开始提出自己的观点，例如德国生理学家韦伯提出的关于差别感觉阈限的韦伯定律，心理学家费希纳进行了心理物理学的研究，艾宾浩斯的记忆曲线现在依然还在沿用。这些心理学家的成果都为心理学成为独立学科奠定了基础，直到 1879 年冯特在莱比锡大学建立了世界上第一个心理实验室，这个实验室成为科学心理学诞生的标志，也是心理学开始成为一门独立学科的标志。

冯特 1832 年出生于德国的曼海姆，他小的时候学习不好，也曾因为上课分神被父亲打过一巴掌，但是在上大学一年级的时候注意到了家庭的拮据，开始努力学习，在 1856 年的时候获得了医学博士学位，1858 年被聘为生理学家、心理学家赫尔姆霍兹的助手，冯特开始从医学领域转入精神科学领域。1875 年开始担任莱比锡大学的哲学教授，这为他在 1879 年建立第一个心理学研究室奠定了基础，1889 年他开始担任莱比锡大学的校长，在 85 岁的时候退休，于 1920 年逝世，享年 88 岁。

冯特在 1874 年出版了《生理心理学原理》一书，被心理学和生理学两个领域共同推崇，可以说是心理学的独立宣言。冯特在 1879 年让心理学成为一门独立的学科，结束了心理学从古至今的"流浪儿"生活，让其有了一个专属于自己的身份和地位。除了这些之外，冯特还成为科学心理学诞生后的第一个学派的奠基人，这是因为他的思想被他的弟子铁钦纳吸收并发展，建立了构造主义心理学派。

## 二、心理学的发展

虽然冯特让心理学成为一门单独的学科，但是在心理学发展的初期，人们并不能对心理学作出比较全面的解释，这个时候的心理学就像是一个刚出生不久的小孩子，人们并不能完全掌握这个孩子的想法和性格。所以19世纪末20世纪初，心理学的发展情况可以用"百家争鸣"来形容，人们在不断地批判别人的观点，自己观点的不足也会立刻被别人所批判。心理学家们对心理学都有着自己的理解，在思想观念上毫不相让，所以这个时候就诞生了很多心理学派，学派林立的局面也推动了心理学的快速发展。

在心理学发展的初期具有较大影响的学派有构造心理学、格式塔心理学、机能主义心理学、行为主义心理学和弗洛伊德的精神分析法，前文中已经对行为主义心理学和弗洛伊德的思想进行了简单的介绍，所以接下来就对继承了冯特思想的构造主义心理学、强调整体性的格式塔心理学以及受到进化论和实用主义影响的机能主义心理学进行介绍(见图1-7)，帮助大家了解这三种心理学思想的不同之处。

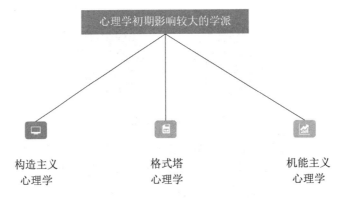

图1-7　心理学初期影响较大的学派

### 1. 构造主义心理学

构造主义心理学的奠基人是冯特，创始人是他的学生铁钦纳，这个学派所采用的主要实验方法是内省法，主要目的是通过分析意识的内容，找出意识之间的相互联系以及它们形成心理过程的相关规律，也就是说构造主义心理学是想从意识的构造方面来阐述人的心理，不问其他，只关注构成元素。这个学派受到批评的原因有两个方面：一是采用了内省法作为主要的研究方式，主观性太重，不可避免地会对实验结果产生干扰；二是构造主义心理学的内容太狭窄了，并不能全面地了解心理学的全部内容，会脱离实际生活。

### 2. 格式塔心理学

格式塔心理学又被称为完形心理学，而格式塔则是德文"Gestalt"的音译，意思是"整个"。想要理解格式塔心理学的中心思想很容易，就像我们上学时经常做的英语完形填空作业是为了将单词填写完整一样，格式塔心理学强调的是从整体上研究心理现象。德国心理学家韦特海默是该学派的创始人，柯勒和考夫卡也是该学派的代表人物。他们反对构造主义心理学中强调意识由元素组成的思想，也反对行为主义心理学中的刺激-反应公式，主张以整体的角度来观察经验和行为，并用此来研究心理学。

### 3. 机能主义心理学

受到达尔文进化论和詹姆士实用主义思想的影响，杜威和安吉尔创立了机能主义心理学派，这个学派主张意识是具有整体性的，他们不同意将意识分解为感觉和情感等多种元素，强调心理的作用而忽视了适应功能。机能主义心理学派主张将心理学融入实际中去应用，而不是单纯地作为科学去研究，正是因为强调了心理在适应环境中的技能作用，所以才会被命名为机能主义心理学，它影响了后期应用心理学的诞生和发展。

## 三、心理学的现状

随着社会和经济的发展，从哲学中分离出来的心理学成为一门独立的学科，在此之后，心理学派系林立，著作不断，在发展过程中，心理学也衍生出了许多类别和分支。就目前来说，西方心理学的发展较好于中国的心理学发展，这是由国家政治、经济和文化环境导致的。接下来会从教育心理学和认知心理学两个方面来分析国内外心理学的现状。

### 1. 教育心理学

教育心理学主要研究关于教育方面的问题，其所关注的是个人在成长过程中不同阶段的不同心理特征。

例如，心理学家会对孩子接受知识技能的一般规律进行研究，3岁的孩子能够接受多少个字母的学习，10岁的孩子可以掌握的数学题难度，15岁的时候周围的环境会对孩子的学习产生怎样的影响，这些都是西方教育心理学正在研究的问题。在研究的过程中他们也提出了很多适应学生发展的理论，旨在帮助孩子全面健康地发展，让孩子能够更好地适应社会的需求，成为国家需要的人才。

我国的教育心理学起步较晚，因为我国的传统教育是与政治相联系的。从一定程度上来说以前人们的学习并不是为了更好地成长，而是为了考取功名，升官发财，所以就目的性而言，中国的传统教育并不是很纯粹，因此也不会对学生的心理有太多的关注。但是我国在不断地用谦虚的态度学习着西方的心理学理念，将先进的理论思想和中国的国情相结合，开展适合中国国情的心理学研究，随着义务教育的普及，学生的心理教育也渐渐地被重视起来。

### 2. 认知心理学

认知心理学是在1950年到1960年之间才发展起来的最新的心理学分支，直到20世纪70年代才成为西方心理学的主要流派。在西方心理学流派中行为主义一直处于主导地位，但是随着社会经济文化的发展，行为主义心理学逐渐走向没落，心理学在这个时候需要一场变革以改变旧有的认知观念。计算机信息技术的崛起影响了心理学的发展，认知心理学主张利用信息加工的方式来研究认知过程，在研究认知心理学时经常提到的"输入""计算""处理"等词汇都和计算机的运算过程有相似之处。

认知心理学在我国的发展较为成熟，这也与认知心理学和其他心理学相比诞生较晚有关。近几十年来我国的认知心理学发展态势较好，并且已经在很多领域中取得了优秀成果。

我国的心理学家将中国的汉字与认知心理学相结合，形成了自己的研究特色，他们在视知觉组织、注意、汉语认知等方面进行大量的实验，并获得了一定的研究成果，认知心理学研究已成为我国心理学研究的重点领域。

## 课后习题

1. 心理现象可以分为_____、_____和_____三类。
2. 心理学的研究任务包括_____、_____、_____。
3. _____年在莱比锡大学建立了世界上第一个心理实验室，这个实验室成为心理学诞生的标志，也是其开始成为一门独立学科的标志。
4. 在心理学发展的初期具有较大影响的学派有_____、_____、_____、_____和_____。
5. 简述心理学研究的基本原则。

# 第二章 心理的生物学基础

1920年印度发现了两个由狼抚养长大的女孩，这两个女孩的生活习性和行为举止都和狼是一样的，不习惯直立行走，吃东西用舌头舔或者是用牙撕裂，不吃素食，只吃肉，不会说话，但是经常在半夜的时候嚎叫。有人为这两个女孩起了名字，8岁左右的女孩叫卡玛拉，两岁左右的女孩叫阿玛拉，可惜的是阿玛拉在被发现一年之后就死于肾炎，卡玛拉活到了17岁，而在她去世的时候，智力也只有3岁孩子的水平，虽然已经开始具备人类的情感，但是已经错过了智力发育的最佳时期。

狼孩的存在证明了即使是有健全的人的大脑，在儿童时期脱离人类社会之后也没有办法具备人的心理，心理是客观现实的主观映象，需要在社会实践中发生和发展，脱离客观现实和社会实践，即使有健全的人的大脑，也不能产生人的心理。

## 第一节 心理行为产生的基础

心理行为产生的生物学基础一方面来源于人脑的机能，另一方面是人脑对客观现实的反映。人脑的机能经历了从"心"到"脑"的认识过程，从"整体说"到"分区说"的研究过程，最后发展到现在有了对人脑认识的多个学说。

### 一、人脑的机能

"意识是人脑特有的机能，是人脑对物质世界的反映。"这句话是我们在学习政治的时候都会学到的一句话，虽然对于我们来说这句话可能就是一个结论，但是这也是经过了长期的发展和历史总结才得到的成果。在不同的历史阶段，人们对自己的意识器官有着不同的认识。接下来我们就对人们在不同历史阶段的认识进行介绍(见图2-1)，帮助大家了解人脑的机能在不同历史阶段的理论特点。

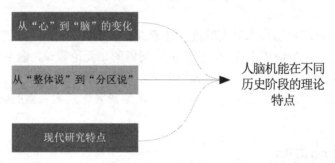

图2-1 人脑机能在不同历史阶段的理论特点

#### 1. 从"心"到"脑"的变化

古代生产力低下，医学也没有现在这么先进，人们只能依靠感觉来判断能够支配心理意识的是心还是脑,在这个过程中,由于人们的情绪变化会引起心脏的剧烈跳动,所以很多人都把心当成了心理意识的支配器官。古今中外著名的思想家们都提出过"心脏说",如古希腊的亚里士多德、中国的孟子和荀子等,他们思想中所传达出来的就是以"心"为意识的支配器官,虽然那个时候有少数的医生猜测脑可能会是意识的支配器官,但是他们没有足够的事实依据来支撑这种想法,这也意味着对意识的认识正在不断地发展中。

就像清朝的闭关锁国遏制了中国与西方国家进行经济文化的交流一样,西方中世纪的宗教神学也扼杀了科学的进步,期间提出的"官能心理学"等理论都是和宗教信仰分不开的。虽然神学的压制十分严重,但在文艺复兴的潮流中,科学突破了神学的桎梏,让人们开始关注自身的现状和发展,随着人们对自己身体构造的不断了解,"大脑说"逐渐取代了"心脏说"成为心理学的主流思想。

### 2. 从"整体说"到"分区说"

19世纪之后显微镜技术的发展让人们认识到了一个崭新的世界,以"颅相学"的争论为契机,人们开始了对大脑"整体说"和"分区说"的争论。1842年法国生理学家弗卢龙使用"部分毁除法"将神经系统分为大脑、小脑、延髓、四叠体、脊髓和神经六个部分,并且提出了"大脑统一说",1929年拉施里在文章《脑的机制和智慧》中再次出现了"统一说"的影子,格式塔心理学也将人的活动看作一个整体,他们都代表了人脑活动的"整体说"。

"分区说"与"整体说"正好相反,在显微镜将人们的视线引到细节处之后,就开始出现理论分歧。1861年,英国医生布罗卡从临床观察中发现一名失语症患者,在他死后进行解剖的时候发现了左脑皮层的病变部位,在此基础上他提出了技能定位观点。在他之后,英国神经学家 H.杰克逊也通过解剖发现大脑皮层的技能分界,从此到20世纪之后,人脑的多个机能区域都相继被人们发现。

### 3. 现代研究特点

现代的研究特点可分为系统化研究和微型研究两种。系统化研究指的是对人脑进行综合化的研究,代表人物有苏联生理学家、心理学家阿诺兴,它引入了"反馈"概念,提出机能系统论,鲁利亚进一步发展其思想,提出了著名的脑的"三个机能系统"理论,主要阐述了神经系统的普遍联系。

微型研究指的是用尖端技术对人脑进行探索式的精细研究。澳大利亚神经生理学家艾克尔斯以发现神经细胞的细节为目的,提出心脑问题的二元论假设,著名的"突触生长说"也是他经过生物实验得出的结论。加拿大的潘菲尔德医生在实验中发现,听觉记忆有类似录像带的功能,这些发现都将更多的人们引入了微型研究中,为人脑的研究开辟了广阔的前景。

## 二、客观现实的反映

虽然心理是大脑的机能,但是大脑只是为心理现象的产生提供了器官和物质基础,心理并不是大脑本身就有的东西,心理是客观现实在大脑中的反映,客观世界要想被人们认识,就要通过大脑将客观事物变成主观映象,这样才能够产生心理,所以客观现实才是心理的来源，这个来源包括自然界和人类社会，如图 2-2 所示。

图 2-2　客观现实的反映

心理对客观现实的反映具有能动性，因为心理活动不仅仅是事物在人脑中的外部映象，还能够认识到客观事物的本质以及它们之间的内在联系，能动地认识世界能够对人们改造客观世界的实践活动起到指导作用。

人的心理是客观现实的主观映象，虽然这种映象是不能够通过视觉、听觉和触觉去感受的，但是心理在支配人类活动的时候，可以通过行为表现出来对客观事物的映象，所以很多心理学家就是运用观察法和实验法来分析人的行为活动，以此来客观地分析人的心理是如何反映客观现实的。

心理是客观现实的主观映象，大脑只是物质载体，并不具备心理活动的条件，这种主观映象更具有主观性，不是物质的，所以不要将心理和大脑的概念混淆，不能将其认为是唯心主义，也不要像庸俗唯物主义一样否认意识的特殊性。

不同的心理学研究角度导致了心理学家的研究方向可能会偏向于自然科学，也可能偏向于社会科学，这就让心理学成了一门中间学科。心理是脑的机能，又受到了客观现实的制约，因而导致心理学家要想解释心理的实质和规律，就要对自然科学和社会科学都有所了解，因为所需要具备的知识素养较为全面，所以研究心理学对人们来说还是有一定难度的。

## 第二节　神经系统的结构与功能

神经系统由周围神经系统和中枢神经系统构成。周围神经系统遍布于人的全身，和各个器官之间联系在一起；中枢神经系统是由脊髓和脑组成的，布满了神经细胞。人的脑干、间脑和小脑对人来说十分重要，而神经系统要想进行活动，就要依靠条件反射和非条件反射来完成。

### 一、周围神经系统

周围神经系统是由遍布全身的神经组成的，外周神经就是一个神经机构，它将神经中枢与各个感觉器官、运动器官联系在一起，构成了一个周围神经系统。周围神经系统包括 12 对脑神经和 31 对脊神经(见图 2-3)。从功能上划分，可以将周围神经系统划分为躯体神经系统和自主神经系统。接下来就对这些神经进行简单介绍，帮助读者了解这些神经在人体中产生的作用。

图 2-3 周围神经系统

1. 脑神经

12 对脑神经是生长于脑部的神经,其中有和感觉相关的嗅神经、视神经和位听神经。顾名思义,嗅神经和视神经主管的是嗅觉和视觉,而位听神经除了主管听觉之外还有身体的平衡感,我们在进行自行车、游泳等运动的时候就会运用位听神经,有的人晕车是因为平衡能力较弱,也和位听神经相关。

这些神经中还有和运动相关的动眼神经、滑车神经、外展神经、副神经和舌下神经。其中动眼神经、滑车神经和外展神经主要负责眼球的运动,副神经负责咽部和肩部的运动,舌下神经负责舌肌的运动。

还有就是既有感觉又有运用机能的神经,例如,对我们来说十分重要的三叉神经,它主要负责面部、牙齿、鼻腔、头皮、角膜、口唇和咀嚼肌的感觉和运动。很多人都会三叉神经痛,这种病需要进行三叉神经切断或阻隔治疗才能缓解,有的时候人们也会将牙痛和三叉神经痛混淆,因为疼痛位置可能会在牙齿周围。

还有负责面部肌肉、部分味觉、眼泪和唾液分泌的面神经,会对味觉、咽头肌肉运动和唾液腺分泌产生影响的舌咽神经,还包括调节内脏、血管和腺体机能的迷走神经,这些都是 12 对脑神经负责的区域,对于人的生理活动来说十分重要。

2. 脊神经

31 对脊神经包括颈神经 8 对、胸神经 12 对、腰神经 5 对、骶神经 5 对和尾神经 1 对。这些神经对于人体来说都是十分重要的,因为颈神经从脊椎发出后是向下延伸的,所以一节脊髓如果受到损伤,那么下面这些神经的感觉和运动就会受到影响。例如,体操运动员桑兰在比赛前进行练习的时候不慎受伤,导致颈椎骨折,胸部以下高位截瘫。所以对于脊神经要做好保护,避免因为脊神经受伤而导致身体出现重大问题。

3. 躯体神经系统和自主神经系统

从功能上来说,周围神经系统包括躯体神经系统和自主神经系统。躯体神经系统能够支配感觉器官和运动器官,因此我们才能够感受到感觉器官接受的各种刺激,有意识地支配运动器官进行运动。自主神经系统又叫植物神经系统,主要是支配内脏器官的神经,可以分成交感神经和副交感神经,它们都具有拮抗作用,交感神经的主要作用在于唤醒有机体以及调动能力,副交感神经能够使机体储备能量,维持安静和平衡自主神经的活动,与情绪的变化有着密切的联系。

## 二、中枢神经系统

大量神经细胞的集中地叫作中枢神经，中枢神经系统由脊髓和脑组成，脊髓是柱状的，从上到下逐渐变细，是中空的一个管状，横切面接近圆形，中央管周围的形状类似于英文字母"H"，围绕在中央管周围的"H"状的物质叫作脊髓灰质，前端主要由大型的运动神经元构成，后端由感觉神经元构成，中间部分集中了自主神经元。

脊髓灰质的周围是脊髓白质，由脊神经的神经纤维组成，主要功能是向脑传送神经冲动，或者是把从脑发出的神经冲动传递给相应的器官。脊髓在中枢神经系统中的主要任务就是传递信息，除此之外就是一些简单的反射动作，例如最常见的膝跳反射就是由脊髓的神经来控制的，这也导致了脊髓在中枢神经系统中成为最低级的部分。

脑由脑干、间脑、小脑和端脑组成(见图 2-4)。端脑就是我们常说的大脑，这部分内容会在后面进行详细的介绍，接下来主要是对脑干、间脑和小脑的功能进行介绍，帮助读者了解脑的不同分区对人们活动都起到哪些作用。

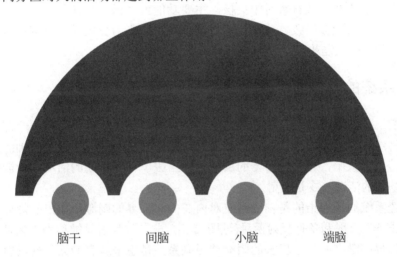

图 2-4 脑的构成

### 1. 脑干

脑干由延脑、桥脑和中脑三个部分组成，是脑的最古老的部位，在颅腔内和脊髓相连接，起到了维持生命基本活动的作用。延脑紧连脊髓，保证了神经纤维的上下通行，延脑的主要机能是调节内脏活动，有着支配呼吸和心跳的中枢神经，还有循环和消化的基本中枢，所以对人类来说，延脑是十分重要的，一旦延脑损坏，人可能会立刻死亡。但是如果只是延脑上部受到损伤，人不会立即死亡，还可以使用医疗器械来维持呼吸和循环等功能，等待医生的救治。

桥脑位于延脑的上面，从名字上就可以看出来桥脑的主要功能是负责神经纤维的沟通和交流，它是端脑与小脑神经纤维的联系通道。中脑位于桥脑的上面，除了负责神经纤维的上下联系之外，中脑还有负责瞳孔反射和眼动的中枢，和桥脑相比具有更多的眼部功能性。

脑干上还有一个脑干网状结构，该结构的形状类似渔网，颜色是灰色的，由大小和类型都不同且散落在横竖交织的神经网中的神经元构成，其神经纤维的弥散性投射能够调节人脑的兴奋水平，有效地控制睡眠和觉醒，让人体保持一定的清醒状态，维持注意力。

### 2. 间脑

间脑位于脑干的上部，由丘脑、上丘脑、下丘脑和底丘脑四个部分构成，脑干的网状结构也在间脑有所延续。大部分感觉器官的神经元都要在丘脑进行转换后才能够到达大脑皮层的特定部位，这是因为丘脑对传入的信息有选择、整合和投射的功能，所以对于除了嗅觉之外的感觉器官来说，丘脑是十分重要的中枢。而嗅觉和一些激素的调节是由上丘脑负责的，负责调节内脏系统的自主神经系统则位于下丘脑。底丘脑负责肌肉张力的调节，维持人的正常活动。

### 3. 小脑

小脑位于延脑和桥脑的后面，结构上和脊髓相反，表层部位是由灰质组成的小脑皮层，深层部位充满了白质，并且有数对中央核，主要功能就是保持身体平衡，是运动的重要调节中枢。小脑损伤可能会导致共济失调、协同障碍、肌张力变弱甚至小脑萎缩，这些问题会严重影响人们的生产与生活。

## 三、神经系统的基本活动方式

上文我们已经介绍过神经系统可分为周围神经系统和中枢神经系统两个部分，周围神经系统由脑神经、脊神经组成，而中枢神经系统包括脊髓和脑，脊髓负责神经的沟通，将外界的刺激传达到大脑，再将脑给予的反馈传送出去。神经系统的活动和功能都是十分复杂的，但是基本的活动方式是反射。

中枢神经系统的反射指的是神经系统对内在的和外界的刺激所作出的规律性反应。人的反射包括非条件反射和条件反射两种(见图 2-5)，非条件反射又被称为无条件反射，指的是有机体和外界刺激之间与生俱来的固有神经联系，是生来就有的先天性反射，具有遗传性和天生性，例如婴儿天生会吃奶，遇到食物就会自行分泌唾液，这些都是无条件反射的典型例子。

图 2-5　人的反射

条件反射指的是在一定的条件下，有机体和外界刺激之间建立的暂时性神经联系，是在非条件反射基础上逐渐形成的后天性反射，具有一定的学习性。条件反射能够提高人适应环境的能力，"望梅止渴"的故事中就蕴含了条件反射的原理，这个故事成立的前提条件是曹操的士兵都吃过梅子，所以他们在听到有梅子树的时候才会分泌唾液止渴。如果没有这个条件,那么这个故事就不成立了。

反射的整个反应过程需要反射弧的参与,否则反射活动就不能够实现,反射弧由感受器、传入神经、神经中枢、传出神经和效应器组成。感受器能够接收外界的刺激并且能够将内外的刺激转换成神经冲动,由感觉纤维将其传入中枢神经中去引起感觉。一种感受器只能接受一种特定的刺激,例如光感受器只能接受光的刺激,肌腱的感受器只能够接受肌腱的刺激。这些感受器按照分布可以分为内感受器和外感受器,分别负责体表和内在器官的刺激接收。

传入神经能够感觉到感受器发送的神经冲动,并将其传给神经中枢。神经中枢包括脑和脊髓,脊髓对信息的传递起着重要作用,还可以帮助进行一些简单的反射活动,脑分为脑干、间脑、小脑和端脑,中枢神经的前端为脑,后端为脊髓,中枢神经对信息的传递是十分重要的。传出神经能够将中枢神经系统中传出的神经冲动传到各个器官的效应器中,例如受到神经支配的心脏、眼和腺体等器官,它们需要在更换神经元之后才能够到达效应器。

效应器由传出神经末梢和它所支配的肌肉及腺体组成,其主要功能是对刺激作出反应,能够发生反应的器官包括骨骼肌、心肌和一些内外分泌腺,这些分泌腺会在接收到信息之后释放激素,经血液转运作用于效应器,所以这个过程在反射活动中虽然缓慢,但是影响比较持久。反射弧的五个组成部分都非常重要,任一部分出了问题,都会导致反射中断,如果人的反射出了问题,就要从多个角度入手分析问题出在哪里。

## 第三节 大脑的结构与功能

大脑就是端脑,被纵裂分成了左右两个部分,大脑不同的分区有着不同的机能。额叶主要负责调节人的心理活动,对人的行为也有一定的计划和控制作用;顶叶受到损伤的时候可能会出现感觉障碍、失读症、失用症以及空间定位障碍等症状;颞叶主要负责听觉;枕叶受到损伤的时候,病人会出现视觉障碍。针对大脑分区的不同机能,心理学家们曾经提出过定位说、整体说、机能系统学说、模块学说和神经网络学说等多个脑功能研究理论。

## 一、大脑的结构

端脑就是我们常说的大脑,它覆盖于脑干、间脑和小脑上面,大脑中间的裂缝叫作纵裂。因为有纵裂的存在,大脑被分成了左右两个区域,胼胝体将大脑的两个半球联系在一起,让大脑看上去像是一颗核桃仁。人的大脑可以区分为三个部分,即脑核、脑缘系统和大脑皮质。

大脑皮质又叫作大脑灰质或是大脑皮层,大脑灰质的总重量约为600g,占全脑总重量的40%,总面积约为2200$cm^2$,因为神经元丰富,所以大脑皮层高度发达。脑核部分主管人们日常生活的处理,例如呼吸、心跳和觉醒;脑缘系统负责行动、情绪和记忆处理,以及体温、血压和血糖等人体指标。

每一侧的大脑都可分为三个面,即外侧面、内侧面和下面。不同的面具有不同的特点,外侧面和另外两个面相比会更宽一些,也隆起了一定的高度,内侧面相对来说比较平坦,而下面则是不太规则的一些形状。除了这些特点之外,大脑的外侧面还布满了深深浅浅的沟，在中央沟的前后都有一条几乎与其平行的沟，相邻的两个沟之间的隆起部分被称为大脑的回，中央沟前后的回分别叫中央前回和中央后回。

这些沟、回的产生是因为大脑皮质在发育发展的时候速度不同造成的，发展较快的部分逐渐隆起成为回，让发育较慢的部分陷在深处成为沟，这些沟回的出现顺应了人类大脑的发展趋势。随着人类的进化，在有限的颅腔环境中增加了更多的空间来容纳神经细胞，帮助人类更好地进化、发育和发展。

### 拓展阅读

人类大脑的左右半球从外观上来看几乎是对称的，但是从功能上来看，人脑左右半球的功能不同，左半球的功能主要和言语相关，除此之外还有一些概念总结、逻辑推理和数学运算也是由左半球大脑负责的。而右半球大脑则对空间结构和形象思维有更重要的作用，例如美术设计、音乐创作、几何图形的辨别等都是由右半球大脑负责的。经科学研究发现，常用右手进行日常活动的人左半球大脑会更发达，而在生活中经常使用左手的人右半球大脑会更发达，所以使用左手的人一般数学几何成绩都比较好，因为他们擅长空间想象。

## 二、大脑皮层的分区及机能

在大脑两个半球的外侧面以外侧裂和中央沟为界限形成了额叶、顶叶、枕叶和颞叶。额叶位于外侧裂上和中央沟前；顶叶位于中央沟后，顶枕沟前。顶枕沟是人为划定的一条界线，目的是区分四个叶的分区；而顶枕沟之后的就是枕叶；颞叶则位于外侧裂之下。额叶约占半球表面的30%，在四个叶中所占范围是最大的。

大脑皮层的不同分区有着不同的机能。1860年法国医生布洛卡发现，有两个在日常生活中善用右手的人，在左半球的额叶受到了损伤之后，出现了运动性失语症，就是我们常说的语言表达障碍，该类型的病人能够理解别人和他说的话，但是不能将自己的意思用语言表达出来，轻者可以说出单词性的语言，而严重者即使发音器官良好也没办法说话。布洛卡的发现证明了左半球言语功能对擅长使用右手的人来说是占有优势的，所以为了纪念他的发现，运动性失语症也被人们称为布洛卡失语症。

在对大脑皮质不同区域的研究中，人们发现在灵长类进化的过程中，变化最大的就是大脑额头的部分，随着灵长类的进化，这一部分大脑皮质也变得越来越大了，这是大脑中重要的区域之一，有着丰富的神经联系。前额叶与人们在记忆和问题解决等功能上，以及人的人格发展上都有着密切的联系。额叶主要负责调节人的心理活动，对人的行为也有一定的计划和控制作用，人类高级的目的性活动是离不开额叶的帮助的。

大脑顶叶也是一个十分重要的区域，因为在顶叶中有感觉中枢和其他功能区，当顶叶受到损伤的时候可能会出现感觉障碍、失读症、失用症以及空间定位障碍等症状。例如，患者在左侧身体瘫痪之后，会否认自己瘫痪并认为左侧的身体不是自己的，或者病人会在看到过去认识的字的时候不能将它们读出来，这些都是顶叶受伤会出现的症状，感觉中枢的损伤对人体的影响还是很大的。

颞叶主要以听觉功能为主，颞叶上部的精神皮质和人的精神、情感功能有相关的联系，再有因为涉及海马沟回，所以也会涉及记忆功能。颞叶受到损伤可能会出现听觉和平衡障碍，这是因为颞叶主要负责的就是听觉功能，而颞上回受伤会导致前庭中枢出现问题，这个时候人们可能会因为平衡感失衡而出现眩晕的症状。除此之外，还有可能因为海马回损伤而出现记忆障碍，所以影视剧中经常出现人的脑袋被打了一棍子之后就失忆了的剧情，这是脑外伤引起的记忆障碍。

枕叶是比较靠后的脑叶，和其他三个叶相比个头较小，但是枕叶负责的功能是很多的，例如语言处理、动作感觉以及最重要的视觉信息处理。因为枕叶中包含了视觉皮质中枢，所以在枕叶受到损伤的时候，病人会出现视觉障碍，严重的情况下还会损伤记忆和运动功能，所以虽然和额叶、顶叶及颞叶相比，枕叶的个头较小，但是它和人体的功能联系还是很密切的。

大脑皮质除了这四个叶的分区之外还有一些其他区域，这些区域也有它们负责的功能。例如，中央前回主要负责人们身体的运动中枢，中央后回负责的是躯体感觉中枢。大脑皮层的各个区域之间都有着复杂的联系，它们共同影响了人类的知觉和思维过程。

## 三、脑功能研究的主要理论

心理学之中的脑功能研究主要有 5 个学说，它们分别是定位说、整体说、机能系统学说、模块说和神经网络学说(见图 2-6)。接下来就对这五个脑功能研究的理论进行介绍，让读者了解心理学的脑功能理论是如何发展的。

图 2-6 脑功能理论

### 1. 定位说

定位说开始于加尔和斯柏兹姆提出的"颅相学"，他们认为颅骨的隆起部分代表了皮层的发育信号，如果一个人的头部隆起很高，就说明这个人有很好的能力，而颅骨凹陷则说明这个人的人格和智力发育不好，个人能力较差。他们相信脑的不同部位对人的心理有着不同的影响，加尔提出了 27 种心理表现，例如竞争、重视、聪明和自爱等，他认为每一种心理表现形式都能够对应颅骨的位置，并且能够呈现出一定的特点。"颅相学"在现在看来是不科学的，但是它有效地推动了脑功能定位说的发展。

定位说认为大脑的不同分区控制着脑的不同机能。1825 年波伊劳德提出了大脑额叶会影响语言的理论，将语言的功能定位在额叶区域。1861 年布洛卡发现了病人左侧额叶受到损伤会出现运动性失语症。1874 年威尔尼克发现一位病人的颞叶受到损伤的时候，病人能够流畅地说话，但是所说出的话并不具备语言意义，这位病人能够听到别人说话，但是不能够理解别人语言中的含义。在这些发现的基础上，定位说得到了进一步的发展。

### 2. 整体说

19世纪中叶，法国医生弗罗伦斯进行了脑局部毁损试验，他切除了鸡和鸽子等动物脑的一部分，然后通过观察这些动物的行为，发现这些动物在切除了小块皮层之后很少运动且不吃不喝，在康复之后，这些动物才会恢复到正常的行为模式。在经过了多次试验之后，他得出结论：第一，脑功能具有整体性，不存在皮层功能的定位分区；第二，智力功能丧失多少取决于皮层区域的破坏程度，毁损区域越大，智力功能丧失的就越多，反之亦然；第三，他认为如果有足够的组织没有被毁损，那么丧失的智力功能就能够得到恢复。

20世纪中叶，拉什利对白鼠进行了脑毁损试验，在将白鼠的脑进行毁损之后，让白鼠去走迷宫，经过多次试验观察，他发现了均势原理和总体活动原理。均势原理指的是在动物进行学习的时候，大脑皮层是从整体上对学习行为产生作用的，大脑皮层的各个部分都起到了均等的作用。总体活动原理指的是动物的学习效率和脑毁损的面积是负相关的，即损伤面积越大，学习效率就越低，和脑毁损的部位没有太大的关系。

### 3. 机能系统学说

机能系统学说的代表人物是苏联知名神经心理学家鲁利亚，他认为人脑是一个动态的结构，有着复杂的机能系统，当这个系统中的某个环节受到损伤的时候，人的高级心理机能会受到损毁的影响。根据对病人的研究，鲁利亚将人脑分成了三个紧密联系的机能系统，这三个起到不同作用的系统在相互配合与协作的情况下组成了人的行为和心理活动。

第一机能系统是动力系统，主要负责激活和维持人觉醒状态的机能调节工作，由脑干网状结构和边缘系统组成，能够有效地保持大脑皮层的一般觉醒状态，提高大脑皮层的兴奋感和感受性，自主调节行为和心理活动；第二机能系统主要负责信息的接收、加工和储存，可以说是一个信息处理系统了，由顶叶、颞叶和枕叶及其皮下组织组成，接收来自身体内外的各种刺激，在进行信息整合与加工之后将信息保存起来；第三机能系统负责调节和控制情绪，主要分布在额叶区域，受到损伤时会出现行为障碍。

### 4. 模块说

模块说是美国生理学家加查尼加在20世纪80年代之后提出的观点，模块说认为，人脑是由多个相对独立的模块组成的，这些模块具有高度专门化的特点，能够让人脑具有多种多样的功能，这些功能都是经过模块复杂结合之后产生的认知。人们在视觉领域发现猴子的视觉和31个脑区有关，这一发现为模块说提供了理论上的支撑依据。

### 5. 神经网络学说

神经网络学说最初是由格奇温德进行描述的，他认为人在阅读到词汇之后，这些单词会在视觉去进行登记保存之后转换为听觉代码，再经过颞叶的接收和理解之后传入额叶中，再由额叶控制运动系统念出这个单词。这样的描述说明人们已经认识到了心理活动是由不同脑区在协作之后构成神经网络来呈现的，不同的脑区可以组成多条神经网络，这些不同的神经网络打造出了人们不同的认知活动，所以说由脑区组成的动态神经网络构成了人们复杂多变的认知活动。

# 第四节 脑与心理活动

本小节主要是对脑与认知、行为、情绪和人格之间的关系做一下介绍。首先是脑与认知的关系，人的感觉、知觉、记忆和思维都和脑的活动有相关性。人在性别上的差异、智力和身心健康与人脑的结构也有着很大的关联性，所以人的行为才能够受到大脑的支配。人掌管情绪的区域有深层边缘系统、前额叶皮层、颞叶和带状前回，不同的区域掌握着不同的情绪，这是人脑和情绪之间的联系。人的人格主要受到气质和性格的影响，受到神经系统支配的四种不同气质不会轻易地受到外界的干扰。

## 一、脑与认知

脑中包含着能够调节我们大部分身体功能的中枢神经系统，一些看上去十分简单的动作和行为，例如心跳、呼吸、睡眠和吃饭，都需要在大脑中经历无数个流程操作才可以实现，更不要说思考、记忆和逻辑推理等高级功能了。这些功能需要依靠大脑皮层的脑叶和其他组织来进行控制，以帮助人类更好地生活、学习和工作。

认知也叫认识，是人的感觉器官对外界刺激信息的加工过程，包括感觉、知觉、记忆和思维等心理现象。感觉器官在认识了外界事物之后产生了感觉，人脑将这些感觉结合在一起之后，人们就能够对事物产生整体的认识，这就是知觉，感觉和知觉都是人对事物外在表现的认识，属于浅层认识，不涉及事物的本质，只有经过了思维逻辑的运算之后，人们才能够产生对事物本质的认识。在这个过程中记忆能够帮助人们将过去的经验和现在正在经历的事情联系起来，让人们产生理性的认识。

大脑的认知功能能够让我们对外部的刺激有一个接收、选择、存储、转换、发展和回复的过程，在这个过程中我们能够有效地理解我们生活的这个世界，并且和我们周围的人、事、物产生联系。只有在有认知功能的时候我们才能正常地生活、学习和工作，这是因为我们每天所做的这些活动都需要脑的认知功能和外界产生联系，这样我们才能够沉浸在生活的环境中。主要的认知功能包括注意、记忆、语言、执行，以及感知空间(见图 2-7)，接下来我们主要介绍注意、语言和执行，其他功能后文中会进行详细介绍。

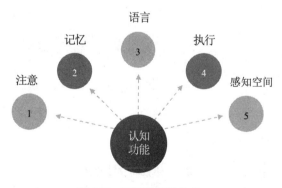

图 2-7 认知功能的分类

### 1. 注意

在上学的时候老师经常会让我们将注意力集中在课堂上，这是因为人们会产生注意分散和注意转移等心理状况，所以老师才会不断地提醒我们要集中注意力。注意是一个较为复杂的心理过程，在这个过程中要经过很多的神经处理才能够获得注意的效果，我们能够在外界给予我们的多种刺激中找到我们想要的那一种认知，不管是感觉上的刺激还是自己内在思想和情绪的转移，注意都是对认知的一个选择过程。

### 2. 语言

语言是一种符号通信系统，人们可以从听觉上去辨别别人要传递的信息，也能够从视觉角度去学习文字，通过阅读来了解更多的知识，所以语言对人和人之间的交流来说是十分重要的，能够不断地丰富我们的内在知识，语言也能让一些脑功能更加优化，因为语言处理需要使用不同的大脑区域，这些区域在功能的联合发挥下，才能够起到相应的作用。

### 3. 执行

执行是最复杂的认知功能，它将对思维和行为的控制包含在一起，执行的大脑区域在额叶，是在人脑中所占比重最大的一部分区域，执行包括注意集中、计划、规划行动和行为验证等功能，和其他认知相比最为复杂。

## 二、脑与行为

### 1. 脑的性别差异

男性和女性在一些特殊的认知上会存在一定的差异，这些差异在大脑结构、大脑内容物和大脑功能等方面都有所体现。脑结构和脑功能的差异是性别差异的基础条件，从成熟时间上来说，女性从胚胎发育的时候就比男性快了两周，女性也会比男性先进入青春期。从结构上说，女性胼胝体尾部是一个球形，而男性胼胝体是圆柱形的。从智力上看，女性的语言能力、形象记忆、感知觉敏锐度和细节行为都具有优势，直觉也会比男性强烈，而男性的空间能力和抽象逻辑会强于女性，如图2-8所示。

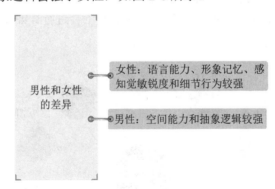

图2-8 男性和女性的差异

### 2. 脑与智力

心理学家研究发现，经过后天的学习和训练之后，智商高的人其大脑有和普通人不一样的地方，脑的结构只是前提条件，是物质基础，后天的学习会对脑结构重新塑造。智力的产生离不开人脑的条件基础，智力也会促进人脑更好地发展，这也就是我们经常说的"脑袋越用越灵光"。

### 3. 脑与身心健康

从生理上来看，人脑在发育过程中会受到很多疾病和其他因素的影响，这些因素会严重影响婴儿的正常发育；如果受到外界因素的影响，脑损伤过重，人的智力和运动能力也会有所下降。从心理角度上来说，由于脑是心理活动的物质基础，所以如果脑功能出现了问题也会对人的心理活动产生影响，例如当其他人说的话你无法理解的时候，就会产生孤独感，会严重影响个体的心理健康。

**拓展阅读**

爱因斯坦是20世纪著名的物理学家，他创立了狭义相对论和广义相对论，他有着很高的智商，所以很多人都对他的大脑很感兴趣。心理学家曾经研究过爱因斯坦的大脑，发现和常人相比他的大脑左侧后下顶叶的神经胶质细胞会更多一些，但是神经细胞与神经胶质细胞的比率要更低一些，爱因斯坦的大脑的顶叶也比常人多15%。

## 三、脑与情绪

人的情绪是多种多样的，情绪是对外界事物的态度和体验，当外界的事物能够满足需要的时候，人就会产生愉快的情绪。情绪的产生是客观世界和人类主体之间关系的反映，人的喜怒哀乐主要还是源于外界事物对人的刺激。大脑掌管情绪的区域有深层边缘系统、前额叶皮层、颞叶和带状前回，如图2-9所示。

**图2-9 掌管情绪的区域**

深层边缘系统位于大脑中央的位置，它存储着人类大量情感方面的记忆，在人类情绪状态方面有着非常重要的作用。人类的积极记忆和消极记忆会对人们的情绪状态产生很大的影响，例如，一个身世悲惨的人，如果他的记忆中都是别人欺负他的消极记忆，那么他的情绪就会受到这些记忆的影响，整个人变得抑郁和消极。与之相反的是，如果这个人的记忆中都是人们帮助他的记忆，那么这些积极的记忆就会让他的情绪更加愉悦和积极，这就是情绪记忆对人的整体影响。

前文中我们介绍过额叶的作用，但只是简单介绍了一下额叶对人的心理有着调节和控制作用，并没有对情绪方面进行介绍。前额叶皮层的健康活动，能够让人们产生更多的自觉性，对周围的人更加体贴，将别人的情绪作为第一位。但是如果前额叶皮层的活跃度不够或者是过度活跃时，人的情绪就会变得缺乏条理、容易分心，我们经常说的反社会情绪就是由前额叶皮层不够活跃导致的，当前额叶皮层过分活跃的时候人也会产生冲动的情绪，甚至是引发焦虑心理。

颞叶虽然主要以听觉功能为主，但是上部的精神皮质也会和人的情绪、精神产生一定的关联。如果颞叶上部出了问题，病人的性情就会产生较大的变化，以前温和好脾气的人可能会变得好斗、暴躁和抑郁。如果颞叶右侧过度活跃就会引起感觉的极端化，影响病人自己的生活以及和他人之间的交往，严重的会对社会安全造成威胁。

带状前回是前文中没有提到过的一个概念，它竖向通过前额叶，处于脑中间的位置，该部位健康活跃的时候，人们会有着积极合群的表现，也能够快速地适应周围环境的变化；但是当带状前回的活跃失衡的时候，人们就会产生患得患失、怨恨过去等不安全感，严重的情况下还会产生需要治疗的精神疾病，例如厌食症和成瘾障碍。

## 四、脑与人格

每个人的思想、情感和行为都有其独特、与众不同的模式，但是能够保持稳定的心理品质就是人格。人格包括气质、性格、认知风格等因素，心理学将气质分为胆汁质、多血质、黏液质和抑郁质四种不同的类型，但是在现实生活中，随着知识和经验的积累，大多数人都会有几种气质的混合。人的气质是天生的，是不会轻易被改变的。

除了根据人体中液体含量来认定的气质类型之外，巴甫洛夫把高级神经活动类型学说解释为气质的生理基础，他将气质也分为四个类型，所依据的是神经兴奋和意志过程的强度、平衡性和灵活性。胆汁质的人神经活动强但是具有不平衡性；多血质的人神经活动强并且具有平衡性；黏液质的人神经活动强、具有平衡性但是不灵活；抑郁质的人神经活动弱并且不平衡。

在科学技术的不断发展中，心理学家们将对气质的研究转向了人脑，经过实验研究发现，在面对不同的刺激时，儿童和成人的额叶都会有不同的特点，所以心理学家们认为，人脑中的构造对人的气质也会产生影响。人脑内的额叶和人格的关系有着密切的联系，额叶受到损伤之后，人的脾气、秉性以及待人接物的方式都会产生很大的变化。

### 拓展阅读

美国的菲尼亚斯·盖奇在他25岁的时候经历了一场事故。那个时候他正在铁路建设工地上负责爆破岩石，当他用铁夯将炸药塞进孔里的时候，因为摩擦产生的活性点燃了炸药，他手中的铁夯从他的左颧骨下方穿入头部，然后从眉骨上方穿了出去，落在了他身后20几米的地方。但是盖奇在外科医生哈罗的治疗下出院了，虽然他活下来了，但是他的性格和行为发生了巨大的变化，之前作为领班的他思维灵敏、彬彬有礼、待人和气，但是事故之后他开始变得无理取闹、缺乏耐心。这就是脑额叶损伤产生的严重影响。

## 课后习题

1. 心理行为产生的生物学基础一方面来源于_____，另一方面是_____。
2. 周围神经系统包括_____对_____和_____对_____。
3. 顶叶受到损伤的时候可能会出现_____、_____、_____以及_____等症状。
4. 掌管情绪的区域有_____、_____、_____和_____。
5. 请对大脑皮质作出简要介绍。

# 第三章　感觉与知觉

有一天，伽利略坐在教堂里，一个孩子过来将他头顶的灯点亮了，直到孩子走后，这盏挂在绳子上的灯还在摇晃。伽利略对这盏摇晃的灯十分好奇，他根据自己的脉搏计算了这盏灯每分钟摇晃的次数，发现不管用多大的力量拨弄这盏灯，他的摇晃次数都是一样的，回家之后伽利略又将两个铅块分别挂在绳子上，一根绳子拉到四掌宽的地方，另一根绳子拉到两掌宽的地方进行重复试验，最后发现了"等时性原理"。引起伽利略进行试验的是他的好奇心和求知欲，在生活之中只要善于发现和提问，多多观察，就能看到不一样的事物。

## 第一节　感　觉

人脑对作用于感觉器官的外界刺激产生的反应就是感觉，人类的感觉分为视觉、听觉、嗅觉、味觉、运动觉、平衡觉和皮肤感觉，这些感觉会在后文中进行详细的介绍。感受性指的是感觉器官对刺激的感觉能力，感觉阈限指的是能够引起感觉的最小刺激强度，感觉阈限和感受性成反比关系。本小节还对感觉的适应规律、视觉后像和视觉融合规律、感觉相互作用规律、感觉补偿规律进行了介绍。

### 一、感觉的概念

客观事物的某一属性会对人的感觉器官产生直接作用，人脑对客观事物的个别属性的反应就叫作感觉。因为人的每一个感觉器官都只能接受一种外在事物的刺激，例如眼睛只能看到光、耳朵只能听见声音，耳朵没有办法感受到光，而眼睛也是没有办法感受到声音的，如果我们想要认识到一个事物的整体属性，就只能将该事物对我们的多种感觉刺激共同输入大脑中，这个时候我们才能够知道这件事物的外在表象。

但有的时候我们对事物的个别属性的认识并不属于感觉，而是属于记忆。例如，我们在和朋友聊天的时候回忆起昨天买的裙子是粉色的，虽然我们也反映出了裙子的颜色属性，但是这是脑对记忆的调取，而不是当时对事物的感觉，所以这样的属性就属于记忆而不是感觉。和记忆相比，感觉所强调的是直接作用于感觉器官。

### 二、感觉的种类

我们常说的感觉包括视觉、听觉、嗅觉、味觉和皮肤感觉，此外，还包括平衡觉、运动觉和内脏感觉。不同的感觉有着不同的感受器官，也会对人体起到不同的作用。接下来我们就对这些感觉进行介绍，帮助人们详细了解我们产生感觉的过程。

#### 1. 视觉

我们的视觉器官是眼球，眼球是一个透明的球体，这样才能够让外界的光线通过角膜、前房和瞳孔进入水晶体，再通过玻璃体投射到视网膜上。如果眼球不是一个透明球体，是无法让光通过器官进行投射的。视网膜中会有视神经和大脑皮层的枕叶后端的视觉中枢相连，这样才能引起人们的视觉。视觉能够看到的刺激波长在 380 纳米到 780 纳米之间，当光波长度低于 380 纳米或者长于 780 纳米的时候，人类都是看不见的，因此人类如果不借助其他手段就无法看到紫外线和红外线。

### 2. 听觉

人的听觉器官包括耳郭、外耳道、鼓膜、听小骨和内耳，其中耳郭能够起到收集声波的作用，外耳道类似于乐器中的共鸣箱，骨膜和听小骨负责将空气的振动传到内耳，而听觉神经细胞都集中在内耳中的科蒂氏器官，之后听觉神经会传到大脑皮层颞叶的听觉中枢，人就产生了听觉。

我们在初中学习物理的时候都曾学到过，声音是具有音调、响度和音色三种特性的，其中音调由声波的频率决定，频率和音调的关系成正比，响度和声波的振幅有关，振幅越大，声音的响度就越大，音色由波形决定，我们在听音乐的时候能够分辨出来二胡、琵琶和唢呐的声音就是因为它们的音色是不一样的。

### 3. 嗅觉

嗅觉的感受器官是鼻腔上部黏膜中的嗅细胞，当人们在呼吸的时候，有气味、能挥发的物质分子会进入鼻腔中，对黏膜上的嗅细胞产生刺激，这种经过嗅细胞处理过的神经冲动会传到中央后回中，人就能够产生嗅觉了。在生物的进化中，很多动物的嗅觉都要比人类的嗅觉灵敏，这是因为这些动物还需要根据气味来寻找食物，这也让嗅觉成为最古老的感觉。而人类可以通过多种感觉的结合来辨别食物，所以人类的嗅觉灵敏度会低于一些动物的嗅觉灵敏度。

### 4. 味觉

味觉的感受器官是味蕾，主要分布在舌面和上颚，当有味道的物质在口腔中溶解时，人们就会感受到味觉的刺激，再经过化学形式转化为神经能后传入大脑中央后回中，人们就能够产生味觉了。酸、甜、苦、咸是四种基本的味觉，舌面的不同部位对这四种味觉刺激的感受性不同，这也就是为什么人在重感冒失去味觉的时候依然能够体会到酸和苦的原因。

### 5. 皮肤感觉

人们一般用触觉来代替皮肤感觉，但其实皮肤感觉这个称呼也是具有较大概括性的，触觉、压觉以及对冷、热和痛的感觉都可以包括在皮肤感觉之内。不同的皮肤感觉也有着不同的感受器官，这些感受器官在皮肤下面有着不同的分布密度，呈现出点状的分布方式。人们把皮肤表面的温度叫作生理零度，即使是同一皮肤表面的温度也会发生变化。

### 6. 平衡觉

平衡觉又被称为静觉，能够反映出人的姿势和地心引力的关系，人们能够依靠平衡觉来辨别自己的姿势状态，例如站着、躺着和跑步或者是一些其他姿势。平衡觉的感受器是内耳的前庭，该器官包括椭圆囊、球囊和三个半规管，这些器官共同作用于人体，才能够让人体保持平衡。

很多人学自行车、学游泳很困难就是因为天生平衡觉不好。虽然内耳中的器官看上去很小，但是对人体也有着很重要的影响。因为内耳的平衡器官相对来说比较敏感，微弱的刺激就会引起过度兴奋，产生恶心、呕吐等感觉，所以晕车、晕船和晕机都和平衡器官高度兴奋有关系。

### 7. 运动觉

运动觉又被称之为动觉，感受器是肌梭、腱梭和关节小体，分别分布在肌肉、筋腱和关节中。人体在运动的时候会涉及全身的肌肉、筋腱和关节，所以动觉感受器很容易就受到刺激，产生神经冲动，再经过丘脑传递到中央后回之后产生运动感觉。动觉经常需要和其他感觉结合与配合才能够提供反馈信息，所以动觉在心理学的发展过程中也是有着重要地位的。

### 8. 内脏感觉

内脏感觉又被称为机体觉，主要指的就是身体内在器官的感受，感受器分布在内脏器官的壁上，我们熟悉的内脏感觉包括饥饿、口渴、便意和窒息。内脏感觉的放射性较强，人们不能够轻易地从痛觉中辨别损伤的器官是什么，而且当各个器官都在正常运作的时候，人们是没有内脏感觉的，只有在因为异常或者是病变引起痛觉的时候，人们才会有明显的内脏感觉，这是因为有规律的内脏运动能够向大脑传输的信息较少，人们就不会有太多的感觉。

## 三、感受性与感觉阈限

感受性指的是感觉器官对刺激的感觉能力。虽然每个人都有感觉器官，但是因为个体情况的不同，每个人对相同刺激的感觉能力却是不一样的，例如：用同样大小的声音去喊位置相同的两个人，可能一个听不清楚，但是另一个人能够听得很清楚；在桌子上放一个写了字的乒乓球，相同位置站着的两个人可能一个看得清一个看不清，这就是感觉能力的差别。感觉能力和感受性成正比，感觉能力强，感受性就强；感觉能力弱，感受性就弱。

感觉阈限指的是能够引起感觉的最小刺激强度。感觉阈限和感受性成反比关系，当感觉阈限低的时候，人们就会对刺激产生较强的感受性；当感觉阈限高的时候，人们就很难感受到外界对自己的刺激，感受性就低。人的一种感觉器官只能对一种刺激产生敏感的反应，例如，对于视觉器官来说，光能够带来最敏锐的刺激，气味和声音就没有办法对视觉产生刺激；对于味觉来说只有能溶解并且有味道的物质才能够产生刺激，光线和声音也没有办法对味觉产生影响。

感觉阈限包括绝对感觉阈限和差别感觉阈限两种类型，因此感受性也能够被分为绝对感受性和差别感受性。上文中提到过的能够引起感觉的最小刺激量的是绝对感觉阈限，差别感觉阈限指的是在两种不同的差别感觉刺激中，产生的最小值变化量。和绝对感觉阈限相比，差别感觉阈限更加强调变化的数值，一个人能够感受到的刺激差别越小，那么他的差别感受性就越高。就像拿不同强度的手电筒来照射一个人，如果他对两种强弱相近的光能够认识到两者之间的差别，那么他的差别感受性就是高的。

感受性和感觉阈限对人们的生活来说是十分重要的，心理学家曾经进行过感觉剥夺实验，在实验中心理学家将动物或者人的感觉暂时封闭起来，再将动物或人放到没有外部刺激的环境中进行实践研究，从中发掘出感觉对动物或人生理和心理的重要性。感觉剥夺实验可以从内容上进行视觉、听觉和皮肤感觉的剥夺，也可以从方法上将人的感觉进行部分或完全的剥夺。例如，在剥夺动物视觉的时候选择在黑暗中养育的方法，在剥夺人的视觉的时候选择戴上眼罩或障目镜的方式，还可以运用其他方式来剥夺人或动物的其他感受。

### 拓展阅读

世界上的首例感觉剥夺实验是1954年心理学家贝克斯顿在加拿大的麦克吉尔大学进行的，他答应付给参加实验的大学生每天20美元的报酬，这对当时每个小时只能赚取50美分的大学生而言是足够具有吸引力的。贝克斯顿让这些大学生戴上半透明的塑料眼镜，在手和胳膊上戴上纸做的套袖和手套，并用空气调节器的声音代替他们的听觉，之后让他们安静地躺在床上。

这些大学生在实验开始的时候都还可以接受这样的方式，用睡觉和思考论文来打发时间，但逐渐地就变得无聊和焦躁不安。在实验过后的几天里，他们开始不能思考，有注意力涣散、思维跳跃的现象出现，在实验过程中有一部分人产生了幻觉，他们能够在视觉和听觉被剥夺的时候看到闪烁的光，听到狗叫的声音，对他们进行脑电波的分析后发现他们的全部活动都有了严重失调现象。感觉剥夺实验证明了外界的感觉刺激是人类生存的必要条件，如果离开了社会环境，人的心理就不会正常地发育，甚至生理健康也会受到影响。

## 四、感觉的基本规律

### 1. 感觉适应规律

当人受到了外界的持续刺激时，其感受性就会随着外界的刺激而产生变化，这种感受性发生变化的现象就被称之为感觉适应。感觉适应能够出现在人的各种感觉中，人的感受性会随着对外界刺激的适应而提高或者是降低，例如：人在从光线很亮的地方进入光线很暗的地方的时候，眼睛会有一个从看不见东西到看得见东西的过程，这就是视觉感受性提高的过程；人处在花香四溢的环境中时，一开始是能够闻得到香味的，后来就渐渐闻不到了，这就是感受性逐渐降低的过程。

生活中还有很多这样的例子：X光室的医生就要保持对光的暗适应，这样才能够在光片中检查出病灶，这就是视觉感受性发生变化的现象；人的手在刚刚触碰到热水的时候会觉得很烫，但是时间久了就不会觉得很烫了，这是触觉感受性产生变化的过程；古文中说的"入芝兰之室，久而不闻其香；入鲍鱼之肆，久而不闻其臭"，这是嗅觉感受性产生的变化。

### 2. 视觉后像与视觉融合规律

人们经常在关掉台灯的时候，眼睛里还保留有亮着的灯泡的影像，这种当外界的刺激停止作用后还能够暂时保存一段时间的现象就叫作视觉后像。视觉后像可以分为正后像和负后像。正后像指的是保存的图像内容和刺激物的表象相同，例如人在关台灯的时候，灯灭了之后留下的是亮着灯的影像；负后像指的是在刺激结束后，影像的内容和刺激物的表象相反，比如在关灯后留下了暗灯泡亮背景的影像，就是负后像。一般来说负后像的影像颜色是刺激物颜色的补色，例如黄色的补色是蓝色，红色的补色是绿色。

视觉融合是人眼的特殊功能，在视光学中被称为融像，也是一个心理过程的体现。视觉融合指的是两只眼睛能够将事物看成两个独立的、有较小差异的影像，两组视神经在视觉中枢中进行融合，能够形成一个立体的影像。视觉融合能够帮助人们辨别三维立体的图画，这就是在学习立体几何的时候，有的学生可以一眼就看出来图形，有的学生看不出来图形的原因。

#### 3. 感觉相互作用规律

感觉的相互作用包括同一感觉的相互作用和不同感觉的相互作用。同一感觉的相互作用指的是不同的刺激在作用于同一器官的时候，感受性会受到其他刺激的影响，具有典型代表的同一感觉相互作用的是感觉对比。人们常说的"红花配绿叶"体现的就是感觉对比规律，通过红色和绿色的对比能够让红花看起来更加鲜艳，人们会觉得红花看上去更漂亮；还有当人们闻过了臭的味道再闻香的味道的时候，会觉得香气浓郁；人们在用冷水洗手之后，再摸热的水杯就会觉得热水更烫了。这些都是感觉对比在生活中体现的例子。

感觉的相互作用规律还包括不同感觉之间的相互作用，联觉就是不同感觉之间相互作用的特殊表现形式，指的是一种外界刺激在引起了人体一种感觉的同时又引起了另外一种感觉。例如：人们在看到红色的时候会觉得很温暖，就是颜色作用于视觉产生的联觉现象；而在听到切割玻璃的声音时会产生寒冷的感觉，是声音作用于听觉的时候产生的联觉现象。

#### 4. 感觉补偿规律

感觉的补偿指的是人体在某一项器官的感觉功能丧失之后，其他感觉功能变得更加敏感，用以补偿该项感觉器官的缺失。例如，盲人在失去视觉之后，听觉和嗅觉就会变得很灵敏，这就是感觉的补偿作用。

## 第二节　知　　觉

从某些方面来说，知觉可以看作感觉的整合，人在生活中很难将单独的感觉剥离出来，人们对事物的认知是具有整体性的知觉。本小节将介绍知觉的定义、加工形式、活动过程以及知觉与感觉的关系，并且对空间知觉、时间知觉、运动知觉和社会知觉等多个知觉的种类进行介绍，向读者说明选择的特性以及错觉的概念。

### 一、知觉概述

#### 1. 知觉的定义

感觉是对外界客观事物个别属性的认识，而知觉是人体对同一事物产生的多种感觉的结合，也就是说知觉是对客观事物的整体感知。举个例子，如果有一个苹果，那么视觉看到的是红色，味觉感受到的是甜味，是两种分开的不同的感觉，但是知觉是对苹果的整体认识，其中包括红色和甜味，知觉认识苹果就是红色的甜味水果。对苹果的知觉是各种感觉器官结合在一起之后共同运作的结果，人们很难在生活中将一种感觉单独剥离出来感受，只能在多种感觉作用下来感受事物，单独的感觉只能在进行心理实验的时候，才能被剥离出来研究。

### 2. 知觉的加工形式

知觉的加工形式有两种，分别是自下而上的加工和自上而下的加工。自下而上的加工又被称为数据驱动加工，具体指的是将环境中细小的感觉信息用多种方式组合在一起形成知觉的过程。就像人们在听音乐的时候，都能够听见每一个音符，将这些音符组合在一起之后就形成了我们所听到的歌曲。

自上而下的加工也被称为概念驱动加工，指的是人脑中的旧有经验、期望和动机会对人受到的刺激产生引导作用，能够指导人在知觉过程中进行信息的选择和构建。例如，人在一个地方等待自己的朋友，朋友的整体形象在脑中有一个旧有的认知，所以不需要将每一个经过的人的身高、体重等信息和朋友的形象比较，只要找寻和脑中整体形象匹配的人就可以了。

### 3. 知觉的活动过程

知觉的活动过程是一条知觉链，这条知觉链由五个环节组成，第一个环节是外界环境，指的是环境中客观事物的各种属性及其特点，这些物质属性和特征是知觉的来源，也是知觉的主要内容。例如物体的颜色、体积和硬度或者物体的运动和变化都能够引起知觉；第二个环节是中介物，如光、空气和热，外界环境中的物质属性能够通过中介物传递到人的感觉器官，眼睛能够通过光的折射看到外界事物，气味能够通过空气传到鼻子中；第三个环节是各种形式的能量和刺激物与感觉器官感受器的相互作用。感受器把作用于它的刺激物转换成神经冲动，将外界的机械、物理运动形态，转换为生物的运动形态，如果不将这些刺激进行转换，人脑中就不能出现对外界事物的映象；第四个环节是经过转化的神经冲动传入神经系统传递信息的过程；第五个环节是大脑对信息进行处理的过程，在这个环节中，人脑需要将旧有的信息和新的信息整合在一起传递出来之后，人们才能产生知觉。

### 4. 知觉和感觉的关系

知觉的产生需要以感觉为前提，是多种感觉以及过去经验的整合，需要和感觉一起进行。感觉和知觉之间有着紧密的联系，它们既有相同之处又有不同之处。相同点在于它们都是客观事物在作用于感受器时人脑中产生的映象，是人脑对客观事物的反映。它们的差异点体现在三个方面：一是感觉主要来源于客观事物的刺激和感觉器官的生理活动，知觉是纯粹的心理活动；二是感觉是对事物个别属性的反映，知觉是对事物综合属性的反映；三是感觉是一个感受器在活动，而知觉是多个感觉器官的感受器在脑中进行刺激物的分析整合。

## 二、知觉的种类

### 1. 空间知觉

空间知觉能够辨别物体的大小、形状、距离和方位。人对大小的知觉主要是由物体在视网膜上的成像大小、人和物体之间的距离以及参照物的影响等因素所决定的，当视网膜成像的大小和人与物体的距离相结合的时候，人就可以判断物体的大小了。人对形状有知觉是因为人的视线会随着物体的边缘进行类似扫描的运动，并将其提供给视网膜作为视觉信息，在与触觉收到的信息融合之后，人就可以辨别出来事物的形状了。

人的方位知觉可以将自己的身体作为参照，判断前后左右的位置，也可以用耳朵的听觉来作为参照，用以分辨来自不同方位的声音，因为声音到达耳朵的时间会分先后，所以可以由此来分辨传递出声音的大致方向。距离知觉能够帮助人们判断远近和深度，人可以依据肌肉运动线索、单眼线索和双眼线索来判断距离的远近和高低的深度。

### 2. 时间知觉

时间知觉反映出的是物质现象的延续性和顺序性，人在日常生活中可以借助时钟、计时器等人造工具和白天黑夜交替、四季变化等自然现象以及人的生理心理的周期性变化等因素来判断时间，和人造工具及自然现象相比，人体生理和心理的周期性变化会体现在生物节律和消化系统的周期性变化中。

人的生理变化是有节律性的，也就是我们常说的生物钟，人们可以依靠生物钟来分辨时间。人会定期产生饥饿感也是因为人的消化系统有着周期性的活动变化，人的身体能够根据体力的消耗来提醒人们进行食物的补充，这也是人体内部的节律。虽然人能够辨别时间的因素有很多，但是人的时间知觉是有误差的，就像人在听音乐的时候会觉得 5 分钟过得很快，但是在等人的时候就会觉得 5 分钟很漫长，这就是人体时间知觉的误差。

### 3. 运动知觉

当物体在空间内以一定的速度移动被人感知的时候，人就产生了运动知觉。运动知觉不能感受到太快或是太慢的物体移动速度，就像时钟上的时针运动的速度太慢，人虽然知道它在运动，但是没有办法产生运动知觉。还有因为光的传播速度太快，所以人是没有办法感受到光的运动的，只有当运动能够被知觉的时候，人才会产生运动知觉。

很多建筑和电影都会运用一些知觉的似动现象来引导人们产生运动知觉，但事实上，似动现象没有物体的真实位移，只是人们感觉物体在移动而已，就像夜晚闪烁的霓虹灯会给人造成动感，其实只是不同位置的灯泡交替点亮和熄灭，灯光并没有动起来，所以似动现象和运动知觉的区别就在于似动现象没有产生物体的位移。

### 4. 社会知觉

社会知觉也被心理学家们称之为社会认知，普通心理学的知觉指的是客观事物的整体属性在人脑中的反映，但是社会知觉的含义与知觉不同，它指的是人对自己、他人、社会群体和行为原因的知觉，包括对外部表象和内部人格的阐述判断，是基本的社会心理活动之一。影响社会知觉的主观因素包括认知者的经验、动机和兴趣以及情绪。经验的不同影响了认知结果的不同；动机和兴趣的差异会影响认知对象的选择；情绪的好坏也会影响到对认知对象的知觉是积极的还是消极的。

## 三、知觉的特性

### 1. 知觉的选择性

知觉的选择性指的是人会根据自己的不同需求和感觉通道的容量，有选择地去清晰地知觉一部分物体，将这一部分物体当作主要的知觉对象，而把其他对象当作该知觉对象的背景，用模糊的知觉去感知。选择性的产生是因为在同一时刻外界会给人带来多种刺激，会有很多物体作用于人的感觉器官，但是因为感觉通道的容量有限，人只能感知一部分外部物体，因此就需要选择性来进行知觉的调节。

随着人的需要以及条件的变化，知觉对象的物体也会发生变化，例如人在工作的时候会将知觉作用于电脑，旁边的水杯就是电脑的知觉背景，如果这个时候感到口渴，那么水杯就会成为知觉对象，电脑成为知觉背景。网络上还有很多两可图形(见图 3-1)，能够体现出知觉的选择性。

图 3-1　两可图形

#### 2. 知觉的整体性

知觉能够结合过去的相关经验，在反映物体的时候将对物体的各种感觉融合为一个整体，所以知觉的这种特性被称为知觉的整体性。图 3-2 可以被称为是黑色的无边框三角形，虽然这个三角形没有用线条画出来，但是我们也能够看到这个图形，这是因为这张图上面的三个圆形中都有三个角，我们可以借助旧有的经验将缺少的线条补全，从而辨认出图形，这就是知觉整体性的体现。

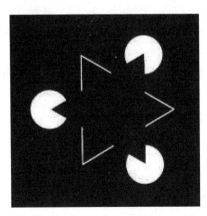

图 3-2　知觉的整体性

#### 3. 知觉的恒常性

在一定的范围内，当知觉的条件发生了变化，但是知觉产生的影响还和之前保持一致的现象被称为知觉的恒常性。人在处于不同的位置看同一个事物的时候,这个事物在视网膜上呈现出来的大小是不一样的,但是人对该事物大小的认知是不会因为视像的大小而发生变化的,这就是因为知觉具有恒常性。

#### 4. 知觉的理解性

很多人在看到云朵的时候总是将云朵比喻成另外一种事物,例如奔跑的马和可爱的小兔子,并且越看越像,这就是因为知觉具有理解性,人们通常会用自己已有的经验去解释知觉到的外界事物,并且想要用人类熟悉的词汇将它描述出来,这种特性就是知觉的理解性。词和语言会在知觉的产生过程中起到提示作用,这是知觉理解性的一个特点。

#### 拓展阅读

除了对大小的知觉具有恒常性之外,人还对事物的颜色、明度和形状产生知觉恒常性。例如,台灯的灯泡很多都是橙黄色的,但是在橙黄色灯光的照射下,白纸依然能够呈现出白色,这就是颜色的恒常性;在观察石灰和煤球的明度的时候会发现,即使是在暗处的石灰也比在明处的煤球看起来更亮,这就是明度的恒常性;人们在观察阳桃的时候,即使已经从另一个角度看出了五角星的形状,但依然还会把阳桃知觉成正常的样子,这就是形状的恒常性。

## 四、错觉

错觉是知觉的一种表现形式,但是会在特定的条件下,歪曲客观事实。如果纸上画有两条长短相等的平行线,人们在看的时候不会产生错觉,但是如果将一条线段加上箭头,另一条线段加上箭尾,人们就会觉得这两条线不一样长,这就是缪勒—莱尔错觉,是对客观事实的歪曲知觉。

只要具备了错觉产生的条件,那么人们就很难根据主观能动性消除错觉现象。我们在学习垂直线段的时候,如果是两条长度相同的线段相互垂直,那么人们就会觉得下面横向的那条线段看上更短一些,这就是横竖错觉,任何人来看这两条互相垂直的线段都会觉得下面的线段更短,这说明了错觉是带有固定倾向的,是一种客观存在,不受人们主观上的控制。

错觉的产生有特殊的因素,可能是心因性错觉、生理性错觉或者病理性错觉。心因性错觉指的是受到个人心理因素的影响而产生的错觉。例如,一个人在晚上等待朋友吃饭的时候,会对路上和朋友相似体形的人挥手,将其误认为是自己的朋友,这就是心因性错觉,因为在等朋友的时候会产生焦急的心理,在昏暗的灯光下,就会产生由心理因素导致的心因性错觉。

生理性错觉指的是对正常的生理性活动产生错觉,以至于产生相关的心理问题。例如,成语"杯弓蛇影"体现的就是生理性错觉,该成语说的是晋朝的乐广在宴请宾客的时候,有一位客人将墙上的弓倒映在酒杯中的影子看成了一条蛇,在喝下酒之后就生病了,后来乐广得知了这件事之后就又请客人来喝酒,看到是墙上的弓之后,客人的病就好了。客人的病以及在看到弓之后病就好了,体现的就是生理性的错觉。

病理性错觉指的是人在生病的时候会因为高烧或者意识模糊等症状而产生错觉,比如很多孩子在发高烧的时候，会将照顾自己的人看成是妈妈，也会将护士的针放大好几倍，这些都是因为身体生病而产生的病理性错觉，病人的情绪往往会因为这些错觉而异常激动，但是当病人逐渐恢复意识之后，这样的病理性错觉就不会再产生了。需要注意的是，这里的错觉和幻觉是不一样的，错觉主要强调的是对外界事物刺激的歪曲；而幻觉并不需要有客观事物的刺激，是人的主观思维就能够产生的。所以二者之间有着根本的区别，要注意区分。

### 拓展阅读

错觉在现实生活中经常被运用于电影的特技镜头或者商家的营销手段中。例如，卖灯具的商店总是使用能产生镜像的瓷砖，这是为了让顾客产生空间错觉，误以为店内的灯具种类繁多，店面的面积很大，从而促进商品的销售。其实店面的空间和灯具的种类并没有顾客看上去的那么多，只是光线经过反射之后产生的镜像引起的错觉。

## 第三节　良好感知觉能力的培养

本小节将对感知觉能力和观察力的发展进行详细介绍。从婴儿时期人就已经有了认知，这个时期的婴儿就是使用感觉来获取信息的。婴儿知觉的发展也体现为各个感觉器官感受器的共同运动和协调活动。观察力不是人天生的，而是后天学习得来的技能，所以婴儿时期是观察力的萌芽时期。

### 一、感觉能力的发展

感觉是个体最先成熟的心理过程，是发生最早的认知心理，从婴儿时期开始就有了认知，婴儿能够通过感觉来获取信息并了解他们生活的这个环境，以帮助他们适应这个环境。婴儿的感觉是处于主动选择的心理过程，接下来就对婴儿感觉的发展进行简单介绍，从视觉、听觉两个方面的发展状态中找到婴儿感觉能力的发展规律。

#### 1. 视觉的发展

视觉对人来说是非常重要的，可以对周围的环境以及客观物体进行辨认并且能够察觉出复杂的心理，所以大多数环境信息都是人利用视觉感受器得到的。人的视觉技能主要有视觉集中、视觉追踪运动、对颜色与光的察觉和视觉敏锐度。新生儿就已经具备了视觉集中和追踪运动技能，他们能用眼睛追着刺激的事物去看。刚出生的新生儿有26%能够做水平追踪运动，出生12小时到48小时的新生儿有76%能够做水平追踪运动。

新生儿在刚出生的时候就能够察觉到眼前的光，并且还能够区分出不同明亮度的光线。两个月以内的婴儿对光的明亮度的辨别能力可以发展得很快。人们对颜色的辨别能力也是从婴儿时期开始发展的，出生3个月的婴儿就更愿意盯着带有彩色的玩具了。在4个月的时候，婴儿就可以像成人一样分辨出颜色的类别，将有细微差别的颜色归为一个类型，例如草绿色和浅绿色，大红色和砖红色。

3岁前的儿童能够分清楚基本的颜色，例如红色、黄色、蓝色和绿色；3~6岁的儿童已经具备了颜色辨别能力，能够认识不同色调、明度和纯度的颜色，甚至已经能够说出颜色的名称。小学阶段孩子对颜色的绝对感受性的增长速度较慢。

### 2. 听觉的发展

当新生儿耳朵中的羊水被清除之后，他们就可以对周围的声音做出反应了。对于声音的刺激，他们会用眨眼、睁眼、皱脸和扭头等动作来做出反应。有的新生儿还能够区分出声音的响度、高低和持续时间的长短。婴儿对话语的声音更为敏感，他们在出生一周之后就可以分辨出元音，在出生一个月之后能够分辨出辅音，两个月之后能够通过不同的语调来分辨身边的人。6个月之后的孩子有的已经能够叫"爸爸"了，这也是因为他们通过模仿能够学习到较为简单的音节，"妈妈"和"爸爸"相比，辅音更难发音。

2~3岁的幼儿能够辨别简单的音词，而且能够辨别的音词数量也有所上升，但是一些发音相近的词汇，他们还是不能进行清晰的辨别。3~6岁的儿童对音调的辨别能力有了很大的提高，但是因为从小生活的环境并不一样，所以这个时期儿童的听觉能力有着较大的差异。6~13岁的儿童在上学开始学习音调之后，辨别音调的能力有了大幅度的提高。人的听觉能力会从青少年时期开始逐渐下降，最明显的就是听不见高频的声音了。

## 二、知觉能力的发展

因为知觉是多种感觉的整合，所以婴儿知觉的发展也体现为各个感觉器官感受器的共同运动和协调活动，多种感觉需要进行对刺激的分析，用整体的知觉去感受周围的环境。儿童知觉能力发展的类型包括跨感觉通道的知觉、模式知觉、深度知觉、方位知觉。

跨感觉通道的知觉指的是婴儿能够将多种感觉形式协调并形成知觉，用这样的知觉将周围的信息整合起来，去认识世界。这种知觉形式最明显的表现形式就是手眼和视听的协调；模式知觉指的是婴儿在感知图形的时候，不仅能够知觉到这个图形的每个部分，还能将这些部分连成一个整体。例如，在做人脸拼图的时候，婴儿可以根据人脸的形状将眼睛、鼻子、嘴等五官放在一起组成人脸，这种知觉能力表明了人是具有先天模式知觉的。

深度知觉是指对物体的立体或对不同物体的远近的知觉。深度知觉的发展还需要后天经验的累积和辅助。

方位知觉是指人对自身或某物体在空间中的位置和方向的知觉。很多孩子在成长的过程中会经常分不清楚左右，这是因为这些孩子的方位知觉还没有得到发展和完善。根据心理学家的研究：孩子在1~3岁的时候只能分辨上、下方位；4岁的孩子能够分辨前、后的位置；5岁的儿童才能够以自己为中心来辨别左右，但是这时候对左右方位的辨别能力还没有得到完善，渐渐地孩子才能够分清自己的左右手，认识到方位的相对性，掌握左右的概念；小学时期只是对图形的学习和计算；对几何的深入学习只能出现在初中阶段，这也是因为青少年阶段才能够理解抽象的空间关系。

人们在研究发展心理学的时候发现，新生的婴儿能够对外界的刺激做出反应，并能够在快速的时间内适应他们所生活的环境。3岁以内的婴儿其知觉发展是非常快速且重要的，婴儿能够在不断的学习过程中积累经验，再将已经学习到的经验和外界的刺激融合在一起，促进知觉的完善。心理学家们认为人在婴儿期知觉会快速发展，所以家长可以在这个时候对儿童的知觉能力进行培养，促进孩子健康成长。

> **拓展阅读**

在研究婴儿深度知觉的时候，吉布森运用了"视觉悬崖装置"，这个装置的表面是钢化玻璃板，右侧紧贴玻璃板放了一块布，这一侧看上去就像一张平面床，但是左面一侧的布放在了距离玻璃板1m深处的地方，看上去就像一座悬崖。实验表明，两个月的婴儿会对深度的刺激产生生理上的不同反应，6个月的婴儿就已经具备了深度知觉，所以心理学家们认为，婴儿具有一定的先天知觉，这些知觉能够在成长的过程中不断地发展和完善。

## 三、观察力的发展

观察力不是天生就有的能力，需要经过后天的学习才能掌握该技能。所以新生儿是没有观察能力的，他们只能依靠感觉和知觉来了解周围的环境。当他们进入婴儿期的时候，其观察力就开始萌芽了，他们能够在成人的要求下对客观事物进行有目的、有意识的关注。在幼儿时期，孩子能够根据幼儿园老师以及家长的要求有目的地进行观察活动，并且不容易受到外界事物的干扰，和婴儿期相比，幼儿期的观察活动更具有目的性。

从小学开始，儿童的观察力逐渐完善，儿童会随着年龄的增长，逐渐摆脱成人的要求，形成具有自觉性、独立性和计划性的观察力，能够在观察活动中结合自己的思维来展开心理活动，具备了从现象到本质的观察方法，能够根据当前的学习计划来提升自己的观察能力。接下来就对小学和中学阶段青少年观察力的发展进行介绍，帮助人们了解孩子的成长规律，促进孩子健康成长。

一年级的小学生在发展观察力的时候还需要老师和家长的帮助和监督，因为这时候的小学生观察的目的性较低，他们还处于完成任务的阶段，不能实现自主学习和观察，而且在观察的过程中很容易受到外界因素的干扰，观察活动也会受到个人兴趣爱好的干扰。随着年龄的增加，这样的情况会有所改善，但是观察的目的性只会有小幅度提升。三年级以下的小学生在观察事物的时候非常笼统，没有足够的精确度，只能说出事物的个别属性，例如形状和颜色等，不能观察到事物的细节，但是三、四年级的学生精确度就有了明显的提高。

低年级的小学生没有办法按照顺序进行事物的观察，他们往往会先说出来自己最先看到的事物属性，所以观察顺序性的培养需要教师在授课的过程中进行引导，逐渐培养小学生观察事物的顺序性。低年级的小学生因为抽象思维还没有发展，所以他们对事物的关注仅仅局限在事物的表面特征上，他们不能理解事物之间的联系和本质特征，在观察的时候没有深刻性，但是随着抽象思维的发展，三、四年级的小学生观察的深刻性有了较大的提高，六年级的孩子更是能够对事物进行分辨和系统化观察。

到了中学阶段，中学生的观察有了更明确的目的性，他们能够在观察活动的时候主动地制订计划，有意识地根据自己的不同需求来进行集中持久的观察，具有较强的自觉性。和小学生相比，中学生的观察活动不容易受到外界因素的干扰，能够长时间进行观察活动，并且能在观察中进行思考。

中学生可以用准确的语言将自己观察到的事物细节表述出来，能够在表达的时候注重全面性和整体性，也能认识到事物的本质属性，观察的精确性有了提高。在中学阶段人们的抽象思维有了较大的发展，能够认识到立体空间的抽象性，而且语言的表达能力和理解能力也有了进一步的发展和提高，能够用语言将自己的观察活动进行概括，也能够理解事物内在的深刻属性和规律。

## 课后习题

1. 当人的感觉器官对客观事物的某一个属性作出反应时，产生的这种反应就叫作_____。
2. 感觉阈限包括_____和_____两种类型。
3. 知觉的加工形式有两种，分别是_____和_____。
4. 错觉的产生有特殊的因素，可能是_____、_____或者是_____。
5. 简述知觉的种类有哪些。

# 第四章 意识与注意

有商家举办活动，让顾客不限时间从数字 1 写到 600，都写正确可以获得奖品，写错了就要购买产品，很多人都觉得这个任务十分简单，但是在具体操作的时候，就会犯很多错误，这就是因为人的注意力很难长时间保持集中，并且在比赛和有外界干扰的环境下，人的注意力会有所分散，更难让写的数字完整并正确了。

## 第一节 意识概述

本小节主要介绍意识的概念和特性、意识的水平和分类，以及意识的局限性和能动性，并且对生物节律的周期性和意识状态做相关的简介。意识的存在是人和动物心理的绝对差别，是认识的高级阶段的产物，具有较强的复杂性。

### 一、意识的概念和特性

人的心理之所以和动物的心理有差别，就是因为人的心理有意识的存在。意识不同于一般的心理活动，它是具有综合认识的高级阶段的产物，是人类大脑中特有的反映功能，是在自然进化中出现的最高产物。虽然冯特在 19 世纪让心理学脱离哲学成为一门单独的学科，基本否认了研究心理学就是研究灵魂的观点，但是因为意识具有复杂性，所以在科学心理学的发展过程中，也曾有人提出意识不属于心理学研究对象的观点，直到 20 世纪认知心理学出现后，人们才又开始了对意识的研究。

意识是在人觉醒状态下的觉察，包括对外界事物、自身内部状态的觉知。例如人们能够在清醒的状态下感受到饥饿、口渴、病痛和悲喜，也能知道自己的视觉、听觉、触觉和外界事物的接触作用，还包括思维、欲望和感知等直接经验以及对自身行为的评价。意识能够对人的生理和心理发展起到调节、管理和整合的作用，人们能够根据自己的心理活动有选择地将注意指向或避开某些对象，用以适应感觉通道的容量，例如人会根据恐惧心理避开较为黑暗的地方或者躲开长相较凶的人，以避免自己受到更多的外界刺激。

意识是人用来反映客观现实的特有方式，人能够通过语言和文字来表达自己的意识，用自己学习到的知识来帮助意识的产生和发展，所以人类对语言和文字的学习能够帮助人类更好地融入社会。意识具有可觉察性和社会制约性，接下来就对这两个特性进行介绍，帮助人们了解意识的特性。

意识具有可觉察性是人的心理和动物心理的根本区别，虽然马戏团的动物都非常聪明，狮子能跳火圈、猴子能蹬单轮车，但是这些动物不能解开绳子逃跑，就是因为它们没有意识的觉察性，不能把握住驯养员解绳子动作的关键方式。具有意识的人能够在客观世界的生活中，觉察到客观事物的存在，并且能够将自身和客观事物联系在一起，产生关系，所以意识觉察性对人来说是非常重要的。

虽然个体意识的产生和遗传、生理发展有着密切的联系，但是也和个体生活的社会环境以及个体在学习、生活中积累的直接经验有相关性，从这一角度上来说，人的意识从产生的时候开始就受到社会属性的制约，如果人脱离了社会环境去生活，就没有办法产生意识，例如我们上文中提到过的"印度狼孩"就是因为脱离社会生活的时间太长，已经错过了意识发展的重要时期，导致其无法融入人类社会。在不同的历史阶段和社会层次中，意识也是有着明显差别的，例如古代的人就不知道手机，晋惠帝会发出"何不食肉糜？"的疑问。

## 二、意识的水平和分类

心理学家们对人的意识和无意识的研究有着浓厚的兴趣，詹姆斯主张不能将意识看成心理元素的集合，意识是持续不断的过程。弗洛伊德曾根据意识和潜意识提出了著名的"冰山理论"，将意识比喻成冰山在水面上的那一部分，将潜意识比喻成冰山在水面下的那一部分。荣格也提出了集体潜意识理论。在不同的时间和空间中，由于注意程度的差别会产生多种意识层面，接下来就对意识水平的分类做出详细的介绍(见图 4-1)，用不同的例子帮助大家去认识意识水平之间的差别。

图 4-1　意识的分类

### 1. 高级意识

高级意识是意识的最高境界，人在集中注意力和努力实现个人目标的时候都能达到高级意识的水平。高级意识涉及意识控制的思维加工过程，比如拳击比赛的时候运动员注意观察对手的动作，学生在上课的时候将注意力集中在老师的授课上，这些都是高级意识水平。

### 2. 低级意识

和高级意识相反，低级意识不需要加工，甚至不需要太多意识的参与。白日梦就属于低级意识水平，学生在上课的时候一边听课一边写笔记的行为是不需要太多意识参与的，还有骑自行车的时候也不需要太多的意识参与，人们就能够控制好平衡。

### 3. 下意识

下意识随时都有可能出现，不管人们是清醒的状态、睡眠的状态还是做梦的状态，都有可能出现下意识，人们会在自己没有注意的时候或者是投入一点点注意的情况下产生下意识，例如旁边有人要摔倒了会自动伸手去扶，热水要洒的时候会快速躲开，这些行为都属于下意识动作。

### 4. 潜意识

潜意识的提出者是弗洛伊德，他相信人们的意识中有被自己藏起来的伴有焦虑和负面情绪的意识，这些意识潜藏在人们的意识深处，平时不会被人们觉察到，但是很多心理疾病的患者就会被自己潜意识中的负面情绪所干扰，影响自己的生活和工作。例如很多孩子在见到医生的时候都会哭，虽然医生什么也没做，这是因为小时候打针的经历给他们在潜意识中造成的影响。

### 5. 无意识

无意识指的是自己没有对周围的环境变化产生觉知，也包括没有对自己的身体和心理状态产生觉知的状态。例如人们是感受不到自己的血压变化和血糖变化的，但是人的神经系统确实在调节这些生理因素，让它们随着人体情况的变化而改变。

### 6. 异常意识

这样的状态可能会由药物、心理创伤、疲劳、感官剥夺以及催眠等所导致，前文中提到的感觉剥夺实验，就是在被控制了视觉、听觉以及皮肤感觉之后，被实验的对象产生了幻觉和脑电波异常等现象，这就属于异常意识状态。醉酒的人可能也会因为酒精的麻痹出现幻觉等异常意识状态。

## 三、意识的局限性及能动性

人的意识和客观世界有着很重要的联系，是对客观事物的反映，意识需要经过大脑中枢的加工处理，经过复杂的过程才能出现，而且更为高级的意识还受到抽象思维和多种因素的影响，但是人的意识依然会因为对客观事物的反映不完整而产生误差，这就会形成意识的局限性，接下来就对意识局限性的体现做一些介绍，帮助读者理解局限性的产生原因。

意识虽然是心理状态，但是依然需要依附于人的神经系统，所以神经系统是否健康会对意识的产生和发展产生影响。人的意识想要发展就要保持身体的健康，一个常年受到病痛折磨的人是没有办法将多余的精力用于对外界事物的认识的，所以神经系统与身体的健康成为意识的局限性因素。意识没有办法离开社会生活而独立发展，如果在一个人很小的时候就将他与世隔绝，那么他是没有办法产生和正常人一样的高级意识的，因为他没有办法向外界学习更多的知识和经验，意识的发展只能依靠自己的实践活动。

意识会受到情绪和思维的干扰。人的情绪会因为外界的干扰发生很大的波动，太过积极和消极的情绪都会让大脑在进行信息加工和整合的时候受到干扰，从而产生意识的误差。人们经常说的"乐极生悲"就是在产生过于积极的情绪的时候，意识会出现误差，让人做出错误的事情和决定，造成不好的后果。而且人在愤怒和兴奋的时候，思维比较混乱，没有办法集中注意力思考，所以很容易加工出错误的意识信息，影响人对客观世界的分析和判断。

意识的能动性会表现在与环境的互动、把经验和现实相联系和对生理的调节三个方面。从与环境的互动方面来说，意识是可以通过实践活动来改造客观世界的，这也是意识能动性的最重要表现之一。意识能够反映客观世界，但是并不是意识产生和发展的终极目的，意识活动的根本目的是要对客观世界进行改造，而实践活动就是改造客观世界的主要方式。

从经验和现实相联系的角度上来说，意识活动是具有主观创造性的，意识能够对自己已有的经验进行加工和改造，结合刚刚取得的经验找出两者之间的联系和规律，将现实生活和自己的经验结合在一起，找到适应社会发展的主要规律，创造出世界上没有的新鲜事物；意识还可以根据两者之间的规律性和必然联系预测未来将会产生的结果，帮助人们规避生活和工作中的风险。

从对人体生理功能的调节角度上来看，人的精神愉悦对身体健康是十分重要的，这也就是人在压力大的时候很容易上火生病的原因。

## 四、生物节律的周期性与意识状态

生物节律指的是生命的活动呈周期性变化，在周期性的变化中有比较固定的运动规律。生命运动具有时间上的节律，这样的节律体现在周期性的变化以及周期中的各个环节。不管是处于生物圈中任何层次的生物都具有生物节律，即使是人类看不见的细胞和生物大部分也都有着自己的运动节律，但是由于每个生物的生命长短都是不一样的，所以不同生物的生物节律周期有着很大的差异性。

人的进食和睡眠行为也是有规律发生的。20世纪初，德国医生菲里斯和奥地利心理学家斯瓦波达发现了人体生物节律，人体生物节律代表的是人体内部的生物循环系统，指的是人的体力、情绪和智力的周期性循环。他们发现人的体力循环周期为23天，情绪循环周期为28天，智力循环周期为33天。这项经过长期临床观察得出的结论受到医学界和心理学界的广泛关注，1960年在美国召开的专门讨论生物节律的国际会议标志着生物节律的研究开始进入一个新的发展阶段。

人体生物节律研究一般采用电子计算机计算的方法，将人的体温、血压和各个器官的新陈代谢以及人的精神状态都计算出循环规律。人的生理状况的循环从出生的那一刻起就按照该有的周期进行着变化，首先进入高潮期，在经过临界日，也就是循环节点的时候进入低潮期，之后按照正弦曲线不断变化，直到生命结束。

当循环处于高潮期的时候，人会用最积极的状态去面对生活，这时候人的体力是最旺盛的，智力也是最高的，情绪也是最兴奋的；但是在进入低潮期的时候，人的体力就开始衰退，情绪会很低落，智力反应也没有高潮期的时候快；在临界点的时候人的生理状况会发生剧烈的变化，受到生理的影响，心理方面也会出现一些问题，思维混乱，易发生错误行为。

### 📖 拓展阅读

人的睡眠时间会占据人一生中的1/3，从古至今人们就对睡眠有着较强的兴趣，很多科学家运用脑电波对人在睡眠时的状态进行观察，都取得了重要的成果。睡眠也属于生物节律中的一种，是以24小时为单位表现出来的规律性变化模式。一开始的时候人们主张睡眠的目的是恢复体力，后来经过研究发现睡眠不仅仅可以帮助生物恢复体力，还能够帮助机体恢复相关技能。很多动物在黑夜都会产生意识和动作混乱的行为，所以睡眠能够帮助这些动物避开一天中最不适应的时候，避免因为在黑夜反应力不够被捕杀。

## 第二节 几种特殊的意识状态

本小节介绍人在睡眠、做梦和催眠时的意识状态。人的睡眠是四个睡眠阶段的不断循环，对人的健康来说，在睡觉的过程中人的大脑能够得到休息，身体各个器官的运行速度会逐渐减慢，也能够得到一定程度的休息，所以睡眠是十分重要的。梦境具有不连续性、不协调性和认知的不确定性，做梦是人正常的生理状态。在催眠的过程中虽然有意识在活动，但是由于这些意识不受人的控制，所以心理催眠师会让人在被催眠之后忘记催眠时的经历，这样有利于心理问题的恢复。

## 一、睡眠

睡眠、梦和催眠是三种特殊的意识状态。接下来我们就对睡眠状态进行介绍和分析，帮助读者了解人在睡眠的时候会经历几个阶段，睡眠对人体的重要性是什么。

当大脑处于清醒状态的时候，脑电波的频率为 14～30Hz，大脑处于休息状态的时候频率为 8～13Hz，根据脑电波的变化，心理学家们将睡眠分为四个阶段。第一阶段脑电波的频率较低，波动幅度也较小，人们的睡眠状态体现为身体放松，呼吸变慢，这一阶段大约会持续 10 分钟左右，睡眠中的人很容易被外界的声音惊醒。第二阶段偶尔会出现睡眠锭，这个时候的脑电波会呈现出短暂的高频大波幅状态，这个阶段的人睡眠最熟，很难被叫醒，持续时间大约为 20 分钟。第三阶段也会有睡眠锭的现象出现，但是更多的时候脑电波会呈现出频率持续降低、波幅增大的状态，这一阶段会维持 40 分钟左右。第四阶段人的肌肉会进一步放松，身体的各个器官也会减慢运行速度，这一阶段大致会持续 20 分钟，脑电波呈现为 $\delta$ 波，人开始进入深度睡眠状态。这四个阶段一共需要用时大约为 90 分钟，之后梦境就会开始出现，脑电波会类似清醒状态的高频低幅的状态，眼球在这个阶段会快速运动，所以四个阶段之后的这个时期被称作快速眼动阶段。

人的睡眠不是快速眼动期的时间延长，而是四个睡眠阶段的不断循环，每次循环结束都会出现快速眼动期，这就是人会觉得自己睡了一夜做了好几个梦的原因。快速眼动期的时间会一次比一次长，直到醒来。当人在快要醒来的时候睡眠的第三阶段和第四阶段会渐渐消失，人会随着生物节律逐渐醒来。

在睡觉的过程中人的大脑能够得到休息，身体各个器官的运行速度会逐渐减慢，也能够得到一定程度的休息，所以睡眠是十分重要的。有人曾经做过睡眠剥夺实验，被实验者在第一天的时候看上去很轻松。第二天的时候就很难保持清醒，会在工作中打瞌睡。第三天的时候会变得紧张、易怒，并出现类似睡眠的行为。在第四天的时候被实验者出现了幻觉和错觉。实验证明，人在被剥夺了睡眠之后的 60 小时内会出现神经系统紊乱的症状，在 160 小时无睡眠之后会出现生理障碍，例如心跳和血压发生变化。

对人类来说并不是睡眠时间越长，身体就会恢复越好，和睡眠时长相比，更重要的是睡眠的质量，如果人在相同的时间内有着更好的睡眠质量，那么身体机能就能够得到更充分的恢复。由于现代社会工作压力加大，所以很多高压工作的人会有精神衰弱的症状，这个时候就需要用一定的训练让自己的睡眠质量得到保证，这样才能够让大脑和身体得到足够的休息，有利于人的身体健康，也能够提升白天的工作效率。

## 二、梦

弗洛伊德的精神分析学说中曾出现了和梦相关的理论内容，他认为人在生活的过程中会有一些不能被满足的愿望和冲动，这些冲动被人们压制在潜意识中，而在做梦的时候，由于意志的控制能力降低了，所以这些不符合当时社会规范的冲动会以梦的形式表现出来，这也是弗洛伊德在治疗精神病的时候经常用分析梦境的方法来了解病因的原因。精神分析学说对梦的解析成为心理学中的重要理论思想，但是很多科学家对梦的研究不是从精神分析的角度入手的，他们经常采用观察脑电波和眼球运动的方式对梦进行研究。

用现代先进的仪器来检测脑电波和眼球运动的变化能够准确地检测出人是否正在做梦。上文提到过，梦会出现在快速眼动阶段，所以如果眼动仪检测出了眼球正在上下左右地颤动，那么就说明这个时候是睡眠中大脑活动最频繁的时候，如果这个时候人被叫醒，他一般都是正在做梦的，所以这是心理学家们研究梦的有效手段之一。

梦境具有不连续性、不协调性和认知的不确定性。不连续性是梦境的主要特点，主要体现在梦中的情景没有前后的连续性，思想和行为的变化也没有相关性。梦境中的内容多为无意想象，不受意识的控制，内容千奇百怪，光怪陆离，所以内容和形式上常常具有不协调性，事件的联系没有因果关系。梦境中的内容可能会是现实生活的反映，也有可能是现实生活中不会出现的场景，梦中出现的人物可能是自己熟悉的人，也有可能是意识拼凑出来的陌生人，这些场景和人物都是很模糊的，这就是梦境在认知上的不确定性。

人们经常说"日有所思，夜有所梦"，其实这就是意识的延续性，人在白天没有想清楚的问题，意识会延续到梦境中继续思考，有时候梦境中也能够找出问题的解决方法。梦的内容多数都是做梦的时候身体受到了外界刺激。例如：当人梦到暴风雪的时候，可能是因为被子没有盖好感受到了寒冷；梦到了运动之后的呼吸困难可能是因为感冒有鼻塞的感觉；梦到了吃饭的场景也许是因为闻到了早餐的香味。所以机体的状态、外界的刺激和意识的延续都是梦境内容的主要决定因素。

### 拓展阅读

在睡眠中做梦是人的正常生理和心理现象，梦境即使十分剧烈也不会影响人的休息，因为做梦的时候人正处于深度睡眠状态，大脑能够得到放松，所以有的人睡醒之后能够回忆起自己的梦境，觉得睡得不踏实是不对的，人只有在快速眼动期的时候才会做梦，这是一个时间较短的过程，不会在所有的睡眠过程中都有梦境出现。而且梦境不是吉凶祸福的预兆，也不是先人传递的信息，所以人要正确看待梦境，不需要对梦境的内容产生担忧心理。

## 三、催眠

催眠是一种人为的以诱导的方式使意识处于积极活跃状态，并使大量潜意识中的信息和被催眠者的意识发生重新组合之后的连锁反应。催眠不属于睡眠，和清醒状态也有着较大的区别，催眠师用暗示和诱导的方式来唤醒被催眠者潜意识中的经历和行为，在这个过程中需要被催眠者处于放松的状态并且能够随着催眠师的引导产生相关的联想。催眠是一种意识状态能够让人知觉，记忆和自我控制方面产生变化的一种觉知状态。

很多人会觉得催眠就是别人让自己陷入睡眠状态之后掌握了对大脑的控制权，这样的想法让催眠术有了一定的消极意义。其实催眠并不是让人睡觉，不能单纯地从字面意义上去理解这项心理学操作，因为催眠和睡眠是有着较大区别的两种意识状态。人在被催眠的状态时是有可能保持精神上的清醒的，大脑可以根据催眠师的引导集中注意力并且收集潜意识中的相关信息，但是在睡眠的状态下，人的大脑处于休眠状态，不能进行思考，如果是在快速眼动阶段的话还会有梦境的出现，而被催眠的时候是不会产生梦境的。

从性质上看，催眠是对心理疾病患者进行治疗的一种技术，而睡眠是人身体机能上的一种休息状态，能够缓解人的疲劳感，恢复体力和精力。从范畴上说，催眠属于心理和生理的共同范畴，而睡眠活动只属于生理范畴，它是生命所需要的生理功能，能够帮助机体保持良好的状态用以学习和工作。从大脑生理状态上看，人在接受催眠的时候，大脑皮层的一部分区域会受到控制，但是依然会保持反应能力，并且皮层会处于兴奋的状态，这也就是被催眠者能够回答催眠师问题的原因，但是我们在睡眠的时候就会停止意识活动，不能回答问题。

由于在被催眠的时候人的意识是没有停止活动的，所以在被催眠的状态下人有感觉麻痹、感觉扭曲，甚至出现幻觉、接触抑制和催眠记忆消失等心理特征。在还没有麻醉药品出现之前很多医生会选择用催眠的方式让患者在接受手术等治疗的时候感受不到疼痛，这就是催眠状态下感觉麻痹的心理特征，虽然这种方式能够缓解一定的痛苦，但是其效果还是不如麻醉和止痛药品。人在被催眠的时候有可能会在催眠师的引导下没有接受听觉刺激就听到声音，也有可能出现其他视觉幻觉，所以人在被催眠的时候会产生感觉扭曲的特征。

人的潜意识中会有一些不被社会准则允许的意识，在清醒的状态下，这些意识会受到抑制，避免人出现影响社会秩序的行为，但是在被催眠的状态下，人可能会根据催眠师的引导将这些意识的抑制解除，做出被抑制的相关行为。由于人在被催眠期间的行为是不受自己控制的，为了人的心理健康，催眠师往往会选择让被催眠者忘记处于催眠状态时的相关记忆，所以很多被催眠的人会在清醒之后失去催眠状态时的相关记忆。

## 第三节　注　　意

本小节主要介绍注意的概念和特性、注意的功能、注意的分类、注意与心理过程的关系以及注意的影响因素。因为感觉器官对外界刺激的容量是有限的，所以才需要注意来对外界的刺激进行选择，这样才能让人的生活、学习和工作顺利地进行。

### 一、注意的概念及特性

由于感觉器官能够接受外界刺激的容量有限，心理活动不能同时指向所有作用于感觉器官的对象，所以就会有一些对象被舍弃，已经被选择的对象会体现在心理活动的强度和紧张程度上，这就是注意的指向性和集中性。注意有在感觉器官有选择地接受外界刺激后，对这些刺激进行精细加工的属性。我们在上学的时候老师总是让我们上课的时候要聚精会神，就是让我们将感觉、知觉和思维都指向和集中于老师的授课过程中，从主观上积极主动地集中心理活动，从客观上抑制外界的干扰因素。

注意的特点包括注意广度、注意的稳定性、注意转移和注意分配。接下来就对这四个特点进行介绍，结合我们日常的现象对注意的特点进行解释和说明，帮助读者理解注意的概念，以便在未来的生活、学习和工作中，发挥主观能动性，集中注意力，避免外界的干扰。

### 1. 注意广度

注意广度又被称为注意范围，指的是在有限的时间内，人大脑中的意识能清楚地辨识出客观主体的数量。经实验研究，注意范围会受到外界刺激不同特点的影响，也会受到工作任务难度的影响。从外界刺激的角度上来说，相同任务难度下，在0.1秒内人能够注意到没有联系的4~5个汉字或4~6个字母，当汉字或字母的颜色相同时，人的注意广度就大，颜色不同时注意广度就小；当汉字和字母的大小相同时，注意广度就大，大小不同的时候，注意广度就小，这就是外界的不同刺激对注意广度的影响。

### 2. 注意的稳定性

在对客观对象进行选择的时候，注意会有一定的维持时间，所以心理学家就将注意能够稳定维持的时间长短称作注意的稳定性，稳定性和时间的长短是正相关的关系。心理学家在研究心理品质的时候，也会将注意的稳定性作为测试内容的其中一项。注意的稳定性会随着生理的周期性变化而改变，例如人在听钟表声音的时候，即使注意力集中也会有声音的强弱变化，这就是注意的起伏。与稳定性相反的心理品质是注意的分散，小时候在上课时总会分心去看窗外的景色，这个举动就是注意分散的体现，是一种需要克服的不良心理品质。

### 3. 注意转移

在当前工作需要暂停或是已经完成的前提下，注意从一个主题转移到另一个主题上的现象就是注意转移。例如我们在写完语文作业之后去写数学作业，或者是在语文阅读的时候遇到不懂的词语去查字典，类似这两种行为都是注意转移。两件事情之间的相关性越大，就越容易转移，相关性越小，转移难度就越大，所以和阅读的时候去查字典相比，做完语文作业之后做数学作业的转移难度更大。

### 4. 注意分配

注意的分配是指注意能够在同一时间内指向不同的对象，去完成很多项不同的任务。很多人都做过"左手画圆、右手画方"的试验，但是几乎所有人都没有办法不经训练在短时间内完成这项任务，"左手画圆、右手画方"没有办法在短时间内成功就是因为注意所指向的不同对象之间没有相关性，只有在所做的工作十分熟练并且几件事情具有相关性的时候才能够实现注意的分配。例如：在舞台上歌手自弹自唱，就是经过训练的，并且弹唱的是同一首歌；学生边写笔记边听讲也是长期养成的学习习惯，听和写的内容也是一致的。

## 二、注意的功能

因为注意包括注意广度、注意的稳定性、注意转移和注意分配的特点，所以就决定了注意具有选择功能、保持功能和调节监督功能。接下来就对注意的三种功能进行介绍，帮助读者了解这三种功能对注意的重要性。

### 1. 选择功能

人们会在某一时间点选择对当时的活动能够产生意义，或是符合活动需要和要求的信息，与目前需要的刺激进行匹配，这就是注意的选择功能。选择功能保证了人类生活、学习的秩序性，让人们能够在有限的时间内将更多的注意力放在有需求的工作上。

### 2. 保持功能

注意能够在意识中保存接收到的信息，再通过加工等形式完成相关的任务。正是因为注意有保持功能，所以人们才能展开正常的学习和工作。假如人的注意时间只有一秒钟，那么学生就不能坚持40分钟的上课听讲活动，手工艺人也不能集中注意于创作活动，所以对社会来说，注意的保持功能是十分重要的。

### 3. 调节监督功能

人在注意力集中的时候是很少会出现行为错误的，因为注意的调节和监督功能能够有效地提升人在社会活动时的工作效率，再结合注意的分配和转移，保证了社会活动的有序进行。荀子曾经在《大略篇》中强调了注意专一的重要性，只有教师专心地教学，学生一心一意地学习，才能够让学生取得成功。

#### 拓展阅读

有一天，医生、房地产商和艺术家约好了一起去看望他们的朋友。他们经过一条繁华的街道之后终于到了朋友家。朋友有一个小女儿，正是爱听故事的年纪，于是她就请求艺术家、房地产商和医生给她讲故事。艺术家说："我沿着那条繁华的街道走，看到天空下的城市在落日的余晖中泛着金红色的微光，像是一幅美丽的图画。"

接下来小女孩又请房地产商讲故事，房地产商说："来的时候我走过一条繁华的街道，街上有两个小男孩在讨论如何才能挣钱，一个男孩说他想在挨着地铁口的两条街道交会处摆一个小摊，卖冰淇淋，因为这里每天会有很多的人去坐地铁，不管是从哪个方向来的人都可以看到他的摊位，我觉着这个男孩非常懂得选址对生意的重要性，他将来一定是一位成功的商人。"

之后小女孩又请医生给她讲故事，医生说："在来你家的时候，我路过一条繁华的街道，有一个橱窗中摆满了各种各样的药瓶，有的人因为身体不适正在挑选这些药，虽然我明白，和这些药物相比他们更需要的是睡眠和新鲜空气，但是我却没有办法告诉他们。"

虽然艺术家、房地产商和医生走的是同一条街道，但是他们所关注的事情却是不同的，这是因为他们的注意有选择功能，选择功能会根据他们的工作需要来选择不同的刺激，注意不同的事物，所以他们三个给小女孩讲的故事才会是完全不一样的。

## 三、注意的分类

由于有的时候在注意的过程中需要人先明确预期目的，并为之付出努力，而有的时候又可以不依靠意志就进行相关活动，因此心理学家们将注意分为无意注意、有意注意和有意后注意三种类型，接下来就对这三种注意的类型进行介绍。

### 1. 无意注意

无意注意不需要通过意志的努力就可以维持，也不需要有预计的目的，所以又被称为不随意注意。例如，在上课听讲的时候，教室的后门突然被风刮开了，班里的同学都被门的响声吸引了注意力，头都不由自主地扭向了后门，这些同学的反应就是无意注意。人们一般会被自己感兴趣的、和自己相关的、突然出现的或者是声音大的动作引起无意注意，因为注意的选择功能，所以与自己无关、声音较小的动静很难引起无意注意。

### 2. 有意注意

和无意注意相反，有意注意是需要人为设定预期目标，并且要通过意志努力来维持的注意。例如，学生上课听讲的活动就需要通过自己的努力来维持精神集中的状态，而且上课听讲是为了考试取得更好的成绩，是有预期目标的行为，所以属于有意注意的范畴。有意注意能够帮助人们提高工作和学习的效率，所以在儿童时期，家长和教师都会训练孩子将注意力集中，增强在学习过程中的抗干扰能力，让孩子在学习过程中有更多的收获。

### 3. 有意后注意

有意后注意指的是有意注意培养成无意注意后的状态，这样的状态虽然还有需要完成的目标，但是已经不再需要用努力去维持了。人在经过学习和训练之后，能够对某项活动有着足够的熟悉度，这个时候就可以实现有意注意到无意注意的转化了。例如，人在学英语的时候，会在英语单词和语法上投入很多精力，这个时候属于有意注意阶段，但是在逐渐掌握了相关知识之后，就可以不费力地阅读外文的报刊等资料了，这时候就是无意注意阶段，这个过程就是有意后注意。

除了有意注意可以转化为无意注意之外，无意注意也可以向有意注意转化，就用上文提到过的门被风刮开的事情举例，同学们的注意被刮开的门造成的声音吸引属于无意注意，但是如果他们这个时候看到班主任站在了门外，那么他们这个时候就会开始思考班主任站在后门的原因，这时候学生的无意注意就会转化为有意注意。

## 四、注意与心理活动的关系

心理过程包括认知过程、情绪情感过程和意志过程三个方面：认知过程包括感知、记忆、思维等形式，这些形式都能够反映出客观事物的性质和联系过程；情绪情感过程反映的是人对客观世界中的事物产生的态度以及相关体验；意志过程主要体现在人的主动性上，人可以以有意识的努力来克服困难达到自己的预期目的。

由于注意并不能对客观事物进行反映，所以注意从来都不具有独立性。它虽然不是独立的心理过程，但也是任何一种心理过程都离不开的，注意对一定的对象有指向性和集中性，在认知过程、情感过程和意志过程三个方面，都是不可缺少的。

心理学家通常认为注意是心理活动的积极状态，能够在感知觉、记忆、思维和想象等心理过程中体现出来，注意会成为这些心理过程中的共同特性。不管在什么样的条件下，注意都不能单独起作用，必须结合这些心理过程，才能完成相关的活动。在日常的语言表达中，人们经常会为了省事而省略一些词汇，例如：教师在上课的时候经常会说"注意我这"，其实教师所表达的意思是"集中注意看黑板"；又如，我们在听临时播报的时候会听到"请注意以下通知"，其实所表达的是"请注意听以下通知"。人们在表达的时候将语言缩略了，语言中"看"和"听"等动词没有表达出来，但是人们依旧能够理解语言中的含义。

注意将人的所有心理活动都组织在了一起，并且起到了一定的引导作用，注意的存在让心理活动一直处于积极的状态，贯穿于各个心理过程的始终，所以注意对于人的心理过程来说是十分重要的，它不是独立的心理过程，却和所有的心理过程都有着紧密的联系。

## 五、注意的影响因素

能够引起注意并保持注意的因素有很多，无意注意和有意注意的影响因素存在一些不同之处。接下来将从无意注意、有意注意、有意后注意三个类型入手，分别对它们的影响因素进行介绍。

### 1. 无意注意

能够引起并保持无意注意的影响因素包括客观刺激物的特点和人的主观状态两点。客观刺激物的强度、新颖度以及刺激物的变动和对比都可能成为引起无意注意的重要因素。一般来说，刺激物的强度越大，就越容易引起注意。例如，人在没有任何心理准备的时候，听到了惊雷的声音，就会被引起注意。但是刺激物的强度会受到客观条件的影响，就像人在十分嘈杂的环境中，即使声嘶力竭，也不一定能够被别人听到声音。

除了刺激物的强度能够引起无意注意之外，刺激物的绝对新颖性和相对新颖性也能够引起无意注意。例如没有见过汽车的人会被汽车的出现引起注意，但是见过汽车的人会对各种品牌的汽车感兴趣，这就是绝对新颖性和相对新颖性对注意产生的影响。刺激物的变动也是很容易引起注意的因素。例如晚上的时候人们正在看霓虹灯，静止的霓虹灯突然开始有了颜色的变化，这个时候也能够引起无意注意。还有就是刺激物在产生了对比效果的时候会吸引人们的无意注意，就像在人群聚集的广场中突然出现了一个身高两米的人，就能吸引注意。

人对自己的需求和感兴趣的地方是会投入更多的注意的。例如：一个高考生就会对报纸上与高考相关的政策更加关注，而对其他娱乐新闻就不会注意；人在心情好的时候会对周围的事情产生更多的注意，但是在心情不好的时候即使是看到了自己喜欢的东西也不会投入太多的注意，这就是情绪和精神状态对无意注意的影响。无意注意的产生与人的经验和知识有相关性，就像人在看过一部电影之后就会对网络上有关这部电影的相关内容产生注意，这就是知识经验之间的相关性对无意注意的影响。

### 2. 有意注意

相关实验证明，人如果对活动的目的有着清晰的理解，就能够将有意注意有效地投入到任务的内容中，并且以自身的自觉性和责任感对该项任务有意识地进行维持。人在进行活动的时候依靠的是直接兴趣和间接兴趣，用拼图进行举例的话，直接兴趣指的是人对拼图的过程有兴趣，间接兴趣指的是人对拼图的过程没有兴趣，却十分喜欢拼出来的图片。有意注意主要依赖的就是人的间接兴趣。有意注意需要依靠多样化的活动和意志力来维持。例如，学生如果只是在听老师讲就很容易分神，但如果边听边记再加上意志力就不容易分神。

### 3. 有意后注意

有意后注意是经过有意注意转化而产生的，人对注意对象的直接兴趣是有意后注意产生的条件。例如在追星的时候，一开始只是注意到了歌手的声音很好听，之后逐渐被全方位的特点所吸引，后来在见到这位明星的相关信息的时候就会点击查看，这就是直接兴趣作为条件的转化过程。人的相关操作达到自动化水平的时候，有意注意就会转化成为有意后注意，就像人在学习游泳的时候，一开始会注意自己的姿势不要发生错误以至于失去平衡，但是在对姿势逐渐熟练之后，人就不会再关注姿势的问题，这时候人的注意就成为有意后注意。

## 第四节 注意的品质与培养

本小节主要介绍注意的品质以及不同品质的培养方式有哪些。注意的品质包括广度、稳定性、注意的分配和注意的转移：注意的广度代表了人知觉的范围；注意的稳定性是注意能够持续时间有多长的体现；注意的分配对人们的日常活动来说是十分重要的；注意的转移具有缓解情绪的积极意义。

## 一、注意的广度与培养

注意广度指的是在相同的时间里人能够清楚察觉的客观事物的数量，因为注意广度也代表了人知觉的范围，所以又被称为注意范围。学生的注意广度是可以通过后天的训练来培养的，一般采用的方法就是从听觉、文字信息和形状颜色角度进行训练，用这种方式在短时间内增加学生注意力集中的力度，逐渐培养出学生注意的广度，提升他们的整体感知能力，如图4-2所示。

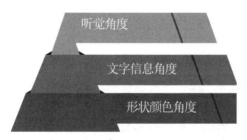

图4-2 注意广度的培养

### 1. 听觉角度

教师和家长可以从学生的听觉角度来观察他们的注意广度，比如在上课的时候老师念一句话，让学生跟着念一句话，每一轮语言都要和上一句话有相似的地方，但是要增加新的词语让学生的记忆内容有所增长。举个例子，老师在课堂上带领学生念出"我有一个书包。""我有一个红色的书包。""我有一个红色的带白色花瓣的书包。""我有一个红色的带白色花瓣的双肩背的书包。"随着词语的增加，学生会将注意力全部集中在听到的内容上，这种方法，能够有效地强化学生的短时记忆和记忆广度。

2. 文字信息角度

对文字信息进行整理和归纳能够提升注意的广度。例如，老师在演示文稿中展现出一些可以进行归类的词语，如松树、袋鼠、体育、姑姑、熊猫、鲨鱼、白杨，让学生在一定的时间内记住这些词语，学生能够在记忆的过程中将这些词语按照一定的类别进行归纳，在有效的时间内找到最好的记忆方式，这种方法也是能够提高学生注意广度的有效方式之一。老师还可以采用打乱数字，让学生在短时间内对数字进行排序的方法来提升学生的注意广度。

3. 形状颜色角度

在进行注意广度培训的时候，也可以通过颜色形状的方式来让学生找规律。例如，在演示文稿中画上多个不同的图形，并在其中填充不同的颜色，让同学们在识记的过程中从多个方面产生更多的注意力。如果这个时候老师能够让学生在关注的时候有一定的目的性和任务，那么就可以帮助学生进一步提升短时间内的注意广度，做好目的性的注意广度培养。注意目的越明确，越有助于提高注意的广度。此外，注意广度还与外界的干扰有相关性，从这个角度上来说，提高注意的广度，也是在提高自身的抗干扰性。

## 二、注意的稳定性与培养

人在进行各种社会活动的时候，是不能脱离注意机能的，不管是正在上学的青少年还是正在工作的成年人，都需要在自己的任务中投入大量的注意，这样才能让自己顺利地完成学习和工作任务。注意的稳定性就是在完成任务的过程中注意的持续程度，如果没有注意的稳定性，那么学生和成人都没有办法持续学习和工作，所以注意的稳定性是完成各项活动任务的必要条件。稳定的注意需要经过后天的培养才能有更长的注意稳定时间，培养注意的稳定性也是教师和家长在孩子学习过程中的重要任务之一。接下来就介绍培养注意稳定性的方法。

1. 培养责任感和上进心

要想培养孩子的注意稳定性，最重要的事情是要让孩子具有自觉的态度，只有从内心出发能够有前进的自主性，才会让注意具有稳定性，也便于教师和家长更好地培养孩子的注意稳定性。加强学生的责任感和上进心可以有效地让学生自觉地完成教师和家长布置的任务，提升注意的稳定性。教师可以在授课的过程中帮助学生树立远大理想，形成自觉的学习动机，让学生认识到完成学习任务对自身、家庭和社会的重要性，培养学生学习的责任感。教师和家长可以使用一些激励方式，激发学生的上进心，促进学生自觉性和注意稳定性的提高。

2. 培养学习兴趣

要想让学生的注意稳定性不断地加强，需要教师和家长从多个方面增强学生的学习兴趣。例如：教师在上课的时候使用绘画、手抄报、阅读竞赛和幻灯片演示等形式来提升学生在上课时的活跃度，促进学生学习兴趣的提高；家长可以根据学生学习进度来组织家庭活动，比如学生在学到《圆明园的毁灭》的时候，家长可以在假期的时候带领孩子到圆明园遗址参观，将课文和实际相结合，培养孩子的学习兴趣。

### 3. 培养良好的学习习惯

养成良好的学习习惯是培养注意稳定性的保证。教师在上课的时候需要及时提醒有分心现象的学生，帮助他们提高注意的稳定性。可以及时鼓励认真听讲的学生，用激励的方式让他们继续努力。父母也需要在家庭中监督孩子养成良好的学习习惯，比如在写作业的时候让学生保持专注，减少外界因素对孩子注意稳定性的干扰，给孩子提供一个安静的学习环境，促进孩子注意稳定性的提高。

## 三、注意的分配与培养

注意的分配指的是在同一时间内，人能够根据不同的社会活动，将注意指向不同的客观主体。例如：教师边上课边写板书、销售人员边打电话边在电脑中输入内容，这些都是注意分配的例子。接下来会从注意分配能力不足的表现、注意分配能力的重要性以及注意分配的相关训练方式角度入手，介绍培养注意分配能力的方法。

### 1. 注意分配能力不足的表现

一般来说注意分配能力不足会出现在儿童时期，例如：在上课的时候，学生想要一边听课一边写笔记，但是拿起笔之后不知道应该写什么；一年级的学生在老师教写字姿势的时候能够保持正确的状态，但是在之后开始练习写字的时候就不能保持正确的姿势；在进行短跑比赛的时候，较低年级的学生会在裁判喊"预备——跑"时出现更多的抢跑或慢跑等失误，这些都是注意分配能力不足的表现。

### 2. 注意分配能力的重要性

注意分配能力对人来说是十分重要的，不管是机体的协调发展还是智力思维的增长，都和注意分配能力有相关性。从机体协调发展方面来说，注意分配能够让人在活动的时候对外界事物有更多的观察，如果注意分配能力影响了身体的协调性，那么人的生活就会受到影响。例如，人在逛街的时候都会一边走路一边看有没有喜欢的衣服，但是如果分配能力不足，人就会在每一件衣服旁边都停下来，这就是机体协调能力受到注意分配影响之后产生的结果。

从智力思维培养的角度上来说，注意分配能力可以有效地让学生借助多重手段进行学习。如果注意分配能力不足，学生就不能将听、说、读、写四个方面融合到一起，相辅相成地在课堂上学习知识，也不能从多个角度展开思维来进行思考。所以注意分配的能力对人的成长过程来说是十分重要的，它对人学习和生活的多个方面都有积极作用。

### 3. 注意分配能力的相关训练方式

从教师的角度来说，可以采取一些相关的专项训练措施，例如在上课的时候拿着不同的物体晃动，同时说出一些简单的词语，然后让学生说出物体晃动的次数，或者说出有哪些词语。从家长的角度来说，可以在日常的生活中培养孩子的注意分配能力，例如让孩子一边做家务一边背诵语文课文，或者一边散步一边听英语，这些方式都是在日常生活中可以使用的提高注意分配能力的方法。"一心二用"对学生来说并不完全是贬义词，它也可以让孩子成为一个能够"眼观六路,耳听八方"的人。

## 四、注意的转移与培养

很多人都觉得注意力集中是非常重要的,注意的转移在很多教师和家长的印象中都是具有贬义含义的词,但事实上并不是这样的,注意的转移对人的成长来说有着非常重要的作用,不管是小孩还是成人,注意的转移都可以带来一些好处。接下来就从婴儿、学生和成人三个角度对注意转移能力培养的重要性进行介绍。

### 1. 婴儿

对于刚出生的婴儿来说,哭闹是最常见的事情,在帮助婴儿解决了生理需求之后,就要用转移注意的方式来让孩子停止哭闹。如果孩子的哭喊没有被安慰和转移制止,那么激烈的情绪变化会对孩子的神经和心理产生较大的刺激,所以对于婴儿来说及时的安慰和注意的转移是十分重要的。在孩子还没有自理能力的时候,要尽量减少负面情绪对孩子的影响。但是在孩子长大之后就要根据实际情况进行挫折教育,让孩子学会反思,认识自己的错误,并且逐渐树立起战胜挫折的信心。

### 2. 学生

学生阶段的注意转移是要和注意集中共同培养的,当学生在做作业或者做练习的时候是不能转移注意力的,这个时候的注意转移不利于学生整体的认知发展,所以在这种情况下,需要进行的就是注意集中的培养。但是在有具体的学习要求的情况下就要进行注意转移的培养,例如在学校期间,学生需要在上完语文课之后再上数学课,这两门课程之间有较大的差别性,所以这个时候就需要注意转移来帮助学生将注意力集中到数学课上。因此在学生阶段,要对注意集中和转移进行共同培养,才能够让学生在一定的时间内学到更多的知识。

### 3. 成人

成人和孩子一样,在处于焦虑、难过的时候,心理和生理都会产生不良的反应,这也就是很多人在处于工作压力较大的时候会产生头痛、牙痛等上火症状的原因,所以对于工作压力较大的成人来说,适当的注意转移能够起到生理和心理的调节作用,有利于人的健康发展。在工作中人们也需要适当的注意转移来帮助改变思维定式,因为很多创意性工作都需要具有长期的创新能力,但是思维定式又是人们常见的心理情况,所以在出现思维定式的时候采用注意转移的方式,也能为工作带来新的创意,有助于人们工作的顺利进行。

### 📖 拓展阅读

罗马尼亚有一位杂技演员叫奥里尔,他在一次表演空中飞人的时候不慎从高空坠落死亡。原因是当他从一个秋千架脱手,在空中旋转,准备去抓另一个秋千架的时候,被一位妇女突然发出的狂笑声分散注意力,出现失误,从高空坠落死亡。空中飞人是一个非常危险的表演项目,在进行这项表演任务的时候,不能分心或转移注意力,不然就会出现危险。

这位妇女的笑声在奥里尔非常紧张的时候让他转移了注意力，导致了他的死亡。所以人们在从事高危职业的时候一定要保持注意力，不要轻易地分心或是转移注意力。

## 课 后 习 题

1. 人具有_____是人的心理和动物心理的根本区别。
2. 弗洛伊德曾根据意识和潜意识提出了著名的"_____"，荣格也提出了_____的理论。
3. _____、_____和_____是三种特殊的意识状态。
4. 注意的特点包括_____、_____、_____和_____。
5. 简述如何培养注意的稳定性。

# 第五章 记　　忆

教师在上课的时候提出了一个问题："小红乘坐公共汽车去上学，在第一站上来了 3 个人，下去 1 个人；第二站上来 5 个人，下去 2 个人；在第三站上来 2 个人，没有下去人；第四站上来 6 个人，下去 2 个人；第五站上来 3 个人，下去 2 个人；到第六站的时候小红和另外 1 个人下车了。请问同学们，第二站上来了几个人，第四站又下去了几个人呢？"

没有同学能够回答教师的问题，因为同学们根本不知道教师会问第二站上来的人数和第四站下去的人数，如果同学们知道教师提前会问这个问题，那么就一定能够回答出来。所以我们在学习的时候要主动利用有意记忆，明确学习的目标，以有效地提升记忆的效果。

## 第一节　记　忆　概　述

最初进行记忆研究实验的是德国心理学家艾宾浩斯，他在 19 世纪末的时候就开始针对记忆问题进行实验研究了，在这之后有越来越多的心理学家开始关注人的记忆。记忆对人的生存和发展有着重要的作用，如果没有记忆，人是不能将以前的经验和当前的活动联系在一起的，也就无法形成具体的人格，学习到更多的知识。

## 一、什么是记忆

记忆是过去的经验在人脑中的反映过程。所谓过去的经验指的是人曾感知过的客观物体，曾经思考过的问题，已经产生过的情绪和情感，以及人曾经无数次做过的动作，这些都会成为人脑中储存留下的映象，而人对这些经验的提取过程就是记忆。

由于人脑具有记忆提取功能，所以可以将自己当前的心理活动和记忆中的经验联系在一起，把这些过去的经验作为自己的知识，在学习和工作的过程中加以应用。因此，人类的学习就是为了不断地让自己总结过去的经验，工作就是为了将这些经验应用于实际生活中，为社会和自身创造价值。人还可以根据记忆中的经验去发现和研究自己没有接触过的事物，从而认识到不同事物之间的联系，在这个过程中逐渐形成自己的世界观、人生观、价值观，形成自己的内在性格，用自己的认知态度去认识客观世界。

记忆和感觉、知觉是不一样的，感觉和知觉的关键是直接作用于感觉器官的刺激在人脑中的反映，记忆是对已有经验的提取(见图 5-1)，如果把感觉、知觉和记忆放在一起进行比较的话，记忆会体现出更多的复杂性，而且记忆和感知觉会有持续性作用的体现，因为记忆一方面体现着过去的心理活动，另一方面又在吸收着现在的直接经验，所以和感知觉相比，记忆有更强的发展性和统一性。

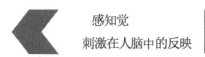

图 5-1 感知觉和记忆的区别

### 拓展阅读

你知道什么是记忆表象吗？它指的是人曾经感知过的客观对象在人脑中保存下来的映象，这种映象能够在人脑中再现出来。例如：去过大海的人，能够在脑海中再现海浪的声音；去过北京故宫的人，能够在头脑中提取出故宫宏伟的形象；去过陕西的人，会对正宗肉夹馍的味道念念不忘；还有我们经常说到的洗脑音乐，这些都是记忆表象，是人所接受过的刺激在大脑皮层中留下的兴奋后的印记。因为表象是以过去的经验为基础的，所以没有相应经验的人是没有办法产生记忆表象的，例如先天的盲人就不会对颜色产生记忆表象。

## 二、记忆的类型

### 1. 按记忆内容和对象的不同分类

记忆按照内容和对象的区别进行分类可以分为形象记忆、情景记忆、情绪记忆、语义记忆和动作记忆五种类别：形象记忆指的是把过去感知过的客观事物的形象作为记忆内容，这种记忆类型具有直观性的特点，是幼儿的主要记忆方式；情景记忆是人对亲身经历过的事情的记忆，体现在时间、地点、人物以及情节等内容上；情绪记忆的内容以情感和情绪记忆为主，例如"一朝被蛇咬，十年怕井绳"就是对恐惧情绪的记忆，而不是对见到蛇的事件的记忆；语义记忆又被称为语词逻辑记忆，主要包括概念、公式和原理等内容，是人类特有的记忆功能；动作记忆是对以前做过的动作和活动的记忆，例如对游泳、体操等技能的记忆就是动作记忆。

### 2. 按有无目的分类

如果将记忆按照有无目的分类，可以分为无意记忆和有意记忆。无意记忆是没有目的的记忆方式，不经过人的专门努力，是一种在自然状态下发生的记忆，例如在网上看到的笑话会不经意间被记住，就是无意记忆的体现；有意记忆是指有明确的目的性并且需要经过人的努力并采取一定记忆方式的一种记忆。例如学生在记忆古诗的时候就要采取背诵和翻译等方式才能记住诗词的内容和主旨。

### 3. 按是否受意识控制分类

记忆按照是否受意识控制可以分为外显记忆和内隐记忆(见图 5-2)。外显记忆是受到意识控制的记忆，是在意识的作用下，旧有的经验对现在活动的影响，例如人能够记忆起昨天背过的古诗词；内隐记忆是不受意识控制的记忆，指的是旧有的经验对当前活动没有产生影响，例如人在很久之前学过的汉字，现在书写的时候可能想不起来，但是经过查找发现自己有学过这个汉字的记忆，这就是内隐记忆。

图 5-2　记忆的分类

#### 4. 按记忆保存时间和信息加工方式分类

按照记忆信息的保存时间和记忆信息的编码、储存和加工方式进行类别划分的话，可以把记忆分为瞬时记忆、短时记忆和长时记忆。瞬时记忆又被称为感觉记忆，在接受外界客观事物的刺激后，保持时间为 0.25~2 秒的是瞬时记忆，瞬时记忆很容易衰退，只有在产生注意的情况下，瞬时记忆才会开始向短时记忆转化。

保存时间在一分钟之内的记忆被称为短时记忆，它的主要任务是对瞬时记忆和长时记忆中的信息进行加工。短时记忆很容易被遗忘，这是因为它容易受到外界刺激的干扰，但是经过信息复习之后，会向长时记忆转化。

长时记忆的时间能够保持在一分钟以上，甚至有可能会成为终生记忆。短时记忆在不断的复习之后才会成为长时记忆。长时记忆具有时间长、用量大的特点，能够结合言语编码和表象编码两种形式进行加工记忆。再认和回忆提取出的信息都是在长时记忆中产生的。

### 拓展阅读

元记忆指的是人对自己记忆内容和过程的监控和认知，包括元记忆知识、元记忆监控和元记忆体验。其中元记忆知识指的是自己对执行记忆活动能力的判断，体现在对难度和策略方法的认知上，例如学生在做填空题的时候无法想出答案，他觉得这道题即使换成选择题自己可能也不会写。

元记忆监控是人对记忆过程的监测，例如学生会因为自己对知识记忆的不好而对考试结果预测出不好的成绩。

元记忆体验注重的是情绪的状态，也就是人在记忆过程中的情感体验，例如学生在记忆的时候产生了不好的情绪，那么他在回忆该知识点的时候，也会记忆起当时不好的情绪。

## 三、记忆的作用

记忆对人的生存和发展有着重要的作用，如果没有记忆，人是不能将以前的经验和当前的活动联系在一起的，也就无法形成具体的人格、学习到更多的知识，只能在有了联系的情况下，人才能不断地适应客观世界的环境变化，掌握从古至今的文明与知识，不断地促进时代的发展。试想一下，如果人类没有记忆，那么时代就会一直停留在钻木取火的阶段，人类不会发明出现在一切的高科技产品，所以记忆对人来说是十分重要的，人只有在具有感知能力的基础上，不断开拓思维，才能运用创新思维来改造客观世界。接下来从三个方面介绍记忆的作用。

### 1. 记忆与其他心理活动密切联系

从知觉的角度来说,知觉是无法脱离旧有的经验进行整合加工的,如果没有记忆,知觉就不能将直接的刺激与之前的经验相联系,人就无法正确地认识到自己接触的事物是什么。从思维角度来说,思维的运用需要从短时记忆中提取信息,如果没有记忆,人就没有能够支撑思维的内容,就像电脑没有内存一样,空有运算方法也没有办法调取信息。从情绪情感的角度来说,记忆也是十分重要的,人们经常说"别提了,说起这件事情就来气",这句话就是情绪记忆和情境记忆的调取。所以记忆和多种心理活动之间都具有相关性。

### 2. 记忆在个体心理发展中起重要作用

人的想象和思维过程需要记忆,因为知觉、想象和思维需要依靠记忆中的旧有经验才能够联系在一起,如果没有记忆,人从小到大都不能对知觉后的信息进行思维加工和想象,尤其对儿童来说记忆对于思维的发展和想象力的培养都是十分重要的。人的语言也需要依靠记忆,不管是从语音角度还是从文字的角度,人的沟通和交流都需要记忆才能够完成,不然人说话和写出来的句子就很难保持连贯性,人也很难理解其他人说过的话,更不要提大段的阅读理解了。

### 3. 记忆连接着心理活动的过去和现在

人类的文明从远古一直到现代都是依靠记忆留存下来的,正是因为人类的大脑有记忆的本能,人类的社会经验才能够一代代相传。如果没有记忆功能,人们就丧失了学习的能力,行为也只能依靠先天遗传的本能,所以人类社会能够进步和发展就是因为有了记忆的功能,再加上人类对信息载体的发明创造,才能让古代的知识流传至今,人类才能根据这些先人的经验进行生产活动,创新生产技术,促进社会的发展。因此,记忆是十分重要的一项心理活动,能够将过去的文明和现在的社会活动联系在一起,帮助人类更好地发展。

## 第二节　记忆的过程

识记是记忆过程的第一个步骤,是人积累知识和经验的学习过程。记忆过程的第二步就是保持,保持指的是人感知过的经验、学习过的知识、产生过的情感体验和经历过的思考流程在大脑中保留并巩固的过程。再现包括再认和回忆两种知识经验提取形式。遗忘指的是不能对经过识记后材料的再认与回忆,或是错误的再认与回忆。接下来会对这四个过程进行详细介绍。

## 一、识记

识记是记忆过程的第一个步骤,也就是通过学习来识别和记住事物,以达到掌握知识和不断积累的目的,所以识记是人积累知识和经验的学习过程,如果将记忆的全部过程比喻成计算机的信息加工过程的话,那么识记就是信息输入和转换编码的过程,如果信息没有输入,计算机是没有办法进行存储和运算的,所以要想培养出良好的记忆力,就要重视识记的过程，这样才能让后期的存储和思维运算有更多的信息可以使用。接下来对影响识记效果的因素进行介绍和分析(见图 5-3)，帮助读者提高识记能力。

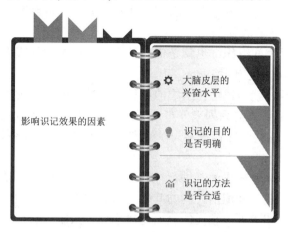

图 5-3　影响识记效果的因素

1. 大脑皮层的兴奋水平

从生理角度上来说，大脑皮层的兴奋程度对识记的效果是有重要影响的，艾宾浩斯在进行实验之后发现，人的学习效率和大脑皮层的觉醒程度有关，在上午 11 点到 12 点之间，人的学习效率是最高的，在下午 6 点到 8 点之间学习效率是最低的。后来布莱克的研究成果表明人类记忆广度的高峰是在上午的十点半，之后就一直处于下降的阶段，所以人的学习活动最好在上午的时间进行，这样才能获得更好的学习效果。

2. 识记的目的是否明确

识记的明确性对人类识记活动的自觉性和积极性是有着显著的影响的。当识记任务十分明确的时候，人们就会有更多的方向性，能够在明确的目标中投入更多的自觉性和积极性来进行活动，有助于获得更好的识记效果。举个例子，英语老师在布置背诵单词的任务时，要求学生"把单词背诵下来，在本上默写一遍"获得的识记效果要比"背诵单词明天默写"获得的识记效果更好，这就是学生有了更明确的任务，提升了识记的能力。

3. 识记的方法是否合适

对材料的识记方法从结构上划分的话可以有三种形式：一是整体识记法，比如有的学生在阅读古文的时候就会从头看到尾，将整体的情节联系在一起，加深理解之后再进行背诵；二是局部识记法，也就是将识记材料分成多个段落，分段背诵后再整合到一起，提高识记的熟练度；三是综合识记法，指的是将局部识记法和整体识记法联系在一起，先将材料进行整体的理解，再用分段的形式进行背诵。从效果上看，综合识记法获得的效果是最好的，而局部识记法因为割裂了材料之间的联系，所以效果比不上从整体入手的识记方法。

## 二、保持

记忆过程的第二步就是保持。保持指的是人感知过的经验、学习过的知识、产生过的情感体验和经历过的思考流程在大脑中保留并巩固的过程，保持和识记成正相关的关系，识记的遍数越多，知识在大脑中保持的时间就越长，记忆越牢固。和保持相反的就是遗忘，所以对记忆过程来说保持是记忆中最重要的环节，如果信息无法保持，那么整个记忆过程就不会存在了。接下来就对保持信息的组织形式进行介绍，帮助读者了解信息材料经过识记之后是如何在大脑中进行存储的。

第一种组织形式是空间组织，也就是信息在头脑中以空间形式组织在一起，然后被人脑保存的信息也具有事物的空间特征。

第二种是系列组织，就是记忆在组织的过程中会按照一定的规律或者顺序组织起来，就像英语字典总是用 A 到 Z 的系列来分布词汇，这样的方式便于人们查找。例如，人们在设计系列产品的时候，总会让它们在某一个地方保持一致，可能是图标，也有可能是形状，这些都属于系列组织的形式。

第三种是联想组织，人在将词语进行存储的时候所采取的方法是联想法，也就是运用相连的关系和相反的关系或者词语之间的其他关系将更多词语归类，例如：和"书桌"有关的词语是"椅子"；和"大"相反的词语是"小"，人脑中会在词语之间联想出多种关系，以便更好地存储这些词语。

第四种是层次组织，也就是在进行记忆存储的时候，按照词语的意义特征将词语按照层次分类，例如青蛙属于两栖类动物，两栖类动物又属于脊椎动物，脊椎动物又包括在动物的大类别中，这就是按照层次概念以及词语内涵的特征来进行层次划分，这样按照层次储存材料的效果比杂乱储存材料的效果更好。

第五种组织形式是更替组织，由于每个人生活的客观环境以及自身的经历都是不同的，所以每个人在组织记忆材料的时候会有多种变化，而且组织形式也是十分灵活的，会随着主观经验和客观环境的变化而发生变化。

## 三、再现

再现包括再认和回忆两种知识经验提取形式。再认指的是对自己接触过的知识和经验有熟悉的感觉，但是并不能调取出明确的记忆内容；回忆指的是依靠思维活动进行知识和经验调取的过程。再认很多时候是在感知的过程中产生的，而回忆产生于思维活动中。接下来就分别对再认和回忆进行介绍。

再认是人能够回忆过去经历过的事情的过程，当人们之前感知过、思考过的问题再次出现的时候，人能够认出它们，所以很多时候再认总是产生于情感、思维和感知的过程中，例如学生在考试的时候看到题目会发现"这道题我曾经做过，这是一道原题"，这种过程就是再认过程，所以再认并不是孤立存在的过程，它和感知、思维、情感是相依相伴的。

再认存在感知水平和思维水平两种形式。感知水平的发生是很快的并且具有直接性，例如人在大街上看到了一位老朋友，虽然相距较远但还是能够根据他身体的主要特征认出来，这就是压缩形式的感知水平再认。思维水平再认的主要形式是开展，通过多种线索来进行再认过程的开展，例如在做选择题的时候往往能够根据已有的答案，得出正确的答案。很多人愿意做选择题而不是填空题，就是因为和再认相比，回忆的难度更大。再认也是会出现错误的，由于识记材料存在不准确性、旧有经验存在变化性，所以有的时候会出现错认现象。

回忆的类型有很多种，按照有无目的可以分为有意回忆和无意回忆。无意回忆指的是没有目的性的回忆方式，例如古诗中的"每逢佳节倍思亲"，就是无意回忆，因为"思亲"是触景生情而产生的，不是自己有意识想到的。比如人在工作的时候突然想起了以前经历过的一件事，这也属于无意回忆。

有意回忆是指需要根据一定的目的，用思维搜索和意识调取旧有的经验才能产生的回忆。有意回忆需要具有一定的目标性和方向性，主体需要对回忆的任务存在动机才能按照方向去提取脑中的信息，从而让回忆的内容更加完整和准确。有意回忆包含预见成分，人能够在看到回忆任务的时候产生回忆意图，之后就可以产生和回忆任务相关的思想，就像在做论述题的时候，人需要在看到题目中的相关材料之后，去回忆相关的知识点，再将知识点和自己对问题的思考联系在一起，才能够完成论述题。

按照是否有中介物，可以将回忆分为直接回忆和间接回忆。直接回忆指的是当前的客观事物能够将经验直接唤起，例如学生能够直接背诵出《静夜思》；间接回忆则需要将当前的客观事物和中介物联系在一起，才能够唤起回忆，比如学生需要在老师的提醒下才能背诵出《静夜思》。人在寻找丢失物品的时候产生的回忆过程叫作追忆，它需要人在回忆的过程中作出很强的意志努力，并且将思维活动和意志努力结合在一起，才能够根据大脑中的线索信息不断推演物品丢失的过程，找到丢失的物品。

## 四、遗忘

如果将人脑比喻成计算机的话，那么遗忘就是输入的信息丢失了，在进行信息提取的时候发现信息不存在或者提取错误，所以遗忘指的是对经过识记后的材料不能或错误再认与回忆。比如人们经常说"我最近记忆力不好"，其主要的原因就是在进行了材料识记后又遗忘的过程，因此对记忆力的提高就是对遗忘的减少。

遗忘的类型有很多种，包括不完全遗忘、完全遗忘、暂时性遗忘和永久性遗忘。不完全遗忘指的是人能够对材料有再认的过程，但是没有回忆的过程，就像一道题如果以填空的形式呈现人没有办法回答出来，但是如果以选择的形式呈现，人就可以找到正确的答案。

完全遗忘是人既不能再认也不能回忆，比如学生完全忘记了考题需要的知识点，不管是以选择题形式呈现还是以填空题形式呈现，这道题就是不能回答出来。

心理学家们对暂时性遗忘和永久性遗忘有较多的研究。因为暂时性遗忘可能是由情绪紧张和外界因素干扰而产生的信息提取障碍，只要从心理角度缓解紧张情绪或者排除外界干扰就能够解决问题，因为暂时性遗忘的信息已经转入了长时记忆，只是不能提取出来，但是如果具备了一定的条件还是可能恢复的，例如人多年之后忘记了小学同学的名字，但是偶然路过小学的时候就会想起和小学同学一起玩的场景，从而想起了同学的名字。

永久性遗忘是由记忆衰退引起的存储性障碍，人会将自己认为重要的事情转入长时记忆，将相对次要、无关的事情进行遗忘，这也是人的心理中的正常现象，因为遗忘的存在，人才会不断地巩固记忆，记住重要的事情。健忘症就是病理性的生理或心理问题，需要经过相应的治疗才能改善，所以并不是所有的遗忘都是有好处的，记住该记的，忘记可以忘的，才是正常的心理现象。

## 拓展阅读

德国心理学家艾宾浩斯受到《心理物理学纲要》的启发,在经过163次实验之后,他得出了学习后保存量的变化规律,将记忆的保持和遗忘按照时间关系绘制成了曲线图,这就是著名的"遗忘曲线"(见图5-4),也被称为艾宾浩斯保持曲线。

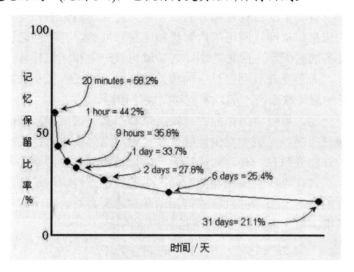

图 5-4 遗忘曲线

该曲线表明了遗忘进程呈现出先快后慢的规律,然后保持接近稳定的水平。这条曲线对学生的学习过程有很重要的意义,强调了及时复习对巩固记忆的重要性,学生应该在学习之后的较短时间内进行复习,这样才会有更少的遗忘,收到事半功倍的效果。

# 第三节 记忆品质及其培养

记忆具有敏捷性、持久性、正确性和准备性的特点。记忆的敏捷性体现在记忆的速度上;记忆的持久性体现在对事物保持时间长短上;记忆的正确性经常体现在错认和歪曲回忆等现象中;记忆的准备性主要是对存储在大脑中的知识进行提取。本小节将对记忆的品质及其培养的方式进行详细介绍。

## 一、记忆品质

### 1. 记忆具有敏捷性

记忆的速度就是敏捷性的体现。不同的人在相同的时间内能够记住事物的数量是存在较大差异的,即使是在同一间教室的学生,背诵同样的古诗也会存在时间上的差别,有的学生记忆速度快,敏捷性高,那么他可能重复五次就可以记住古诗,但是有的人记忆速度慢,敏捷性低,就需要重复十遍甚至二十遍才能够记住同一首诗。这就是人记忆速度敏捷性存在差异的体现,其生理基础是大脑皮层中条件反射的速度,条件反射形成的速度快,那么记忆的敏捷性就高,条件反射形成的速度慢,记忆的敏捷性就低。记忆的敏捷性是知识记忆速度的体现，它不能代表记忆的质量。

### 2. 记忆具有持久性

记忆的持久性指的就是人能够记住事物的时间长短。记忆在头脑中保持的时间长，持久性就高；保持的时间短，持久性就低。良好的记忆力所依靠的就是记忆的持久性。记忆的持久性的生理基础是条件反射的牢固性。条件反射松散，记忆的时间就短；条件反射牢固，记忆的时间就长。有的人的记忆能够持续很多年，但是有的人的记忆却只能持续几个月，这就是由条件反射的牢固性所决定的。

### 3. 记忆具有正确性

记忆的正确性指的是人对记忆材料质量的保持。如果一个人的记忆速度很快，敏捷性很高，持久性也很好，但是记忆的内容是错误的，那么对该材料的记忆也是无效的。对于人的工作和学习来说，记忆的正确性是十分重要的，学生如果记错了数学公式，就没有办法计算出正确的答案，影响考试的成绩；工作人员如果记错了上级的指令，就会影响部门甚至公司的运营流程，所以记忆的正确性是记忆品质中最重要的一点。

记忆的正确性对人的自信心也会产生影响，记忆正确的人回答问题时会十分准确、信心十足，记忆总是出错的人在处理事情的时候就会犹豫不决，拿不定主意，所以记忆的正确性是人十分重要的一种心理品质。

### 4. 记忆的准备性

记忆的准备性指的是在需要使用大脑中存储的信息时，能快速将记忆提取出来。有的人学识渊博，但是在回答问题的时候并不能在脑中找到相关的信息，而是答非所问，需要经过长时间的思考才能从脑中调取出正确的答案；有的人虽然掌握的知识较少，但是在回答问题的时候能够快速地找到脑中的对应信息，准确地说出正确的答案，所以准备性对人来说也是一种十分重要的心理品质，会对人的学习和工作产生较大的影响。

## 二、良好记忆品质的培养

记忆的敏捷性体现在记忆的速度上。在相同的时间内，记忆速度快才有充足的时间去记忆更多知识，所以要想提高记忆的敏捷性，首先要做的就是在记忆之前先了解记忆的任务或目的，将有限的时间放到需要记忆的内容上，在非重要的内容上投入较少的时间，其次要做的就是集中注意力，让大脑皮层保持在最佳的兴奋状态，以提升记忆的速度，最后要做的就是充分利用旧有的经验和知识，在新知识和旧知识之间建立联系，形成条件反射，这样才能让知识之间尽快产生联系，促进记忆敏捷性的提高。

记忆的持久性体现在对事物的保持时间长短上。我们平时所说的加强记忆力指的就是加强记忆的持久性，要想让记忆力足够持久，首先就要学会对识记材料按照种类或层次进行归纳，在大脑中建立起一个以学科为基准的知识体系，将学过的知识都存储到知识体系中，增强材料之间的联系，让记忆更持久。之后就要做到按时复习学习过的知识，加强对知识和技能的掌握，当记忆的密度增加了，记忆也就有了持久性，这也就是很多游泳、舞蹈和绘画培训班总是在假期集中培训的原因。

记忆的正确性经常体现在错认和歪曲回忆等现象中。在培养记忆正确性的时候，首先要做到的就是认真识记，在大脑皮层中建立正确的暂时神经联系，才能保证记忆的正确性。另外，还要注意第一次学习知识的第一印象，因为首因效应是很重要的心理现象，所以在一开始识记知识的时候，就要保证识记的正确性。之后就要在复习的时候，将类似的材料和知识放在一起进行比较，找出两者之间的区别，避免知识点的记忆混淆。

　　记忆的准备性主要是对存储在大脑中的知识进行提取。要想在有需要的时候尽快将准确的知识提取出来，首先就要让记忆具备敏捷性、正确性和持久性，这三个品质是准备性的基础，在前三个品质得到保证之后就要通过多种方法来锻炼回忆的技巧和速度，这也就是教师们总是强调做大量习题的重要性，大量的练习能够让记忆的准备性"熟能生巧"。然后就要做到建立起知识之间的系统性，条理化、系统化的知识体系能够做到"牵一发而动全身"，能够加强记忆的准备性。

## 课后习题

1. 记忆按照内容和对象的区别进行分类，可以分为_____、_____、_____、_____、_____。
2. 记忆的过程包括：_____、_____、_____、_____。
3. 同一间教室的学生，背诵同样的古诗也会存在时间上的差别，体现了记忆的_____性质。
4. 我们平时所说的加强记忆力指的就是加强记忆的_____性质。
5. 简述记忆的作用。

# 第六章　思维与想象

　　锯子是鲁班发明的。相传有一次鲁班进深山中伐木，手被一种野草的叶子划破了，他发现这种叶子的两边是锋利的齿状，他的手就是被叶子边上的小齿划破的，他又看到了野草旁边的大蝗虫正在用带有小齿的板牙磨碎叶片，于是鲁班受到野草和蝗虫的启发，发明了锯子，带有齿状的锯子提高了人们的工作效率，是非常优秀的发明之一。鲁班在发明锯子的过程中使用了形象思维和再造性思维，这些思维的运用能够帮助人们更好地生产和生活。

## 第一节　思 维 概 述

　　思维能够从人的语言、动作和形态中体现出来，帮助人们解决在生活、学习和工作中遇到的问题。作为高级认识的过程，思维具有概括性、间接性和元认知性。分析、综合、比较、分类、抽象、概括是思维的过程。按照不同的对象，思维也会分为不同的种类。

### 一、思维的概念及其特征

　　人脑能够对客观事物的本质进行概括，也能够对事物之间的联系和规律进行认识，而思维就是人脑对这些概括和认识的反映，它能够从人的语言、动作和形态中体现出来，帮助人们解决在生活、学习和工作中遇到的问题。

　　思维是一种高级的认识过程，虽然和感知觉一样反映出来的都是客观的事物，但是两者之间具有较大的差别：感知觉对事物的反映具有直接性，内容也体现在外部的表象和属性上；思维对事物的反映具有元认知性、概括性和间接性，体现的是事物之间的内在联系和本质特征。感知觉是思维的基础，正确的思维是人对人所生活的客观世界准确而深刻的认识，能够对过去的经验进行总结，也能够对未来的生活进行预测，所以和具有直接性的感知觉相比，思维更加复杂和高级。

　　因为思维具有间接性，所以思维能够以直接作用于感觉器官的刺激作为媒介，去认识和这些刺激相关的外界事物。例如半夜的时候下了一场雨，虽然人没有直接看到，但是人在早上的时候看到了地面上是湿的，所以可以推断出昨天晚上下了一场雨。这就是思维间接性的体现。正是因为客观事物之间的内在联系可以被思维反映出来，所以才会具有间接性的特点，如果事物之间没有客观的联系，人就很难对外界事物进行间接感知。例如气象台可以根据气象表现推算出天气变化，如果气象和天气之间没有联系，人就不能根据变化进行天气预报。

　　思维具有概括性，它能够将一类事物的共同特征总结出来用语言进行概括，例如：人在认识了鲤鱼、草鱼和黄鱼之后能够总结出它们的特征为卵生、有鳞片的脊椎动物，于是得出鱼的概念；人还可以根据树的共同特征进行总结，得出树的概念；人可以借助总结出来的概念去认识其他事物，在有了偶数的概念之后，人就能将"5694"归到偶数的概念中。

在有了鱼的概念之后，就能够将"鲫鱼"归到鱼类的概念中，以概念为基础，不断地去认识世界，在这个过程中再形成新的概念。

思维具有元认知性，人对自己行为的反思过程，就是对自己已有认知的认知过程。元认知性能够帮助人类纠正以前经验中的错误，为下一步的行动找到努力的目标，例如学生在测试的过程中发现自己三角函数题做得不好，所以就在之后的学习中注重对三角函数的练习，这就是思维的元认知性，它能够让人的认知得到更好的发展。

## 二、思维的过程

### 1. 分析和综合

分析是以整体分解为部分的方式对客观事物的属性进行认识，例如学生在学习英文课文的时候会将文章按照词、句子和段落的结构去理解，在学习文言文的时候会从字义、特殊句式和段落大意的角度去理解。分析方式包括过滤式分析和综合方向分析两种。

综合所强调的是事物的单一属性或某一部分在组合之后能够形成一个整体事物，例如：背英文单词是为了组合在一起理解句子、把时针和秒针放在一起能够组成表盘。只有这些部分和单一属性联系在一起之后才能够产生事物，人才能把握事物之间的联系。综合包括现象性综合和创造性综合两种形式。

### 2. 比较和分类

人脑把接触到的客观事物放在一起进行对比，寻找它们之间的异同点和内在关系的思维过程就是比较。对事物之间共同点和差异点的分析，能够帮助人们确定行为的发展方向，在多种客观事物的干扰中，选择出最合适的活动方向。在有了比较的思维过程之后，人才会按照一定的标准和类别对事物进行分类，因为比较过程中发现的差异点能够让事物在内容、形式和水平等方面有不同的类别体现，所以分类的过程对心理学家的研究来说是十分重要的，类别之间的差距大小代表了事物之间的相关性大小，可以说分类能够体现出客观事物之间的规律和联系。

### 3. 抽象和概括

抽象是将同类事物的本质属性从共同属性中抽取出来的过程。例如"喜鹊、鸽子、乌鸦"的共同属性是"动物""内骨中空""羽毛""尖嘴"，从这些属性中抽取出的本质特征是"有羽毛"，所以鸟的本质属性就是"有羽毛"，抽取本质属性，舍弃其他属性的过程就是抽象。

概括和综合是不一样的，概括是综合的特殊形式，概括的主要内容是客观事物中抽象出的本质属性的综合，概念的获得以概括为基础。例如在上生物课的时候，老师告诉我们有生命的物质叫作生物，这就是对概念的概括。对经验和感性的概括停留在外部特征上，是初级水平的概括。对科学和理性的概括体现在本质特征上，是高级水平的概括。我们在上学时学过的原理、定理和概念都属于高级概括水平。

## 三、思维的种类

### 1. 动作思维、形象思维和抽象思维

按照形态可以将思维分为动作思维、形象思维和抽象思维。动作思维在解决问题的时候强调人的实际动作,这种思维具有直观性和明显的外部特征。例如3岁之前的儿童就是一边活动一边进行思考的。如在搭积木的过程中,他们总是会先将积木拿起来放到一个位置上,之后觉得不对再换到另外一个位置上,这个思维过程就属于直观的动作思维。还有聋哑人用手语进行沟通的过程,也属于动作思维。

形象思维所依靠的是客观事物的直观形象和表象,人在这个思维过程中会以表象为基础,通过联想和想象等方式,进行活动和创作。对于概念思维还没有形成的低年级学生来说,他们的思维方式还是以形象思维为主的。例如一年级的时候,数学教师在教加减法的时候,会借助苹果、算术棒和积木等工具,这些工具能够帮助学生进行运算和模拟。即使是成人,也会因为特殊的工作需要而建立形象思维。比如作家作品中的人物总是能在他的身边找到原型,画家画作中的人或景物,也能在生活中找到雏形。

人的思维和动物心理的根本不同之处,就在于人能够对事物进行判断和推理,并得出结论,这个思维过程被称为抽象思维,它是人类思维的本质特征和核心形态。抽象思维按照形式可以分为形式逻辑思维和辩证逻辑思维,其中辩证逻辑思维能够反映出客观事物之间的内部矛盾,揭示客观事物的发展规律,抽象思维发展的其中一个方面就是从形式逻辑思维到辩证逻辑思维的发展。

### 2. 辐合思维和发散思维

按照问题答案的方向分类,可以将思维分为辐合思维和发散思维。辐合思维又被称为求同思维,能够根据已知的信息和规则进行思维活动。比如,学生按照三角形的面积公式来进行面积的计算,按照手机的说明书进行功能的调试,这都属于辐合思维。发散思维又被称为求异思维,主要体现在问题答案的探索角度不同上,这种思维不依据已有的经验进行探索,而是从多个角度去寻找问题的答案,发散思维和辐合思维相比有更多的创造性。

### 3. 再造性思维和创造性思维

按照思维的创造性可以将思维分为再造性思维和创造性思维。再造性思维是人们用已有的方法和经验去解决问题。例如,学生在学习过程中学会用重力公式来解决问题之后,再遇到类似的题目他们都会用重力公式去解决问题;创造性思维是用独创的新颖方式去解决问题的思维方式,所有的创造性活动都需要依靠创造性思维来进行,创造性思维是发散思维、辐合思维、形象思维和抽象思维的综合,是包含了多种思维活动的一种方式。

## 四、思维的形式

### 1. 概念

客观事物的本质属性在人脑中的反映就是概念。前文在介绍抽象和概括的时候,我们提到过"概念"这个词语,人们会在客观事物的属性中将本质属性提取出来,并将多个本

质属性联系在一起形成概念。词语是概念的表现形式，多个具有语义内涵的词语共同构成了概念的物质外壳，而概念又能够反向赋予词语新的含义。概念包括内涵和外延两个部分，内涵是客观事物所有本质属性的综合，外延是所有具有概念中本质属性的客观事物，这些事物会有一个较大的概念范围，内涵越少，外延越大，两者成反比关系。

### 2. 判断

判断是人对不同事物之间的联系和关系之间的思考。它是概括的基础，能够对客观事物进行断定，判断和概念有相关性，概念在展开之后就可以形成判断，多个概念的联系能够对客观事物进行肯定和否定，这样才能够构成整体的判断。例如，在考试中做判断题，有很多都是对概念正确与否的考查，所以从这个方面来看，判断和概念之间是有紧密的相关性的。

### 3. 推理

当人脑能够从旧有的判断中推测出新的判断的时候，推理的过程就产生了，可以说只有两个及以上的判断之间产生了联系，才能有推理过程的产生。推理可以分为归纳推理、演绎推理和类比推理三个不同的类型。归纳推理指的是人可以从具有特殊性的个别事物中推断出具有相关性的结论。例如，经过实验表明，金、铜和铁等金属都是可以传递热量的，所以人们能够得出"金属可以传递热量"的结论；演绎推理是从具有普遍性的知识和原理中，推断出个别事物属性的过程；类比推理需要客观事物之间具有相似性，经过比较之后才能得出结论。

## 第二节　表象与想象

本小节主要对表象以及想象进行详细介绍。表象指的是人可以通过记忆把以前经历过的事情或感知过的事物保留在人脑中，在某一时刻将这些事情和事物再现出来。因为有表象的存在，人才能有想象的心理活动。从旧有表象到新形象的加工过程就是想象，想象具有预见功能、补充经验的功能、代替功能和对机体生理活动的调节功能，适当的想象能够对人类的社会活动起到积极的促进作用。

## 一、表象

表象指的是人可以通过记忆把以前经历过的事情或感知过的事物保留在人脑中，在某一时刻将这些事情和事物再现出来。例如，去天安门看过升旗仪式的人能够在头脑中再现出当时看到的升旗仪式，自己前一天听过的音乐能够在第二天出现在头脑中，这些都是表象的例子，但是因为表象的再现需要以过去的经验在大脑皮层中留下痕迹为生理基础，所以人没经历过的事情是不能在头脑中再现形成表象的，这也就是先天失聪的人不能对声音产生记忆表象的原因。

表象具有直观性、形象性和概括性。由于表象的生理基础是经历过的事情在大脑皮层中产生的痕迹，所以表象也具有感知觉的直观性和形象性，只不过表象是人头脑中的映象，不会有感知觉的直观刺激那样强烈，映象的内容也会以人记忆中最深刻的内容为主，没有留下深刻印象的事物在头脑中反映出的形象性就会比较模糊，就像人在回忆到华山旅行的经历，脑海中再现出的映象一定是风景最好、地势最险的地方，而对其他一起爬山的游客就不会有太多的记忆再现。

表象的概括性是因为表象的形成需要在时间和条件都不同的前提下对同一类事物进行多次感知才能够产生的形象，所以表象对这些形象具有综合的概括性，比如，人们对春夏秋冬特点的概括不是在一年之内产生的，而是经过多年经验的总结而得出的结论，人们只有经历了多个春夏秋冬之后，才能知道春天固定的特点是花朵盛开，夏天烈日炎炎，秋天树叶变黄，冬天白雪皑皑。这就是表象概括性的体现，这一类型的概括属于形象概括。如果想要从思维上进行本质属性的概括就要借助词语的媒介作用来完成。

表象有如下四个作用。首先表象能够帮助人将感性认识过渡到理性认识。由于表象和知觉、思维都很接近，所以在一定程度上表象赋予了知觉和思维概括性的特征。因此，表象能够帮助感知过渡到思维。其次，表象能够帮助人在学习过程中快速地理解知识。例如，低年级儿童在进行加减法计算的时候，需要借助苹果、火柴等实物，如果在这个过程中把实物拿走，儿童也可以根据这些实物的表象进行计算，如果从一开始没有实物，那么儿童是很难理解算数的抽象概念的，所以表象能够帮助学生尽快掌握知识。再次，因为有表象的存在，人才会产生想象的心理活动。因为想象是对人脑中的表象进行加工改造产生新表象的过程，如果没有表象作为基础，加工改造的过程就没有办法进行，人也就没有办法进行想象。最后，表象还能够对人的社会活动产生重要作用。例如，画家在创作的时候需要借助现实生活中的事物表象来进行创作，编剧也需要根据生活中经历的事情进行创作，这样才能更好地完成工作任务。

由于表象的基础是感知觉所接受的外界刺激，根据不同感官的刺激，表象可以分为：视觉表象，例如和朋友一起回忆出去旅行的时候见过的风景；听觉表象，如回忆起旅行时听到过的大海的声音；嗅觉表象，例如回忆起去买花时闻到的玫瑰花香；味觉表象，例如回忆起妈妈做饭时的味道；触觉表象，例如回忆起自己抚摸小狗时的感觉；运动觉表象，例如对自己练习跳舞时动作的回忆。

根据感知范围可以将表象分为个别表象和一般表象。个别表象的针对主体是某一特定的客观对象；一般表象指的是对一类事物进行多次感知后的表象，具有共同性。

## 拓展阅读

20世纪70年代初，库柏和谢波娜通过实验证实了心理旋转现象的存在，他们用不同倾斜角度的字母研究表象的旋转(见图6-1)，被试者在看到这些不同角度的字母后需要以最快的速度做出按键反应。实验结果表明，当字母旋转180°的时候，被试者的反应时间最长，字母不旋转的时候，人的反应时间最短。也就是说人的心理可以将相反的表象进行加工，从心理角度将相反的表象调正，所以才会导致字母的偏离度数较大的时候，人需要更长的反应时间。关于心理旋转的实验体现了人对客观事物表象的加工能力，说明了表象具有可操作性。

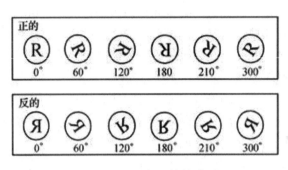

图 6-1 心理旋转实验

## 二、想象

### 1. 想象的概念与特征

人脑能够对脑中旧有的表象进行加工改造形成新的形象,这些新的形象并不是单纯的旧形象的组合,而是经过加工后形成的具有人类活动合理性的形象,从旧有表象到新形象的加工过程就是想象。前文在介绍表象的时候提到过,想象的基础就是表象,如果没有表象人类是不可能进行新形象的加工和改造的,就像盲人没有见过山和火,他就不可能在脑海中进行火山的想象。

想象的基础是旧有的表象,能够引起想象活动的是客观现实。想象并不局限于对客观现实的再现,还有可能是经过加工之后超前于现实的新内容,经过改造的新形象可以是现实生活中不存在的事物,例如人根据多种动物的不同特征想象出了"龙""麒麟"等神兽的形象,这些神兽的形象以前不会存在,未来也不会存在。科学家的研究、文学家的写作和理论家提出的见解,都具有想象成分。

### 2. 想象的功能

想象具有预见功能、补充经验的功能、代替功能和对机体生理活动的调节功能。想象的预见功能指的是想象可以根据人类当前的实践活动来进行活动结果的预测,如果结果并不能获得满意的效果,那么人就会根据实际调整实践活动的方式和方向,以便获得更好的实践效果。人类生活中会经历很多事情,但是也有很多事物是人类无法在短暂的生命中直接去感知的,就像古人没有办法像现代社会一样了解宇宙星球,所以古人只能依靠想象来进行知识和经验的补充,例如嫦娥奔月、女娲补天等神话都来源于人的想象活动。

想象的代替功能体现在人的需要无法得到满足的时候,可以通过想象活动来得到满足感。例如,小孩子在看到宇航员登月的时候就有了想要登月的愿望,但这是孩子没有办法实现的愿望,所以他们就会在游戏中让自己扮演宇航员,借助一定的工具和故事情节来实现"登月"的愿望。想象活动对人的生理活动有调节的作用,比如人走在比较黑的地方的时候,可能会想象后面有人跟着自己,这个时候人的心跳就会加速,这就是对生理活动的调节作用。

### 3. 想象的认知加工方式

想象的认知加工方式包括黏合、夸张、人格化和典型化四种。黏合指的是在对旧有表象进行加工的时候将两种及以上没有产生过联系的客观事物的属性或者特征联系在一起去塑造新的形象。例如，神兽麒麟的想象就是由狮子的头、鹿的角、龙的鳞片、马的身体和牛的尾巴构成的。

想象的夸张加工方式就是将正常的事物进行放大或缩小处理。例如童话中出现的拇指姑娘、巨人等都是在想象活动中使用了夸张的加工方式。

人格化的认知加工方式就是把不具备人的特点的客观事物经过改造后，赋予其人的行为、语言等形象特征。例如，动画片中的动物会说话，使用的就是人格化的想象活动加工方式。

典型化是将一类事物的共同特征用在一个新的形象上，比如小说家作品中的人物所表现出来的性格特点、行为方式可能会是多个同类人的集合。

### 4. 想象的分类

想象按照有无目的性可以分为无意想象和有意想象。无意想象是人不自觉的时候产生的没有计划性的想象，这样的想象活动的产生过程中是没有人的意识的，属于不由自主的想象行为。例如，把天上的云朵想象成羊群、冰淇淋等事物以及做梦的过程都是无意想象；有意想象和无意想象的区别就在于有意想象具有一定的目的性和自觉性，人会为了完成任务而发挥自己的想象力。例如，在上课的时候教师经常会说"想象一下，如果是你遇到这种情况会怎么做呢？"这种想象行为就是带有目的性的想象活动。

根据想象活动的加工创造程度，可以将其分为再造想象和创造想象。再造想象是根据已有语言、文字和图片去形成新形象的过程，这时候的新形象是根据已有的相关内容进行的再创造行为，而不是发挥主动性的独立创造行为。例如，在阅读小说的时候，脑中根据文字的描写形成了相应的人物形象，建筑工程师能够根据图纸想象出建筑物的大致轮廓；创造想象就是人在头脑中根据一定的任务进行新形象独立创造的过程，例如，在没有相应参考资料的时候进行科学发明和文学创作等行为，都是创造想象。

根据想象和现实的关系可以将其分为幻想、理想和空想。幻想的主要特征是能够体现人对未来的愿望。例如，孩子会幻想自己成为科学家，是对人向往的事情和想追求的事情的想象；理想和幻想的不同之处在于理想是有现实依据的对未来产生的向往，理想和人们的世界观有较大的相关性，对人们未来的生活有积极的意义。例如，大学中的师范生励志成为一名优秀的教师，为社会培养出更多的人才来建设祖国；空想则没有任何现实依据，可以说已经脱离了现实的生活，比如有的人就没有美术天赋，但是他依然在想象自己的画作卖了很高的价钱。

## 第三节 问题解决

对思维的研究方法中，最常用的就是问题解决，算法策略和启发法策略是在问题解决中常用的策略。算法策略指的是使用随机搜索的方式，将问题空间内有可能解决问题的方法挑选出来，直到找到正确有效的解决问题的方法；启发法策略是一种和算法策略比起来更加省时省力的方法，人能够根据旧有的知识和经验在问题空间中用较少的搜索次数来解决问题。在不同的问题中应该使用不同的策略，这样才能让问题尽快得到解决。

## 一、问题解决的概念

心理学家在进行思维研究的时候最常使用的方法就是问题解决,问题解决指的是从问题的初始状态开始,按照预定的目标进行相关的技能操作。在这个过程中运用思维逻辑让问题达到目标状态。纽厄尔和西蒙在20世纪70年代提出了"通用问题解决者模型",他们用计算机模拟形式来对问题解决的过程进行描述。他们认为,所有的问题都有一个问题空间,在这个空间内有一个问题的初始状态和一个目标状态,问题解决的过程就是在问题空间中寻找这两种状态之间相通的道路的过程,问题解决属于认知心理学的范畴。

在问题解决的过程中思维的前进是有着一定的目标方向的,所以人在解决问题的时候所产生的思维都会受到目标的支配和指导,问题的解决过程能够按照这种目标的指导性的规律进行。例如在做习题的时候运用的公式、推理方式以及验证过程,都是有特定的规律的。问题解决的指导性能够在人们生活的方方面面体现出来,例如下棋的时候获胜是每一个步骤的指导,看医生的时候每天吃药是被康复的目标支配的,考试取得好成绩是每天学习的指导目标。

问题解决的过程要有目标的指导,还要有严密组织的心理序列,根据最终的目标,心理序列中的每一个步骤都要朝向最终的目的,目的决定了思维的每个步骤及其价值,所以思维的每一个步骤都要有利于最终目标的达成。例如,一个人在晚上9点之前要从天津到达北京,那么如何选择最快的交通方式就是问题,于是这个人选择了乘坐高铁的方式去北京,因为高铁比其他方式都要快,他从家里到高铁站、从北京高铁站到的目的地都选用乘坐出租车的方式,因为这种方式的速度也是最快的,这就是每一个心理序列都朝向了目标的体现。

在问题解决的过程中,心理序列可以包含一定的自动化成分,这些自动化的成分可以在思维内部的操作过程中体现出来。心理序列的自动化能够把思维中的小单元联系成大单元,并将所有思维过程都应用到大单元中。例如,人们在解决问题的时候都愿意去找该领域的专家来解决,这就是因为专家对一些小的问题已经有了自动化的解决方式,他们所着眼的都是大单元的问题,这样能够有更多的思维方向,可以在解决问题的时候有更多的方法。

### 拓展阅读

在19世纪末,美国心理学家桑代克就开始使用实验方法进行问题解决,他提出了"试误说",他用"饿猫逃出问题箱"的实验解释了学习的实质与机制。桑代克在一个用木条钉成的箱子中装了一个一踩就能打开门的踏板,他将一只饿猫放入这个箱子后,一开始猫到处啃咬,没有任何目标,后来误打误撞碰巧踩中了踏板,箱子的门就打开了,在猫打开箱子之后,桑代克给了它一条鱼。在进行多次相同的实验后,这只猫可以在进入箱子之后就立刻踩中踏板打开箱子。

在实验结束之后,桑代克提出了"试误说",即问题解决的过程就是一个不断尝试错误的过程,正确的过程会随着无关错误的减少而逐渐生成。在第一次世界大战期间,德国心理学家科勒通过用猩猩进行实验,提出了"顿悟说",他认为问题解决的过程主要体现在对问题情境的突然领悟中。这两种观点都是在动物实验的过程中产生的,对人类研究问题解决的过程有很大的帮助。

## 二、问题的表征

问题解决之前要先对问题进行理解,如果题目都没有理解就更不要提去解决问题了。表征指的是人脑对客观对象的认识方式,也是客观对象所呈现出的方式,由于问题所呈现出的方式是不相同的,所以人对问题的理解也会存在差异性。问题表征就是人脑对问题进行登记。解决问题不仅要找到最佳的策略,还取决于问题呈现在人脑中的方式,人是否能够理解。

例如,我们常说的"用不间断的四条直线贯穿九个点"的问题(见图 6-2),就是一个看上去很容易解决,但是在操作的时候却需要人们投入更多思考的问题。由于人们的知觉认为这九个点形成了一个封闭的四边形,所以人很难进行经验的突破,从全新的角度去理解这个问题,最后的结果就是四条直线需要在超过了九个点的领域外才能满足题目的要求。

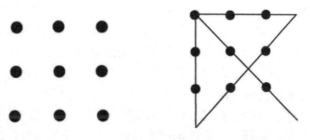

图 6-2　用不间断的四条直线贯穿九个点

还有就是"用六根火柴做成四个相连的三角形"的问题(见图 6-3),由于三角形的每一条线都需要三根火柴,所以要想从平面的角度去做是不可能取得成功的,只能从立体的角度去思考能不能用六根火柴搭建出一个三角体,这就是问题表征对思维过程和问题解决的影响。

图 6-3　用六根火柴做成四个相连的三角形

## 三、问题解决的策略

### 1. 算法策略

算法策略指的是使用随机搜索的方式,将问题空间内有可能解决问题的方法挑选出来,直到找到正确有效的解决问题的方法。这种方式的优点就是一定能够将问题解决,缺点是用时长,费力多。所以在以人力为主要方式进行问题解决的时候,不建议使用算法策略,而且在问题空间很大,且很复杂的时候,是没有办法通过这种策略来解决问题的。算法策略虽然具有一定的正规性和机械性,但在解决问题的时候缺乏效率。

## 2. 启发法策略

启发法策略是一种和算法策略比起来更加省时省力的方法，人能够根据旧有的知识和经验在问题空间中用较少的搜索次数来解决问题，但是这种方法不能保证问题成功解决。常用的启发方式有手段-目的分析法、逆向搜索法和爬山法。

手段-目的分析法的核心是将复杂问题的目标状态分为几个简单的子目标，通过实现这些小目标来达到最终的目的，这个方法的流程如下所述。

（1）将初始状态和目标状态进行比较，围绕如何缩短两者之间的差距提出第一个小问题。

（2）找到缩短两者之间差距的方法并进行操作。

（3）如果找到的方法受到条件的限制无法进行操作，就要围绕"如何顺应或避开条件"。

（4）提出顺应或避开条件的方法，以此类推，直到达到最终目的。

例如前文中的例子，一个人想要从天津到北京，人在天津的初始状态和到北京的目标状态是存在差距的，所以第一个小问题就是如何去北京，他可以坐高铁、大巴车、私家车等工具，这个时候由于需要满足的条件是用最快的速度到达北京，所以他选择了高铁作为主要交通工具。这时候会有个小问题：他如何到高铁站，也是因为速度条件的约束，他选择了乘坐出租车，这就是使用手段-目的分析法解决问题的过程。

逆向搜索法是和手段-目的分析法顺序不同的一种方法，手段-目的分析法所采用的是从小目标到最终目标的行进顺序，而逆向搜索法的行进顺序是从最终目标到小目标，这种方式适合解决一些从初始状态到目标状态中可使用的方法较少的问题。例如几何问题的推理过程。

爬山法需要将初始状态和目标状态之间的距离增加，才能够解决问题，达到最终目的，就像爬山一样，很多山都是层峦叠嶂的，人们要想到达最高的山峰就要翻越一座座小的山峰，这时候的"下山"是为了更好地上山。

### 拓展阅读

阿尔法围棋（AlphaGo）是第一个在围棋比赛中战胜世界围棋冠军的人工智能机器人，它以"深度学习"为主要工作原理。2016年3月，AlphaGo与围棋世界冠军李世石进行人机大战，以4比1的成绩获得了胜利；2017年5月，与世界排名第一的围棋冠军柯洁对战，以3比0的成绩获得了胜利。在2017年5月，阿尔法围棋团队宣布阿尔法围棋将不再参加围棋比赛。

阿尔法围棋在和世界冠军进行对弈的时候采取了多种新技术，例如，策略网络、快速走子、价值网络和蒙特卡洛树搜索。策略网络指的是阿尔法围棋能够根据当前对弈的情况和双方的局面预测下一步走棋；快速走子指的是在让走棋质量有所下降的情况下，提高下棋时的落子速度；价值网络指的是阿尔法围棋能够根据双方对弈的局面预测哪一方的胜率更高；蒙特卡洛树搜索则是将以上三种方式联系在一起，组成棋局模拟的完整系统。

# 第四节　思维与想象能力的培养

思维具有敏捷性、灵活性、广阔性、深刻性、独立性和批判性，这是思维的六种品质。在对学生进行思维培养的时候，不能仅仅从这六种思维品质入手，还要对学生的创造性思维、解决问题的能力以及想象力进行培养，这样才能让学生具有创造性和较强的思维能力。

## 一、思维的品质

### 1. 敏捷性和灵活性

思维的敏捷性指的是人在思考问题和解决问题的时候有时间上的快慢，有的人在遇到问题的时候，能够根据不同的问题快速地提出解决问题的方法，并且能够用最短的时间进行相关的操作，但是有的人在遇到问题的时候会惊慌失措，不能及时想到对应的解决办法，并进行相关的应对操作，这种差异性虽然和人的年龄及经验有相关性，但是更多的决定因素是思维的敏捷性存在着差异。

思维的灵活性取决于人在遇到问题的时候是否能够随机应变，当需要解决的问题在特殊的条件下产生了变化时，人需要及时进行调整，想出新的方法来解决问题。有的人会因为思维僵化而缺乏思维的灵活性，这样的人在遇到临时出现的问题时，往往不能随机应变，及时调整解决方案。

### 2. 广阔性和深刻性

思维的广阔性体现在对问题进行多方面、多角度的思考上，也体现在对问题本质属性和相关细节的关注上。有的人因为具有较强的发散思维能力，所以能够从多个角度入手去分析问题，但是有的人在思考问题的时候就只能沿着旧有的思维方式进行再造想象，不能在思维中增加创造性。很多学生在考试的时候能够用多种方式来进行数学习题的思考，这就是思维广阔性的体现。

如果说思维的广阔性体现的是广泛的思考，那么深刻性就是从一个角度入手去对问题进行更深入的钻研，是具有专业性的思考方式，只有思维具有了广阔性，才能从一个角度入手去加深思维的深刻性。

### 3. 独立性和批判性

思维的独立性主要体现在思维的创造性上，指的是人在分析和解决问题的时候必须自己独立完成，不能依赖前人的经验和他人的思想，不能只是从现有的方案中寻找解决问题的方法，还要从新的切入点入手开始对问题进行分析，开辟出一条新的思考问题的途径。比如我们经常说要对问题有自己的独特见解是非常重要的，这并不意味着人要固执己见，而是要在有所根据并符合客观条件的前提下独立地解决问题。

思维的批判性指的是人要用具有批判性的态度去对待自己的成果，也要用具有批判性的态度去评价他人的思想，不能一味地将自己的成果或者思想看作是真理，也不能对他人的成果进行诋毁，学生在进行学习的时候也要对教师存在问题的讲解及时提出疑问，不要因为教师具有权威性就盲目地相信，要做到"吾爱吾师，吾更爱真理"，这样才能摆脱形而上的观点，用辩证的态度去分析和解决问题。

## 二、创造性思维的培养与训练

### 1. 对创新意识进行引导和鼓励

中国目前的教育现状还是以应试教育为主的，其弊端在于学生的创新意识会受到一定程度的压制，应试教育带来的繁重的课业压力让学生没有办法在创新活动中投入太多的精力，所以为了培养学生的创新意识，需要学校和家长对学生的创新意识和行为进行鼓励和引导。从学校的角度来说，要进行创新教育环境的建设，将主要面向升学率提升的学校管理方式，转向注重学生全面发展和创造力提高的管理和评估方式，在校园中开展多项创新活动，为学生营造出一个可以进行创新活动的氛围，创造性思维的培养也有利于学习成绩的提高。

从教师的角度上来说，在教学活动中教师应该根据现有的知识结构，将创造性的教育观融入知识体系、教学行为和管理方式上，在国家和社会推出新的科技成果和教育理念的时候，教师应该及时给予关注，并结合学生的客观情况将这些新的成果和理念应用于教学中，培养学生的创造性思维。从家长的角度来说，学生的创造性思维不仅仅来源于书本中的知识，还来源于在生活中积累的经验和对未知世界的探索，因此家长可以在假期的时候带孩子到处走走，开阔眼界，让孩子突破固有的思维，用更广阔的眼界看待问题。

### 2. 激发学生的好奇心和求知欲，正确对待创造性行为

好奇心是学生探索未知世界的主观动力，求知欲是学生对目前学习到的知识的不满足，在教学活动中激发学生的好奇心和求知欲能够让学生去积极地发现新问题，并不断地去探索和创造解决新问题的方法和条件。教师要对学生在教学活动中表现出来的创造性思维进行鼓励，让学生能够有敢于提问和想象的勇气，这样才能培养出创造性思维。如果学生在教学活动中只是一味地接受固有的答案，不去进行延展性思考，是没有办法产生创造性思维的，所以教师应该改变以成绩评定为主要方式的教学方式，培养学生创造性思维，让他们敢想、敢问。

### 3. 重视对学生发散思维的训练，培养学生的创造性人格

学生对一些抽象概念、逻辑推理、总结概括内容的学习属于集中思维的培养，主要的内容就是对思维方法和规则的学习，集中思维的培养对学生逻辑思维能力的提高是十分重要的，但是要想培养学生的创造能力还需要不断地加强发散思维的训练，例如让学生在做练习的时候多想出几种解题的方式。具有创造性思维的学生往往有着比较广泛的兴趣爱好，愿意从多个方面去思考问题，对于没有见过的新事物和新问题都有着强烈的好奇心，他们具有独立性、幻想性和冲动性，这些特点都是创造型人才的共同人格特征。

### 拓展阅读

有人提出一个问题："树上有五只鸟，猎人打死了一只，还剩几只？"有的人会回答："还剩四只。"有的人会说："没有了，都被枪声吓跑了。"还有的人会说："还有三只，

鸟爸爸被打死了，鸟妈妈被吓跑了，三只小鸟还不会飞。"第一个人所说的四只，是单纯地用"5-1=4"的算法来得出的结论，这种算法在他的脑中已经形成了固定的模式，思维的僵化让他在不经过思考的时候就得出了结论。第二个人说的"没有了"一般公认是合理答案，而第四个人所说的是一个充满了创造性思维的答案，这个答案具有一定的颠覆性。

不管是中国还是世界上的其他国家，都非常注重创新教育，中国提出了对学生创新能力和德智体美劳多方面的培养，欧美国家也提出了 STEAM 教育体系，这些理念的提出都是为了让学生全方位地发展，不断提高自己的创造性思维和创新能力，在未来参与社会活动的时候，用自己的创造力为社会做出更大的贡献。

## 三、解决问题能力的培养

### 1. 了解解决问题的过程

心理学家在研究解决问题的过程中曾提出过解决问题的四个阶段(见图 6-4)，并一直被沿用至今。

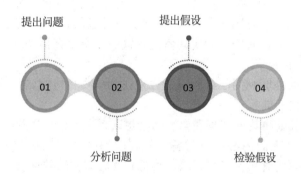

图 6-4　问题解决四个环节

第一个环节是发现问题。和解决问题的环节相比，发现问题存在更明显的难度，在发现问题的时候人需要根据对问题的理解、个人的兴趣以及个人的知识经验，找到问题的要害部分，针对这个部分提出相应的解决办法。

第二个环节是分析问题。在分析问题的时候需要明确问题的要求和条件，找到问题的实质是什么，通过搜集相关的材料，去了解问题的结构，按照实质指向的方向去解决问题。

第三个环节是提出假设，也就是最关键的找寻解决问题方法的一个环节。在提出假设的过程中需要将个人的创造性思维和自然科学的引导联系在一起，用现有的知识和经验去理解问题，明确问题的核心和实质，找到相应的解决问题的策略。

第四个环节是检验假设。因为实践是检验真理的唯一标准，所以可以通过实践活动将自己的主观想法和客观情况联系在一起去解决问题，还可以在经过严密的思考之后，在理论上确定可行性，然后再去进行假设的检验。检验假设的过程可能会成功也可能会失败，失败之后需要再次提出假设再去检验。

### 2. 分析影响解决问题的因素

影响解决问题的因素包括问题情境因素、认知因素和个性因素。情境因素指的是问题条件，是客观情境或其他刺激对人所要解决问题产生的影响。问题情境与个人认知结构、刺激信息的外显程度以及信息量的多少都有相关性。问题情境与个人认知结构的差异越小，问题的解决难度就越小，两者是正比的关系；问题情境中刺激信息的外显程度较高，那么解决问题的难度就小，两者是反比的关系；问题情境中的信息量的多少会对问题解决有干扰的作用，信息量过少或是过多都不利于问题的解决。

影响解决问题的认知因素包括认知结构的限制、迁移作用、定式作用、策略选择、功能固着与变通和原型启发。

认知结构的限制即人在遇到问题的时候会对问题产生怎样的印象和看法，如果对问题的认识很明确，那么就能够让问题顺利解决，例如前文中提到的六根火柴做成四个三角形，就需要人们对问题有明确的认识。

迁移作用指的是旧有的知识和经验对解决问题的影响，对解决问题有帮助的叫正迁移，对解决问题有不利影响的叫负迁移。

定式作用有一定的直觉性，是解决问题时人的心理活动状态存在倾向性。

策略选择是在问题解决的过程中，要选择最佳的解决策略。算法策略能够保证问题被解决，但是费时费力；启发法能最快地解决问题，但是有时不能解决问题。

功能固着指的是人会在看到某个事物的时候，只能认识到该事物的主要功能，而忽视该事物的其他功能。例如，人们认为钥匙就是开锁的，所以在拆快递的时候，即使手边有钥匙，人们也会去找剪刀。

功能变通指的是人能够利用思维的灵活性来找到事物和情境之间的关系。例如用手边的钥匙代替剪刀划开快递的箱子。

原型启发是将对其他事物的观察和自己的联想联系在一起，找到解决问题方案的过程。

个性心理因素是从人的内心出发对解决问题的积极性和认知能力产生影响的动力系统。动机和情绪对问题的解决会产生影响，动机和问题解决的效率呈"倒 U 形曲线"，积极的情绪会让人尽快找到问题的线索，消极的情绪会拖延问题解决的时间。人和人之间的关系也会对问题的解决产生影响，比如"三个臭皮匠顶一个诸葛亮"强调的就是相互协作、集中智慧对问题解决的积极作用。"一个和尚挑水吃，两个和尚抬水吃，三个和尚没水吃"就是指相互不信任导致对问题解决产生了消极影响。

## 四、想象力的培养

### 1. 加强世界观、人生观和价值观的培养

三观对于学生想象力的发展具有重要的引导作用，树立正确的三观能够帮助学生开阔眼界。树立远大的理想目标，使用积极向上的方式，不断地提升自己的能力，为了理想努力奋斗。学生如果缺乏对未来生活的想象力，就不能树立远大的理想。而没有前进的目标，学生就很难取得良好的成绩。树立正确的世界观、人生观和价值观能够帮助学生树立远大的目标，运用再造想象力和创造想象力积极地学习和生活，所以对三观的培养也有利于学生想象力的发展。

### 2. 多方面开展教学活动，丰富表象储备

由于表象是想象的基础，所以想要培养学生的想象力，就要让学生头脑中的表象越来

越丰富，这样学生才能将头脑中的知识和经验联系在一起，产生再造和创造想象。

从教学的角度来看，教师可以在教学内容中使用图片、视频等具有吸引力的表象，还可以在教学方式上使用投影仪、计算机等现代化教学仪器，帮助学生丰富表象的内容、开阔思路，加深对内容的理解。

从教育的角度上看，家长可以引导学生阅读一些科技读物、文学作品和童话小说，还可以带领孩子到风景名胜和人文内涵丰富的旅游区旅行，这些方法都可以培养孩子的想象力，激发孩子的好奇心和求知欲，让孩子自觉地去增加丰富表象的储备，为培养想象力创造良好的前提条件。

### 3. 鼓励大胆想象，培养想象习惯

由于现代科技的快速发展，孩子们从小就开始接触视频教育，所以很多学生并不具备将文字转换成图片的想象力，这就要求教师在教学的过程中必须使用启发式的教学方法，引导学生将文字在脑海中转化成生动的画面，把抽象的内容形象化。在这个过程中，教师要对学生的想象过程有足够的耐心，通过不断地引导和帮助，激发学生的想象力，培养学生的创造力。对于学生"异想天开"的想法，要在鼓励的前提下，给予方向上的指引，让学生自觉地进行知识的探索。

### 拓展阅读

在阿瑟·柯南道尔的《福尔摩斯探案集·四签名》里面有一个情节：福尔摩斯靠在椅背上，抽着烟斗里的烟，使用演绎法推断出了他的朋友华生早上去过韦格摩尔街邮局，并在那里发了一封电报。在华生的惊讶中，福尔摩斯说："我观察到你鞋面上有一块红泥，韦格摩尔街邮局对面正在修路，泥堆积到了邮局门口，想要进入邮局的人，脚一定会踏入泥中——附近只有那里有这样的红泥。"

"那你是怎么知道我发了电报的呢？"

"今天上午我一直坐在你的对面，没有看到你写信，你的桌子上还有一整张邮票和一捆明信片，这些都没有被动过，所以我认为你是去发报的。除去其他的因素，剩下的一定是事实了。"

从心理学的角度来说，福尔摩斯用演绎法对华生行为的推测，是运用科学合理的思维逻辑运算，并结合自己的想象推测出来的，福尔摩斯坚信自己的结论，因为他的思维和想象的过程是合理的。

## 课后习题

1. 人脑对客观事物本质与规律的概括和间接的反映过程是_____。
2. 教师根据学生的言语行为表现来推断学生的内心世界，这体现了思维的_____性质。
3. "一题多解"的教学方式主要培养训练学生的_____思维。
4. 想象的认知加工方式包括_____、_____、_____和_____四种。
5. 思维的品质有哪些？

# 第七章　情绪和情感

　　小张是某大学哲学系二年级的学生，每到考试的时候，他都会紧张焦虑，甚至身体会出现失眠和神经衰弱等症状。学习哲学就是为了避开理科的弱项，但是没想到哲学专业依然要学习高等数学。上了大学之后，由于基础不好，他的数学成绩已经多次不及格，需要参加补考，这对小张来说是非常严重的这种打击，所以一到考试的时候就会熬夜学习，致使他的紧张情绪无法缓解。小张在考试时的这种状态是心理焦虑。本章主要对人的情绪和情感进行介绍，帮助读者了解如何缓解不良的情绪，用积极的情绪和情感面对生活。

## 第一节　情　　绪

　　客观事物和主观需要之间的关系在人脑中的反映就是情绪，人的需要在情绪和客观事物之间起到了一定的媒介作用。情绪的状态可以分为心境、激情和应激。我们常说的心情指的就是心境。情绪具有七种功能和三种外部表现，本小节将对这些功能和外部表现进行详细介绍，并且给读者介绍和情绪相关的一些理论成果，帮助读者了解情绪的重要性。

### 一、情绪的概念

　　人的行为和态度会根据客观事物是否符合自身的需要而产生不同的反应，这种行为反应就是情绪。人总是会根据自己的需要是否被满足而对客观事物产生主观感受。例如在一场考试结束后，有的人觉得试卷很简单就表现出了轻松、愉快的反应。有的人觉得试卷很难就会既苦恼又悲观，这就是个人对客观事物产生的不同态度。

　　客观事物和主观需要之间的关系在人脑中的反映就是情绪，由于人在不同时期的需要状态不同，所以也会产生对同一客观事物的不同态度，可以说人的需要在情绪和客观事物之间起到了一定的媒介作用。例如，当人看到自己想要的事物时会产生愉悦的情绪，但是如果人在不想要这件事物的时候见到它，就会产生厌烦情绪。比如学生学习的时候想要一台游戏机缓解学习压力，他的朋友正好在这个时候送了他一款游戏机，那么这个学生就会产生愉快的情绪。但是如果这个学生在打篮球的时候收到了一台游戏机，那么他可能就不会很高兴了。

　　情绪是人的一种主观感受，它是人的内心体验，不管是开心、愉悦，还是伤心、难过，都是从人的内心深处表达出的一种感受。这种感受可以在人的表情、动作和姿态上体现出来，比如人在兴奋的时候会眉开眼笑，在愤怒的时候面红耳赤，在紧张的时候会躲躲闪闪，在害怕的时候会浑身发抖。

　　情绪能够从一定程度上引起人的生理变化，比如人在生气的时候心率和血压都会上升，在害怕的时候会心跳加快、脸色变白，在高兴的时候会脸色变红、体温升高，这都是内分泌腺在随着情绪的变化而产生作用。很多医生会嘱咐病人要保持心情愉悦，不要有情绪上的大起大落，也是因为情绪能够影响人的生理变化。

有情境才会引起情绪，在不同的情境中，人的情绪会体现出几种不同的性质，如强度、紧张度、快感度和复杂度。情绪体验的强度主要体现在人对自己的要求、人的需求以及客观对象对人是否重要上。紧张度一般体现在社会活动的关键时刻，例如学生考试发试卷的时候，观看电影时剧情最高潮的时候，这些时刻都能够让人们情绪体验的紧张度增加。情绪的快感度体现在人的快乐程度上，比如学生考 90 分的快感度一定比不上考 100 分时候的快感度。情绪体验的复杂度需要将多种情绪进行组合，比如"乐极生悲""又哭又笑"等。

## 二、情绪的状态

### 1. 心境

心境通常被称为心情，它能使人的整个精神活动都受到情绪的干扰，虽然效果比较微弱，但是具有一定的持久性，所以心境具有弥漫性、微弱性和持久性。心境不会单纯地只应用于一件事情之中，而是对在这一种心境中的所有事物和活动都会产生同样的影响，比如人在处于愉快的心境的时候，他在看待周围事物时，都会予以积极的态度，他的行为特点中也会体现出心境的状态，如轻快的步伐、洋溢着的微笑。不愉快的心境会让人对其他事情也产生消极的态度，干什么事情都提不起兴趣，这就是心境弥漫性特点的体现。

### 2. 激情

激情是一种爆发式的，有着极大的强度但是持续时间较短的情绪状态。在激情状态出现的时候，人会产生比较明显的生理反应，也会出现幅度较大的外显行为。生活中的重大事件、突如其来的外界事物以及对立方向的激烈冲突都会引起激情，例如买彩票中奖之后人的狂喜状态就是由突如其来的事情引发的；两个人因为观念问题吵架产生的暴怒状态是由对立意向冲突引发的；家里有婴儿出生产生的狂喜状态是由生活中重大事件引发的。

激情对人会产生积极作用也会产生消极作用。激情在产生积极作用的时候，人能够发挥自己的潜能，做出比平时更有效率的事情，例如运动员能够在赛场上超水平发挥。激情在产生消极作用的时候，人的认知范围会缩小，分析能力和控制能力会降低，很多行为是出于本能而没有经过理智的思考，所以对于有消极作用的激情，要加强控制。

### 3. 应激

人们在生活中经常会遇到突如其来的事情，偶尔还会遇到比较危险的情境，在出现紧急情况时产生的情绪状态就叫作应激。在产生应激状态之后，人们需要对这种紧急情况作出应激反应，从生理上要调动全身的力量去应对它，在心理上要控制自己的恐惧和愤怒等情绪，避免出现认知障碍，要加强心理自我抵御能力。

引起应激反应的事物被称为应激源，它能够给人的心理带来巨大的刺激和压力，让人在短暂的时间内高度紧张起来，比如人体因生病而产生高温、因为疾病而产生的疼痛，又如外界事物的冲击、难以适应的社会发展以及外来的文化冲击等。在应激源的刺激下，人会出现两种行为：一是陷入混乱，语无伦次，不知所措；二是冷静机智，及时行动，保持清醒。由于在应激状态下人会有较大的能量消耗，所以人不能长期处于应激状态，不然会降低人的免疫力，受到疾病的侵袭。

## 三、情绪的功能

人都会有情绪,情绪对人有重要意义,下面介绍情绪的各种功能(见图7-1)。

图7-1 情绪的功能

### 1. 适应功能

情绪的出现是为了让人更好地适应社会的发展,能够在客观环境中生存,所以情绪是有机体在环境中生存和发展的重要手段。情绪的表达会引起人的生理反应,身体的能量会随着情绪的变化而变化,这样有机体才能有更适宜的发展方式。比如婴儿在刚出生时是不具备语言表达能力的,所以他们为了向外界表达自己的生理需求,就需要通过哭的行为来让他人知晓,这样刚出生的婴儿的生理需求才能够被满足,才能得到生存和发展的空间。

情绪的适应功能其基本作用就是帮助人改善生存及生活条件。成人能够主动地进行情绪的调节来适应社会,例如人们会用微笑表示友好,通过对他人表情的观察来了解对方的情绪,因此调节情绪以适应社会对人来说是十分重要的生存和发展的手段。

### 2. 动机功能

情绪的动机功能体现在对人活动的驱动上,动机能够对人的活动起到激励作用,人在进行活动的时候,情绪的动机功能可以提高人的工作效率,增强内驱力对机体有目的、有方向的活动的激发力。例如,人体机能在缺水的时候会让血液增加浓稠度,虽然这个时候人知道自己缺水了,但是并不急于给自己的机体补充水分,而如果人们认识到了缺水的严重性,对缺水产生恐惧情绪,那么人就会在缺水的第一时间补水,这就是情绪的动机功能对人体的驱动。

### 3. 组织功能

情绪对心理的认知过程具有组织作用,积极的情绪对认知过程能够起到促进作用,消极的情绪对认知过程会起到破坏作用。情绪的组织功能对认知过程的影响主要体现在知觉、注意、记忆和思维四个方面。从知觉的角度上看,因为知觉具有选择性,所以人会在心情好的时候对知觉到的事物产生很好的印象,但是在情绪不好的时候,知觉的选择性就会发挥作用,人会对知觉到的事物产生厌烦心理,只会去接受自己感兴趣的事物;从注意的角度上看,人在情绪好的时候会将更多的注意力集中到需要注意的信息上,但是在情绪不好的时候,人就很容易注意力分散,不能对需要注意的事情投入更多的意识;从记忆的角度上看,人们能够轻易地记住自己感兴趣的事情,对于自己不喜欢的事情在记忆的时候就会有更大的困难；在思维方面，情感会对问题解决的过程产生较大的影响，因为受到大脑皮层兴奋度的影响，人在高兴的时候思维比较活跃，而在难过的时候大脑皮层的兴奋度就会降低，人的反应和思考速度就会变慢。

### 4. 信号功能

表情是情绪对外表达的信号，所以情绪具有信号功能。人的面部表情能够体现出情绪中的开心、快乐、难过和悲伤；声音的语调也能表现出人的情绪状态，比如人在兴奋的时候会有高亢激昂的语调，在难过的时候会有低沉啜泣的语调；人的身体动作也会表达出人的情绪状态，如高兴的时候会手舞足蹈，紧张的时候会来回踱步。人的表情能够成为情绪的信号，这种信号功能可以在人的交往、生活中起到重要的引导作用，例如孩子就可以根据大人的表情来得知某件事情是不是可以做。

### 5. 感染功能

情绪的感染功能指的是个人的情绪会对他人的情绪产生影响。由于信号功能会将人的情绪表达出来，所以当人的表情被其他人所了解的时候，就会引起他人的情绪变化，例如本来考试取得了 100 分的学生的情绪是很高兴的，但是他看到了自己的好朋友因为没有考好很难过，这个时候考得好的同学的高兴情绪就会受到影响，变得不是很高兴了。这种感染功能也是人们常说的情感共鸣，这是因为人与人之间的情绪是可以相互感染的，所以教师在教育学生的时候要晓之以理，让学生感受到老师对他的关怀与期望。

### 6. 迁移功能

情绪的迁移功能指的是人会把对他人的情绪状态迁移到和他人相关的事物上，例如追星的人会对自己喜欢的明星所喜欢的事物感兴趣，甚至会按照明星的生活习惯去生活。又如学生如果喜欢语文老师，那么他也会很喜欢上语文课，他的语文成绩也会随之提高。我们常说的"爱屋及乌"所体现的就是情绪的迁移功能。

### 7. 保健功能

情绪的保健功能所强调的是情绪对人机体健康的影响，当人的情绪产生剧烈波动的时候，人的身体机能也会受到相关的影响。如果人的情绪是积极愉快的，那么情绪就会对生理机能起到调养和保健的作用；如果人的情绪是消极的，那么时间长了就会影响人的身心健康，比如人在压力过大时，有患抑郁症的风险，长期压力过大，人就会出现上火、发炎等症状。

## 四、情绪的外部表现

### 1. 面部表情

情绪的外部表现主要指表情，包括面部表情、姿态表情和语调表情。面部表情指的是人在产生不同情绪的时候，面部的肌肉会随着情绪的变化产生不同的活动模式。例如人在高兴的时候，眼睛会眯着，嘴角也会上扬，有笑的动作产生；但是人在伤心的时候，嘴角就是向下的，就像撇嘴一样。所以在人际交往过程中，人可以根据明显的面部表情来判断他人的情绪，例如，学生能够根据教师发试卷时的表情判断本次考试的成绩是否良好；工作的人能够根据领导的面部表情来判断自己的工作绩效是不是较好。

### 2. 姿态表情

姿态表情指的是人体的躯干姿态和动作会随着情绪的变化而产生变化，例如，人在高兴的时候会手舞足蹈，这就是姿态表情的体现；在害怕的时候会浑身发抖，在难过的时候会蹲下抱住自己，这些行为也都属于姿态表情。

### 3. 语调表情

语调表情指的是人说话的声调强度、音调和节奏会因为情绪不同而产生变化。比如：人在高兴的时候音调会不自觉地升高，语速变化也会加快；但是在伤心的时候语调就会较低，说话的速度和强度也会下降。语调表情是需要沟通才能掌握的情绪外在表现，只要沟通有效，人就可以根据语调表情来判断他人当前的情绪。

**拓展阅读**

达尔文是最早开始解释人类表情的科学家，他著有《动物和人的表情》一书。他从进化的角度对人的表情进行了解释，他认为人的表情是共同的、遗传的和先天的，是人为了适应环境不断演化的结果。共同性体现为不管是在哪一个民族、国家中笑都是开心的表现；哭是伤心和激动的表现。正是因为这样的哭和笑的行为是没有经过后天培养自然而然表达出来的，所以达尔文只能用先天性和遗传性来解释这样的行为，但是除了这些最基础的生理表现方式，其他人类行为就会受到不同文化背景的影响。

## 五、情绪理论

### 1. 情绪的早期理论

情绪的早期理论包括詹姆斯-兰格情绪理论和坎农-巴德学说。詹姆斯-兰格情绪理论也被称为情绪的生理反应理论，是由美国心理学家威廉·詹姆斯和丹麦生理学家卡尔·兰格在1884年和1885年分别提出的理论，该理论强调了外周生理活动在情绪变化中起到的作用，提出了情绪和人体生理变化之间是存在直接联系的观点。

詹姆斯认为情绪是人脑内的一种感觉，引起这种感觉的是人的内脏器官和骨骼肌的活动，人在知觉到外界的刺激之后就会产生生理的变化，人对这种身体变化的感觉就是情绪。比如人因为哭泣的动作产生，才会有忧愁的感觉。也是因为有了发抖的动作，所以才会感受到恐惧。兰格认为情绪和血管变化有着密切的联系，他用酒精和能够引起情绪变化的药物说明了人在受到酒精和药物的刺激后，能够引起血管的活动，当血管扩张的时候人会产生愉快的感觉，血管收缩的时候人会产生恐惧的感觉，这也是人在焦躁的时候洗冷水澡可以保持冷静的原因。

美国心理学家坎农对詹姆斯-兰格理论提出了四点疑问：第一，人身体生理变化的差异性较小，根据生理变化很难分辨情绪的不同种类；第二，生理变化的速度是缓慢的，而情绪之间的变化是非常迅速的，两者之间无法适应；第三，切断动物内脏器官和中枢神经系统的联系，情绪的反应依然还是存在的；第四，虽然药物可以引起人的身体变化，但这也只是对生理变化的激活，并不能引起情绪的变化。所以坎农认为生理的外周变化不一定能够引起情绪的变化，情绪的产生机制在于中枢神经系统的丘脑，这就是情绪丘脑学说。

坎农认为当外界刺激引起感觉器官的神经冲动之后，感觉信息会释放到丘脑中心，在唤醒丘脑的过程中产生特定模式的情绪，之后丘脑会同时向上将神经冲动传至大脑，产生情绪的主观体验，向下传至身体的其他部分，引起身体的变化，比如心跳加速、肌肉紧张和血压升高。由于坎农的情绪丘脑学说得到了巴德的认同和支持，所以情绪丘脑学说又被称为坎农-巴德情绪学说。

### 2. 情绪的认知理论

美国心理学家阿诺德提出了情绪评定-兴奋学说，她认为情绪来源于对情境的评估，评估过程发生在大脑皮层中，情绪的产生基础是大脑皮层的兴奋。例如，人在森林中看到老虎会产生恐惧心理，但是在动物园中看到笼子中的老虎就不会产生恐惧心理。美国心理学家沙赫特和辛格在20世纪60年代初提出了两因素情绪理论，他们通过实验证实了内部刺激和外部环境对情绪体验的影响并不大，对情绪体验起到决定作用的是人对生理反应的认知。

美国心理学家拉扎勒斯认为情绪是人对外界环境中的刺激对自身产生影响的反应，情绪还能够对这种反应起到调节的作用。情绪活动需要对外界的刺激进行理解，才能够产生正确恰当的生理反应，人的情绪活动需要有认知的参与，所以情绪、认知和行为三种成分共同构成了情绪活动，这三种成分之间能够相互作用，彼此协作。

### 3. 情绪的动机-分化理论

情绪的动机-分化理论是由心理学家汤姆金斯和伊扎德提出来的，伊扎德认为情绪和人格有关，人格由六个子系统组成，而情绪则包括在人格系统中，是其中一个子系统。伊扎德认为情绪能够驱动认知和行为，具有一定的动力性，所以伊扎德认为人格系统的核心驱动力就是情绪子系统。伊扎德在1991年提出，情绪中包含了神经生理、神经肌肉的表情行为和情感体验，这三个子系统之间能够相互作用，与认知和行为建立相关性，完成多个系统之间的相互协作。

# 第二节　情　感

情感是对行为目的的评价反应，发生的时间要晚于情绪，情感存在一定的社会性，往往具有方向上的倾向。人的高级情感包括道德感、美感、理智感、宗教情感和母爱等，本小节将对前三种情感进行详细介绍。情绪和情感之间既存在相关性，也存在差异性，所以本小节也会对两者之间的关系进行相关的介绍。

## 一、情感的概念

情感和情绪不同，情绪是生理上对行为过程的评价反应，而情感是对行为目的的评价反应，两者之间的侧重点是存在不同之处的。情感发生的时间要晚于情绪，人在参与社会活动的过程中，情感才会产生，所以情感是存在一定的社会性的。例如：人希望得到他人的赞扬而不希望被别人说坏话，在得到赞扬的时候人会对他人有所亲近，心里会很高兴；在被说坏话的时候会难受、气愤，这都是因为情感和人的社会性之间存在一定的联系。

由于情感具有社会性，所以通常会用来形容具有深刻性的、在社会环境中长期形成的有意义的感情。例如，对国家的热爱、对敌人的憎恶、对善良的欣赏和对丑恶的批判。和情绪相比，情感从内容上说更加深刻。除了深刻性之外，情感和情绪相比也会更持久。例如，教师虽然会因为学生的成绩下降而生气，但是教师对学生的关爱不会因为这一次成绩下降而产生变化，家长也不会因为学生的一次成绩下降，就不再疼爱孩子。

情感往往具有方向上的倾向，这种倾向性和个人的世界观、人生观以及人生态度有相关性，比如同样是厌恶的情感，当它倾向于损害国家利益的敌人的时候，就是具有积极意义的情感，但是如果倾向于能力超过自己的人的时候或者指出自己缺点的朋友的时候，这就是一种消极的情感。情感在人的实践活动中发生作用的强度会对人的行为有积极和消极的影响。例如学生在考试中取得了好成绩，产生了幸福的情感，如果幸福感的效果很强的话，就可以转化为后续学习的动力，能够对人的行为产生一定的积极作用。

在一般的情况下，个人对世界的认知和态度是不会有太大的改变的，所以人的情感也存在稳定性。如果人的世界观和人生观是积极向上的，那么人就会在社会活动中具有比较持久的动力，这样才能在学习和工作中一直保持自觉、保持始终如一的积极态度。

## 二、情感的种类

人的高级情感包括道德感、美感和理智感、宗教情感和母爱等，其中道德感、美感和理智感是高级的社会性情感，这些情感能反映出人在日常生活和社会交往中的精神面貌，蕴含着独特的社会意义，调节着人的社会活动。

### 1. 道德感

道德是人们共同生活的行为准则，道德感是人们根据这些行为准则，对自己或他人的行为、言语进行评价的时候产生的情感。人们能够根据社会道德，对他人的行为和言语产生厌恶或赞赏的情感。例如，人们会赞赏维护祖国尊严的行为，但是会厌恶崇洋媚外的人。人会在社会活动的过程中产生和道德感相关的责任感、集体荣誉感、同情感、正义感和自豪感，这些情感都属于道德感的范畴。

### 2. 美感

美感是人按照一定的审美标准对自然界的客观事物、社会生活及行为和文学艺术类作品进行评价时产生的情感。按照评价的事物类型，美感可以分为自然美感、艺术美感和社会美感。美感具有共同性又具有差异性，差异性体现在不同时期、不同地区、不同民族的人其审美标准不同。例如，中国唐朝的时候是以胖为美的，但是近现代以来是以瘦为美的。而同处于现代的岛国汤加的审美标准也是以胖为美的，这就是审美标准的差异性。

审美标准一方面来自事物的客观属性，另一方面也来源于人的主观认识，所以美感是主观和客观的对立统一。例如，诗人在看到大好河山的时候总是会赋诗一首，诗中既有着对风景的描述，也有着对主观情感的表达，赋诗的行为说明作者产生了美感，诗中对客观景物的描述和对主观情感的表达就是主观和客观的对立统一。因为美感的体验程度会受到人的知识经验的制约，所以当代的教育将美感和审美能力的培养作为教育的内容之一。

### 3. 理智感

理智感一般会在人的智力活动中产生，和人的求知欲、好奇心、解决问题的需要以及认知的兴趣有很密切的联系。比如说学生通过自己的思考和努力解出一道数学题，他觉得很开心，这就是理智感。居里夫人发现镭元素、屠呦呦发现青蒿素之后产生的喜悦感都属于理智感。理智感在一定程度上，会成为人们继续努力追求真理、满足求知欲的动力，它可以促使人们克服困难，坚持到底不放弃，能够间接推动人智力的增长，推动社会科学的发展。

## 三、情感与情绪的关系

情感和情绪之间既存在相关性，又存在差异性，人们为了区别出感情发生的过程和在发生过程中产生的不同体验，就将感情分成了情绪的概念和情感的概念。这两个概念指的是同一种心理现象的两个不同方面。

### 1. 情感和情绪的区别

第一，情感和人的社会活动需要之间有相关性。例如学生渴望老师的夸奖、工作者想要和同事之间建立良好的人际关系，当被他人或团体排斥的时候，人会产生难过的情感；情绪和人的生理需要之间有较强的相关性，例如吃到想吃的食物会开心、吃不到想要的食物就会难过。

第二，情感的特征是稳定性、深刻性和持久性。在意识的控制下，人会对情感的表达有所流露，但是方式会更加含蓄；情绪的特征是情境性、冲动性和短暂性。由特殊的场景引起冲动，很多时候不会受到意识的控制，他人能够根据外显的表情来对情绪进行判断，情绪会随着时间的延长而逐渐衰退。

第三，情感是在人的社会活动过程中产生的具有社会性的心理现象，和情绪相比，情感产生的时间更晚，情感具有更多的社会意义。例如对祖国的热爱、对敌人的仇恨，都是具有深刻意义的情感；情绪是人和动物共有的心理现象，在进化过程中和个体发展过程中，都会很早就出现。例如：家养的小狗会因为没有出去玩而难过、喜欢主人的猫也会因为没有被抚摸而生气。

### 2. 情感和情绪的联系

情感和情绪之间有着不可分割的密切联系，主要体现在两个方面。

第一，情感依赖于情绪，需要通过情绪来表现，离开了具体的情绪，人的情感就没有办法表现出来。例如：人们看到小偷在偷东西的时候会很愤怒，激起人们的正义感；看到祖国繁荣昌盛的时候会喜极而泣，产生自豪感。

第二，情感会制约情绪的表达，让情绪依赖于情感。个人的情感由于具有社会性，所以会在一定程度上受到社会环境的影响，这个时候情绪的表现就会被个人的情感所限制。例如，人在生存条件十分艰苦时，会产生集体精神，这种高尚的情感会制约人们情绪的表达。情感和情绪之间有区别也有联系，从整体上看两者是不能分割的心理现象，但是从小处着眼，两者之间则有着不同的侧重点。

## 第三节　情绪调控与情感的培养

人们常说虽然智商很重要,但是情商也很重要,所谓情商指的是情感智商,能够对自己和他人的情绪进行调节。本小节除了对情感智商做相关介绍之外,还将介绍健康情绪所需要的条件和不良情绪的控制方法,从不同的方面入手,强调培养健康情感的重要性以及相应的方式,帮助读者合理调控情绪和情感。

## 一、情绪的调控

### 1. 情感智商

美国耶鲁大学教授彼得·沙洛维和新罕布什尔大学教授约翰·梅耶提出了情感智商的概念。情感智商,就是人们常说的 EQ,是 Emotional Quotient 的缩写,这两位心理学家认为情感智商有准确评价和表达情绪的能力,有效调节情绪的能力和将情绪体验运用于动机和意志过程的能力。

后来,他们对情感智商进行了更深刻的研究,将情感定义为一种社会智力,并将这种社会智力的能力分为三种,分别是区分自己和他人情绪的能力、调节自己与他人情绪的能力和运用情绪信息去引导思维的能力。

1995 年,美国作家戈尔曼在其出版的《情感智商》一书中,提出情感智商包括认识自身情绪的能力、妥善管理情绪的能力、自我激励的能力、认识他人情绪的能力和人际关系的管理能力的观点,他主张将这五种能力应用于人们的日常生活中,让心理品质的提高促进生活智慧的提升。

### 2. 健康情绪所需要的条件

情绪对人来说是十分重要的,它能够影响人的精神状态,也会对人的学习和工作效率产生影响,不仅如此,情绪的重要性还体现在他人能够通过对表情的观察来判断情绪,情绪能够在人际交往中体现出自己的胸怀肚量和成熟程度。所以如果想要保持健康的情绪,在提高工作效率的同时,向他人展现一种良好的精神面貌,就要懂得如何自觉有效地控制自己的情绪,如图 7-2 所示。

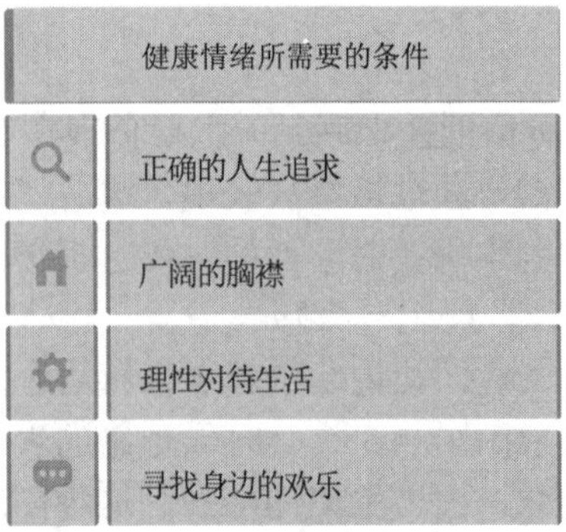

健康情绪所需要的条件
- 正确的人生追求
- 广阔的胸襟
- 理性对待生活
- 寻找身边的欢乐

图 7-2　健康情绪需要的条件

首先，要有一种正确的人生追求。要在自己的生活、学习和工作中建立起一个精神支柱，让自己在遇到打击和困难的时候，依然能够有继续前进的勇气，有能够面对挫折的健康情绪。一般来说，可以将为社会做贡献、为人民服务作为人生追求。

其次，要有广阔的胸襟。这样才能用豁达的心胸去看待别人，用宽阔的胸怀去包容别人。在看待问题的时候，只有具备了豁达的心胸才能产生长远的目光。不要因为眼前的利益而影响了长远的发展，用宽阔的心胸去接纳别人，才能向他人展现健康的情绪。

然后，要理性地对待生活。生活中有顺心的时候，也有不如意的时候，既充斥着汗水、泪水，也能得到鲜花和掌声。由于生活具有多变性，所以人要主动地去适应动荡起伏的生活，面对自己眼前的现实，用乐观的情绪去理智地对待生活，只有如此才能够有勇气面对生活中的酸甜苦辣。

此外，还要善于寻找身边的欢乐。有的人善于看到生活中美好的一面，所以这样的人会展现出乐观的情绪；而有的人经常看到的是生活中不称心的地方，所以他经常会感到忧伤。鼓励人们善于发现欢乐并不是让人们逃避困难，而是让人们用乐观的情绪去面对现实。

### 3. 不良情绪的控制

在进行不良情绪控制的时候，首先要对暴怒情绪进行控制。暴怒一般是因为外界的强烈刺激导致的，是人对外界不满的一种情绪表达，由于暴怒是外界强烈刺激产生的状态，所以如果人一直处于这种状态的话，就会被强烈的刺激影响生理的免疫力，受到疾病的侵袭；而且人在暴怒的时候会有很强的力量，理智的降低会让人的行为控制力减弱，对他人来说，暴怒情绪也是存在危险性的。在这种情况下，人可以转换环境或是做点体力活来进行调节。

除了要控制暴怒情绪之外，还要对过度焦虑的情绪进行控制，方法有以下三种：第一要进行自主放松练习，通过转移注意力的方式来缓解焦虑；第二是用新的焦虑代替旧的焦虑；第三，可以通过向他人倾诉的方式，让他人对自己的焦虑心理进行疏导。

过度紧张的情绪对人来说也是有较大影响的，如果人一直处于过度紧张的状态下，就会引起生理和人格特征的改变，为了避免这种情形的出现，人可以使用以下四种方法来对过度紧张的状态进行调节：第一种方法是从根本上消除能够使人过度紧张的刺激因素，使用系统脱敏等方法来缓解自身紧张程度；第二种是改善环境，让人的心理适应环境中的物质刺激；第三种方法是对个体应对困难和适应环境的能力进行培养；第四种是通过言语放松训练进行自我调节。

抑郁情绪对人体的生理和心理健康具有较大的不良影响，在控制抑郁情绪的时候可以采用大哭一场的方式，将眼泪中的生物化学物质排出体外，还可以用令人愉快的事情来转移注意力，这两种方法都可以缓解抑郁情绪给人体带来的不良影响。

自卑情绪是人在轻视自己的时候产生的情绪，人不能对自己不如别人的地方进行过多关注，而是要将注意力放在自己的优点上，在好胜心和自尊心受挫的时候要用积极的态度去面对生活，在被集体冷落和轻视的时候不断培养自身克服困难的能力，增强自己的意志力，克服自卑心理。

## 二、情感的培养

健康积极的情感在个人的发展过程中具有十分重要的意义,前文中提到过的伊扎德的情绪理论认为情绪情感是人格结构的核心,良好积极的情感能够对人格的健康发展起到完善的作用;不良的消极情感对人的身体健康和生理健康都会产生消极影响。例如,人在感到难过的时候就会觉得寒冷,如果长期处于压抑和难过的情感状态下,人的免疫系统就会受到影响,人就会受到疾病的侵袭。良好的情感能够帮助人们提高学习和工作的效率,如果学生很喜欢授课教师的话,那么他就会为了得到老师的夸奖,不断地提升该学科的成绩。

要想培养出积极健康的情感就要从以下几个方面入手。

第一,要刻苦学习,不断思考。因为情感需要建立在认知的基础上,只有智力达到了一定的水平,情感的水平才能够随之提高。例如人在学习历史的时候,能够培养出对社会发展情况的认知,也能够培养出学生的爱国主义情感和民族自豪感。

第二,要多参与实践和创作活动。这样才能将内心的情感和现实生活联系在一起,有更多的情感体验过程,培养出情感的层次性。

第三,培养兴趣爱好。例如:象棋和围棋可以增强人的思维逻辑能力,从而提高情感的稳定性;钓鱼和刺绣等活动能够提高人情感的持久度;唱歌和跳舞能够使人在体会他人情感的过程中让自身的情感更细腻;即使是扑克和麻将等兴趣爱好,也能增强情感的灵活性。

第四,多交朋友,友情能够丰富人的情感世界,结交更多朋友,可以让人在体验复杂情感的过程中锻炼自己对情感问题的处理能力,和朋友之间的交往、沟通也能够帮助人们克服困难,缓解压力和焦虑。

第五,要拥有健康积极的情感,就要先成为一个善于从他人角度思考问题的善解人意的人,只有在第一时间用乐观积极的态度去评判他人的行为和动机,才能够在自身面对困难的时候有更多积极情感。而且人与人之间的理解都是互相的,你对他人的行为表示理解,那么你也会受到他人的尊敬和爱护。

另外,如果想要培养出健康的情感,就要努力做到淡泊名利。当人将集体的利益放到个人利益之前时,就会成为淡泊名利的人,约束自己的行为,不断思考自己能够为社会做出的贡献,从而能够获得高尚的情感。

## 课后习题

1. "人是因为哭了才发愁,因为动手打了才生气,因为发抖才害怕"这种观点属于解释情绪的_____理论。

2. 儿童从周围人的表情中能了解自己的哪些行为动作受鼓励、应该做;哪些行为受责备、不该做。这种了解体现的情绪情感的功能是_____。

3. "人逢喜事精神爽",小刚接到高考录取通知书已经十几天了,仍然欣喜愉悦,一件平淡的事也能让他很高兴,这种情绪状态属于_____。

4. 汽车在马路上快速行驶,突然在不远处跑出来一个行人,司机当机立断即刻刹车,避免了一场意外事故,司机这时的情绪状态主要是_____。

5. 情绪具有哪些功能?

# 第八章 意 志

张海迪在 5 岁的时候因为脊髓血管瘤造成了高位截瘫,但是她依然勤奋学习,热心助人,虽然命运没有眷顾她,但是张海迪依然坚韧不拔,顽强地和疾病做斗争,对人生充满信心。虽然她没有进过学校,但是却凭借恒心和毅力学完了从小学到硕士研究生的全部课程。张海迪所凭借的就是自身的意志力,意志力对人来说是非常重要的,本章将对意志及意志的培养方式进行介绍。

## 第一节 意 志 概 述

意志会通过人具有计划性和明确目标的行为展现出来,意志与认识、意志与情感之间都存在相关性,本小节将对意志的概念和意志与认识、情感的关系进行介绍。

### 一、意志的概念

意志具有一定的自觉性,它需要人根据预定的明确目的去调节、控制和支配自身的行为,在这个达到预期目的的过程中,人还需要不断地去面对挫折、克服困难,从明确目的到克服困难再到达到目的的一整个心理过程就是意志。心理学家们发现,意志作为高级的心理活动过程,是人类特有的,动物并不具备意志的心理过程,它们的有计划的活动虽然也会对客观物质产生作用,但是这些行为都是自发的或偶然的,很多时候动物的行为都是依靠本能完成的,它们的行为不属于意志。

由于意志和人的行为有密切的相关性,并且意志会通过人具有计划性和明确目标的行为展现出来,所以就产生了有意识、有目的的、能对目的进行调节的意志行为,人的一些行为由于没有目的性的参与,所以是不属于意志行为的,比如眨眼睛、抖腿、啃指甲等动作。只有具有目的性并且需要通过克服困难才能实现的动作才属于意志行为。例如达尔文对生物进行了长达 20 年的研究,才在 50 岁的时候出版了《物种起源》。人在登山的过程中需要克服天气、疲劳等困难,一步一步才能登上山顶,所以人的登山行为就属于意志行为。

意志和感知觉、思维在形式上差异较大。感知觉和思维是人在接受外部刺激之后进行的内部意识转化过程,而意志是人的内部意识向外部世界传播的过程,这也体现在意识的能动性上,人类要想对客观世界进行改造就要具备意志,用意志行动克服改造活动中的种种困难和挫折,才能够取得成功。

### 拓展阅读

查尔斯·罗伯特·达尔文,英国著名的生物学家、进化论的奠基人,他在1809年出生于英国的小城镇,1831年大学毕业后,他被老师亨斯洛以"博物学家"的身份推荐到 "小猎犬号"上做了五年的科学考察。为期五年的环球航行让达尔文有了对动植物的观察和采集时间，他逐渐地形成了生物进化的概念。在1859年的时候他出版了震惊学术界的《物种起源》，书中的大量资料都表明了生物不是上帝创造的，而是经过长期的生存斗争在不断地变异和遗传中留存下来的，生物的进化遵循了由简单到复杂、由低等到高等的发展规律。

达尔文提出的生物进化论，对当时的神造论和物种不变论产生了巨大的冲击，严复将他的理论概括为"物竞天择，适者生存"，目前的生命科学中依然在使用进化论中的观点。恩格斯将进化论列为可以和细胞学说、能量守恒和转化定律齐名的19世纪自然科学的三大发现之一。《物种起源》中的理论除了对生物学有重要意义之外，还对人类学、心理学甚至哲学等学科的发展产生了重要的积极影响。

## 二、意志与认识、情感的关系

### 1. 意志与认识的关系

意志需要人具有一定的自觉性和目的性，其是在人认识了客观事物的发展规律，并用这些规律去进行实践活动的时候才会产生的，因为这个时候人需要在实践活动中明确意志行动的目的，做好克服困难和面对挫折的心理准备，如果人没有产生对客观物质的认识，也就没有办法自觉地明确实践活动的目的，从而产生意志。因此认识的过程是意志和意志行动产生的前提，人的目的是在认识和改造客观世界的过程中产生的，所以认识过程是意志过程的前提。

意志过程需要跟随事情发生条件变化而不断调整，积极的主客观条件可以促进意志行动过程的加速发展，消极的主客观条件会让意志行动的速度减慢。意志行动和人克服困难的程度是有关联的，困难的大小会影响意志行动的过程，人对困难的认识也会影响最后目的的达成。

意志对认识的过程也会产生影响，人在观察和认识客观世界的时候需要投入很多的精力，而且观察行为、注意和思考都需要有一定的持久性才能够完成，如果没有意志的参与，这些行为都不会具有持久性和专注性，人也就没有办法坚持完成认识客观世界的动作。教师经常会对学生说要有意志力，不能因为题太难了就放弃思考，所以在人的学习和工作中，人的意志对认识过程会产生较大的影响。

### 2. 意志和情感的关系

情感过程对意志过程既有推动作用，又有阻碍作用。积极的情感会成为推动意志过程行进的动力，能够让人斗志旺盛，促进人的行动；消极的情感会阻碍人意志行动的前进，削弱人的斗志。举个例子，如果孩子是因为喜欢钢琴而去学习的话，那么他就会产生很强的积极性和主动性。但是如果孩子是在父母的逼迫下去学习钢琴的话，那孩子就不会有很强的主观能动性，缺乏意志活动的参与，通常就不能取得很好的学习效果。由此可见，积极的情感对意志品质会产生推动作用，对人的生活、学习和工作都会产生重要的影响。

意志对情感会产生调节的作用，人的意志品质能够帮助人控制自己的不良情绪，表现出良好的心情。例如诸葛亮虽然很珍惜和马谡的师生情感，但是依然为了家国大义，挥泪斩杀马谡；一个舞台剧演员在上台前接到家人遭遇不幸的消息，但是依然凭借自己的意志力上台演出，向观众展现了良好的舞台效果，这也是意志对情感的调节作用。

## 第二节 意志行动

意志行动有明确的目的，需要以随意运动作为基础，并且需要克服困难，这是意志行动的特征。本小节除了对意志行动的特征进行介绍之外，还将对意志行动的过程进行介绍，让读者了解意志行动的相关特点，以及人是如何进行意志行动的。

### 一、意志行动的特征

#### 1. 意志行动有明确的目的

意志是人类特有的心理活动，意志行动能够自觉地明确行动的目的，这也是与任何动物最大的区别之一。从根本上来看，动物的行为虽然具有一定的自发性，但是它们的行为是不考虑后果的，也就是根据自身需要而盲目进行的。例如，狮子捕食的时候是不会想到自己受伤之后是不是会死亡的，但是人的意志行动中就会首先考虑"自己是否会受伤"的后果，然后选择自己不会受伤的方式，有计划地进行意志活动，这也就是人的意志活动所具有的对未知事件的超前反应能力。很多建筑师都会感叹蜜蜂建造蜂房的能力，但是蜜蜂在建造蜂房之前是不会先画好图纸再搭建的，而人类的建筑师则会有计划地将大脑中的图像一步步形成房子。

#### 2. 意志行动需要随意运动作为基础

人的动作可以分为不随意动作和随意动作。不随意动作的引发原因是无条件反射，不会受到意识的控制。例如人的打嗝、吞咽和抖腿等动作，是无意识的行为，意志无法控制，由脊髓和皮层下中枢支配器官进行控制和调节；随意动作是复杂的条件反射，会受到意志的控制。例如跑、跳、写、画等动作，连贯起来的随意动作就是随意运动，如长跑、绘画、开车和写作。随意运动的熟练程度和意志行为存在相关性，熟练程度高的话，意志行动就容易，所以人所学习的技能也是意志行动的完成条件。例如医生的手术操作越熟练，手术的成功率越大。

#### 3. 意志行动需要克服困难

虽然随意运动是意志行动的基础，但是只有能够克服困难的随意运动才是意志行动。例如学生带病坚持学习、运动员不管是寒冷还是炎热都坚持长跑、作家不管是贫穷还是富有都在坚持写作，这些行为就是需要克服困难的随意运动，都是意志行动。

意志行动中需要克服的困难可能来自外部环境，也有可能来自人的内在环境。例如人的先天身体不好、经验不足、情绪低落、胆小怕事、懒惰消极，这些都属于人的内在因素导致的困难。而设备简陋、自然环境恶劣等都属于外部的客观条件。两者相比较的话，内部的困难比外部的困难更难克服。

### 二、意志行动的过程

#### 1. 准备阶段

准备阶段指的是需要明确方向和动机，需要经过明确目的、形成动机和拟订计划三个环节。意志行动需要确定的目的可能是一个，也有可能是多个，在有多个目的的情况下，人需要通过意志努力对这些目的进行比较和权衡，根据意义、价值和客观条件明确最终目的。必要时还需要对多个目的进行合理安排，通过排序的方式来依次达到这些目的。

在复杂的意志行动中，经常会发生存在多种动机的情况，美国心理学家勒温按照动机冲突的形式将冲突分为双趋式冲突、双避式冲突、趋避式冲突和多重趋避式冲突，如图8-1所示。

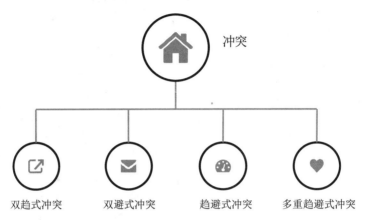

图 8-1 冲突的分类

双趋式冲突指的是人同时想要实现两个有利的目标，但是因受客观条件所限只能选一个。例如鱼是人想要的，熊掌也是人想要的，但是鱼与熊掌不可兼得。

双避式冲突指的是人同时面对两个想要避开的目标，但是必须二选一，例如电视剧中的主人公被追兵追到悬崖上，主人公只能在跳崖和被逮捕中选一个，这就是双避式冲突。

趋避式冲突指的是一个人面对的目标对他来说既存在有利的一面，也存在不利的一面。例如，很多女生在减肥的时候都会产生想喝奶茶但是又怕胖的想法，想要做运动但是又怕辛苦的想法，这就是趋避式冲突。

多重趋避式冲突指的是人在面对两个及以上同时具有吸引力和排斥力的目标时产生的心理冲突。例如，大学生在找工作的时候会发现有多个单位都有吸引自己的地方，但是这些单位又都存在不如另一家单位的地方，这就是多重趋避式冲突。

在冲突被解决之后，人就可以针对最终目的来制订计划和行动方案了。如果实现目标的方式只有一种，那就直接按照这种方式执行就可以了，但是很多时候通往罗马的路不止一条，人们需要从多个方案中选择一个最合适的方案，在这个过程中受到客观条件、资料多少以及知识经验的制约，人不能马上作出决定，需要对这些方案的优势和劣势进行比较之后，才能选出最佳方案。

#### 2. 执行决定阶段

当选出最佳方案之后，就开始进入执行决定的阶段，在这个阶段人需要将方案付诸实施。在各种条件的限制下，面对实践过程中出现的各种问题，只有克服困难，不间断地完成意志行动，才能达到最终目的。因此执行决定阶段是意志行动过程中的最后一个阶段，也是最受个人意志力影响的阶段，意志力强的人能够具有克服困难的决心，达成最终目的。

但是意志力弱的人可能就会中途放弃，三心二意，很难达到最终的目的。这个阶段在意志行动的过程中是考验意志力强弱的关键阶段。

## 第三节　意志行为中的挫折

适当的挫折能够促进人适应能力的提高，使人不断成熟，促进人的成长。能够正向面对挫折的人一般都具有坚强的意志力。本小节主要对挫折的概念、挫折产生的原因以及增强挫折承受力的方法进行介绍，帮助读者了解挫折对人的重要意义以及如何正确地对待挫折。

### 一、挫折的概念

挫折是在人的意志行动中遇到无法克服的障碍而无法实现最终目标时产生的沮丧情绪。例如，学生努力学习的学科在考试的时候没有及格，就是挫折反应，如果人频繁地遇到不能克服的挫折，就会产生痛苦的感觉和悲伤的情绪，这些感觉和情绪如果得不到纾解的话，人的心理就会产生不良反应，生理上也会出现疾病。所以人在面对挫折的时候要及时调整自己的心理，避免因为挫折而出现生理和心理问题。

挫折的构成包括挫折情境、挫折认知和挫折反应。挫折情境是导致意志行动的最终目标不能完成的情境或者事件。例如学生考试失利、工作项目被叫停等；挫折认知指的是人对导致最终目标不能实现的事件或情境的态度和评价。例如学生在考试失利之后觉得自己需要再继续努力，工作者在项目被叫停之后认为是领导不看重他；挫折反应指的是伴随挫折认知产生的情绪上和行为上的相关反应。例如学生因为考试失利，虽然知道再努力就好，但是依然会在下一次考试中产生焦虑心理；工作者的项目被叫停后，到办公室和领导吵架等。

**拓展阅读**

从不同的角度入手可以将挫折分为很多种类，按照挫折障碍的来源可以分为外部挫折和内部挫折。外部挫折指的是因为外部的客观因素引起的挫折，例如因为地震导致的巨大损失，因为家庭贫困产生了对学业的影响等。内部挫折指的是个人生理或心理上的原因导致的挫折，例如个人的生理缺陷、个人的经验不足导致任务无法完成等。

按照挫折的性质可以分为需要挫折、行为挫折、目标挫折和丧失挫折。需要挫折指的是正常的需要因多种原因无法满足。例如很多高学历的人自认为被社会需要，但是却很难找到工作；行为挫折是因为某些条件或因素让计划无法付诸实施。例如电视剧已经拍摄成功了，但是因为审批问题没有办法播放；目标挫折是人已经在完成目标的过程中了，但是因为一些困难无法克服而没有实现目标。例如正在建设的高楼因为地震而坍塌了；丧失挫折指的是本来应该属于自己的东西，但是因为一些客观原因却没有得到。例如年级第一突然考了第二。

另外，从发展的角度来说，挫折还可以分为婴幼儿期挫折、儿童期挫折和青少年期挫折。婴幼儿期挫折指的是因为断奶或者排泄受到限制而产生的生理挫折；儿童期挫折指的是因为行为规范的限制或者和他人关系紧张而导致的挫折；青少年期挫折指的是因为恋爱失败或者独立的需求未能得到满足所受到的挫折。

## 二、挫折产生的原因

### 1. 客观原因

客观原因包括自然原因和社会原因两个方面。自然原因指的是非人类力量所造成的困难。例如：地理位置、时间问题、自然灾害、意外事故、生死离别等。人类会不断地发现自然界的规律，但是很多时候是不能征服自然和改变自然的，所以对自然原因引起的挫折，人类很多时候是无能为力的；社会原因指的是人在其所生活的社会环境中受到的阻碍。例如：政治制度、社会发展水平、文化底蕴的制约等。不同身份的人所生活的环境是不一样的，但是不管是学校还是家庭，都属于社会环境，和自然原因相比，社会原因引起的挫折感会更加强烈。

### 2. 主观原因

主观原因是人的生理原因和心理原因导致的。人的生理原因很多时候是因为人的生理缺陷或者疾病的困扰导致的。例如：先天性心脏病病人是不能做长跑等剧烈运动的、天生的聋哑人也没有办法和他人正常地交流；心理原因主要会受到人的心理特点和水平的影响。例如，学习动机强的人不容易在学习上受挫，内向的人很容易在人际交往的过程中受挫。

如果一个人对自我的评价过高，自大自满，对自己能力和水平的认识不准确，就很容易受到挫折。人在十分渴望成功，而没有做好失败的准备的时候也会容易受到挫折，而且这个时候的挫折感会十分强烈。认知出现偏差的人，经常也会因为多疑敏感的性格而把问题想得很严重，这个时候也会产生挫折感。

#### 拓展阅读

虽然所有人都会遇到挫折，但是每个人对挫折的反应都是不一样的，不同的人针对挫折会产生理智的和非理智的反应。

理智反应体现在人在遇到挫折之后会保持冷静，用客观的态度去分析挫折产生的原因，并采取一定的方式来解决挫折中遇到的问题。例如，有的人在遇到挫折之后会努力克服困难，坚持不懈，也会随着和目标之间的距离逐渐调整意志行动的方案，努力实现最终目标。

非理智反应包括过度焦虑、冷漠、攻击、退化、逃避和刻板，这些行为都是非理智反应的主要体现方式。

人应该不断增强自己受到挫折之后的承受能力，用积极向上的态度和理智的反应去对待生活中遇到的挫折。避免在非理智反应出现的时候给自己和他人造成伤害，作出令自己后悔的决定。

## 三、增强挫折承受力的方法

挫折承受力指的是人在遇到挫折的时候能够克服困难让自己不至于产生异常行为和失常的心理状态的能力。不同心理状态的人有着不同的挫折承受力，即使是同一个人当他处于不同的环境中的时候也会产生不同程度的心理承受力，比如人在平时也许能够承受较大的压力和挫折，但是在很孤独的时候，即使挫折不值一提，他也会很伤心。挫折是每个人在人生中都会遇到的问题，所以只有不断地提升自身的挫折承受力，才能够以乐观积极的态度去面对生活中的困难。接下来就介绍几种提高挫折承受力的方法。

### 1. 用正确的态度去认识和对待挫折

人在遇到挫折时，要先对事情或问题的最终结果作出预估，然后用正确的认知去认识挫折，用正确的态度去对待挫折能够有效地提升人的挫折承受力。因为遇到挫折是人在生活中不可避免的事情，所以在生活、学习和工作中都要有遇到困难的心理准备，这样在遇到挫折的时候才不会惊慌失措，作出失去理智的决定。

挫折给人带来的并不全都是消极影响，适当的挫折能够激发人的斗志和进取心，磨炼人的意志力和忍耐力，成为增长人生见识、丰富人生经历的来源之一。所以面对挫折，我们要认真总结经验教训。如果导致挫折出现的外在因素较多，那么我们就要想办法克服外在的因素；如果是因为自身内在因素导致的挫折，那么就要对自己的能力、任务的目标以及所采用的方法逐一进行分析，用正确的眼光和态度对待挫折才能战胜挫折。

### 2. 客观评价自己

人对于自己的能力和经验应该有明确的认知，这样才能在遇到挫折的时候，不至于产生自卑心理。骄傲会让自己制定出较高的任务目标，如果没有在预期的计划内实现目标，或者是在实现目标的过程中遇到挫折，人很容易因为挫折而产生自卑心理，自卑心理会让人缺乏面对困难的斗志，在困境中消沉下去。所以人要对自己的能力有客观的认识，容易骄傲的人需要多对自身进行反省，也不要在遇到挫折的时候将原因都归结为外部因素。自卑的人不要一味地认为自身能力不足，可以适当考虑将遇到挫折的原因归结为运气、政策等外部因素。

### 3. 恰当地运用心理防御机制

心理防御机制指的是个体在受到挫折的时候，通过采用不同的方式来缓解紧张、焦虑的情绪，平复心情。心理防御机制包括转移、抵消、补偿、合理化、压抑、升华、幽默和投射八种。从某种角度上来说，心理防御机制也属于一种自我保护的本能。运用积极的心理防御机制能够帮助人增强在面对挫折时候的自信心，缓解遇到困难时的焦虑和不安心理。如果人在消极的时候使用了错误的防御机制，就会出现退缩和躲避心理，不愿意面对现实，会影响人长远的发展，也不利于培养坚韧的意志力，因此人需要选用恰当的心理防御机制面对挫折。

## 第四节　意志品质及其培养

意志品质具有自觉性、果断性、坚韧性和自制性。本小节主要针对意志品质的问题展开论述，从小学生、中学生和大学生的角度向读者介绍意志品质的发展，并且提出四种培养意志品质的方法，让读者在培养孩子意志品质的时候能够把握正确的方向。

# 一、意志品质

## 1. 意志品质的自觉性

意志的自觉性指的是人对意志行动的目的有着自己独到且深刻的认知,不会受到其他因素的干扰,能够自觉地支配自己的意志行动,让意志行动服从于活动的目的。具有自觉性意志品质的人具有独立判断、独立决定和独立执行的能力,他们不会轻易地受到外界压力的制约。受暗示性、独断性是和自觉性相反的不良意志品质,容易受到暗示的人很容易被他人影响,独立思考的能力较弱。具有独断性的人通常会一意孤行,他们虽然不会轻易受他人的影响,但是也会忽视别人提出的合理化建议。

## 2. 意志品质的果断性

果断性是人在遇到复杂问题的时候能够迅速、有效地采取措施解决问题的意志品质。这种当机立断是对时机的把握,而不是鲁莽地行事,人会经过仔细观察和深入思考之后再迅速地作出决定。和果断性相反的不良品质有两种,第一种是优柔寡断,这种人在遇到问题的时候不能及时作出决定,很容易错过良好的机会,而导致不良的后果。例如哈姆雷特就是在仇人祷告的时候优柔寡断,才造成了自己的悲剧结局;第二种是鲁莽草率的人,虽然在遇到问题的时候不会犹豫不决,但是他们的行动欠缺思考的过程,意气行事,也很容易导致失败。

## 3. 意志品质的坚韧性

意志品质的坚韧性会在人的毅力和顽强中有所体现,人在意志行动的过程中能够坚持不懈、永不退缩,在遇到困难的时候坚持到底、决不放弃,就具有了意志品质的坚韧性。和坚韧性相反的不良品质是执拗和动摇。执拗的体现就是"钻牛角尖"和"不撞南墙不回头",这种顽固不化、不知变通是意志的不良品质之一;动摇指的是人在遇到困难的时候就会退缩,没有坚持到底的毅力,不管做哪一件事情都是三分钟热度,这样的人也是缺乏坚韧性的。

## 4. 意志品质的自制性

意志品质的自制性一般也被称之为自制力,是人对自己情绪和行为能力的控制。自制力强的人能够很好地控制自己的行为,自制力差的人需要在他人的监督下才能完成相关的任务。和自制性相反的不良品质是怯懦和任性,人在遇到困难的时候没有勇气面对和克服就是怯懦的体现;在快要考试的时候依然要去看电影而不学习就属于任性,这些都是缺乏自制性的体现。

### 拓展阅读

人会为了较为长远的利益而控制自己对需求的冲动,而在这个过程中体现出的就是自制力。心理学家米歇尔曾经做过和儿童自制力相关的实验,依此来预测他们今后在生活和工作上的发展情况。米歇尔将孩子们带到单独的小房间,在他们面前摆上了棉花糖,告诉他们可以现在就吃掉,也可以等研究员回来再吃。如果能够等到研究员回来的话,就会再给他们一颗糖。实验结果是:在研究员回来的时候,只有1/3的孩子额外获得了一颗糖果,因为他们在想方设法地转移注意力，最后抵御住了诱惑。

米歇尔在研究中发现，额外获得一颗糖果的孩子在之后的成长过程中也能运用自制力对行为和情绪进行调控，他们能够抵制外界的多种诱惑，坚持不懈地完成任务。米歇尔认为延迟满足是自制力的重要组成部分。

## 二、意志的发展

### 1. 小学生意志的发展

小学低年级学生的自觉性较差，一般需要家长和教师的监督才能够完成学习任务；中高年级的小学生自觉性有所发展，他们能够根据自己的主动性来完成教师布置的作业，并且能够学会检查和计划自己的活动。

低年级的小学生在处理问题的时候并不具备果断性，虽然中年级开始能够展现出一定的果断性品质，但是在小学阶段，他们处理问题的时候会存在矛盾性，这是制约果断性发展的因素。

小学生的坚韧性一般是依靠教师和家长的教育培养而形成的，体现在上课听讲、完成作业等学习活动中。在三年级的时候由于自觉性得到了发展，坚韧性也会逐渐发展成为他们的意志品质。

一、二年级的小学生自制力较差，在三年级的时候自制力才会萌芽，但是和中学生相比，小学生的自制力还是较差的，他们会受到外界因素的干扰，不能将全部的精力应用于学习。

小学生意志品质发展的总体状况如图8-2所示。

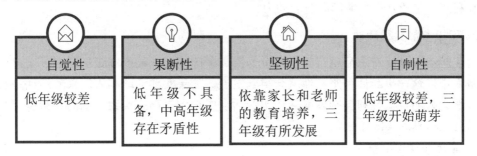

图8-2　小学生意志品质发展

### 2. 中学生意志的发展

中学生意志品质的自觉性和小学阶段相比有了明显的提高。中学生开始要求得到成人的尊重和理解，他们希望能够有自己的私密性，在这个阶段他们能够用自己独到的见解去看待问题，也能够提出自己的意见。

中学生的果断性也有了很大的发展。由于思维的逐渐形成和发展，他们的行动会更加理智，虽然还会因为不成熟的处理方式而产生冲动，但是不会鲁莽和优柔寡断了。

中学生的坚韧性比小学阶段有了更多的发展，主要表现在中学生在进行各种活动的时候，有了更长时间的坚持，并且能够抵御外界更多的干扰。例如他们在快要升学考试的时候能够坚持学习，不受任何娱乐信息的干扰。

和小学生相比，中学生虽然有青春期的冲动性，但是他们能够对自己的行为进行控制，不做不符合社会和学校要求的行为，他们不会将自己的心理状态直接表露出来，所以他们对自己的行为、语言和心情的控制也是他们自制力得到发展的表现。

### 3. 大学生意志的发展

由于大学生所生活的环境是一个小型的社会，所以意志品质都有了整体性的迅速提高，很多大学生都能够树立明确的行为目标，并为这些目标而努力。例如，大学生会在学习过程中知道自己今后是要考研、考公务员还是工作，在树立目标之后就会不断地为之努力。但是从个别的角度上来看，意志品质的发展还是存在不平衡性的，大学生的坚韧性和其他品质相比还是较差的，主要体现在个体的惰性较强，恒心较差，虽然大学生的自制性和果断性有了增强，但是还是很容易受到他人的干扰，所以虽然整体品质有了发展，但是还存在不平衡性。

## 三、意志的培养

### 1. 树立人生奋斗目标

意志行动的最终目标对意志行动能够起到引领和决定的作用，所以树立正确的人生目标可以培养坚强的意志品质。在这个过程中要保证的就是目标一定要正确，只有符合社会发展规律并能够和自身的知识能力相适应的目标，才有利于自身的发展，才能够通过个人的努力得到实现。另外，还要保证人生目标是可以长远发展的，在努力的过程中，可以将这个大目标拆分成为很多小目标，这样才能在意志行动中正确地前进，既能够收获完成目标的胜利感，也能够产生继续向前的动力。

### 2. 积极参加实践活动

实践活动可以让意志品质得到全方位的提高。因为在长期的实践活动中，人可以不断地克服困难，这样果断性和坚韧性就会得到发展。如果实践活动和人的兴趣活动是有相关性的，那么人的自觉性和自制性就会在实践活动中得到提高。实践活动的经验越丰富，人就可以有更深刻的实践体会。

### 3. 重视集体的力量

虽然自觉性的提高需要个人的独立行动，但是从整体上看，集体的力量也可以帮助个体的意志品质有更好的提升。人从集体中收获的关怀和归属感能够帮助个人提升坚韧性，集体责任感和荣誉感也能够让自制力有所提升，集体的支持可以让个人在作出决定的时候更加果敢，有助于果断性的提高。

### 4. 自我培养十分重要

除了他人的评价和影响之外，人对自己言行举止的认知和评价，也能够帮助意志品质整体提高，因为人会按照社会上约定俗成的标准对自己的行为进行评判，然后根据这些标准改掉不良的意志品质，在这个过程中坚韧性和自觉性就会有所体现。因为人在执行一些具有意义但是并不是自己感兴趣的意志行动的时候，就会让自制性和果断性得到提高，所以自我培养也是加强意志品质的重要方式。

### 拓展阅读

春天到了，学校举办的运动会盛况空前，被这种竞争的热情感染的小王决定每天在操场上跑五圈来锻炼身体，在下次的运动会上一鸣惊人。第一天，小王早早起床，到操场上跑步，虽然很辛苦，但是小王通过自己的努力坚持下来了，他很满意自己的行为，觉得坚持一年之后绝对能够在运动会上有所作为。第二天小王早早起了床，但他对到操场上跑步已经没有了新鲜感。第三天，他经过思想斗争之后才起床，开始对跑道产生了恐惧心理，但依然凭借意志力和信念坚持了下来。在第四天的时候，小王终于无法从被窝里爬出来，一想到跑道，他就觉得自己很难受，对跑圈锻炼身体的行为已经产生了恐惧和厌烦心理，最终他放弃了这个计划。

小王计划失败的原因有三个：第一，目标太高，不符合实际，凭借个人能力难以坚持；第二小王缺乏意志品质的坚韧性和克服困难的勇气；第三，小王的自制性不强，离开被窝不是困难的事情，但是小王也没有办法做到。小王的故事启示我们，制订计划要结合现实情况和个人能力，可以在前期将任务难度降低，比如先跑一圈，逐渐增加圈数，这样才能坚持到底，实现目标。

## 课后习题

1. 意志的品质有_____、_____、_____、_____、_____。
2. "鱼与熊掌不可兼得"表现的动机冲突是_____。
3. "富贵不能淫，贫贱不能移，威武不能屈"，它所体现的意志品质是_____。
4. 情感过程对意志过程有着_____和_____的作用。
5. 简述增强挫折承受力的方法。

# 第九章 个性倾向

个性的倾向性包括需要、动机、兴趣、志向和价值观，它一般决定着人想要去追寻什么目标，还决定着人对世界的认知和态度。

## 第一节 需 要

需要是个体对外界的要求，人需要具备一定的条件才能生存。人或者动物为了满足自己的生理需求都是要有对象的，动物和人一样也是有需要的，需要是有对象的，没有对象的需要基本上是不存在的，人的需要是要受到社会制约的，带有一定的社会性。

### 一、需要的概念

人生活在世界上，就需要某种心理机能维持和发展自己的生命，需要是机体内部不平衡的一种状态。需要是个体自身对外界的要求，人需要一定的条件才能赖以生存，就像人饿了就要吃饭一样，一旦缺失条件，人内心就得不到满足，就会对自己缺失的条件产生强烈的欲望和需求，这就是需要的概念。

社会生活是极其复杂的，人总是需要一定的条件才能找到生存的办法，同时还要保持良好的人际关系帮助自己生存和发展，生存和发展是人作为社会成员必须完成的两个任务。人要是想生存就必须具备一定的物质条件，例如食物、金钱等。人要是想发展就需要不断学习、人际交往、劳动和建立各种社会关系。

人和动物还是有区别的，人的需要是要受到社会约束的，带有一定的社会性，但是动物的需要就不需要社会性。人本身除了生理上的需求，还有社会上的需求。

举例来说，人和动物一样，饿的时候都需要食物来维持自己的生命体征，但是动物之间会因为食物相互竞争和追逐，但是人因为要受到社会的制约，就不能像动物一样疯抢食物，即使再饿，都要展示自己的风度和素养，维护社会秩序和治安。

需要还是会不断发展的，因为人一旦满足某种需要的时候，心中的不平衡感就会消失，随之而来的就是新的需要和不被满足，这个时候还会产生新的不平衡感，人就会因为新的需求去追寻新的对象，所以需要可以说是推动个体发展的动力。人的需要也不会一直在同一种水平上，即使是不追求上进的人，也会因为社会的发展变得有上进的需要。例如，现代社会人类基本上都解决了温饱问题，这个已经达到人们的需要，人们开始追求吃得更好些，吃得更营养均衡些，这些都满足之后，人们就开始希望挣更多的钱，让自己的生活变得更加舒适和享受。只要需求是发展的，人们的欲望就难以被满足，只有这样需求才能变成人们奋斗的动力和源泉。

## 二、需要的种类

人的需要是一种缺乏满足的主观感受的心理倾向,这种主观感受是非常复杂的,是一个多维度、多层次的系统结构,所以需从不同角度分析需要的种类。

### 1. 生理需要和社会需要

需要从起源的角度进行分类的话,大致可以分为生理需要和社会需要两大类。

生理需要:不管人处于什么发展阶段,生理需要是人一出生就具有的,主要是因为人生理上的不平衡产生的,一般和人的生命、生存有很大的关联性。例如,睡觉、吃饭等都是最基本的生理需要。生理需要具有周期性,一旦生理需求在一定的时间内没有得到满足,很可能就会失去生命和种族的延续。人和动物都是有生理需要的,但是本质上还是有区别的,人是依靠生产劳动来满足自己的生理需要的,动物是依靠大自然给予的天然资源来满足生理需要的。

社会需要:人产生的需要具有一定的社会性。只有人才拥有社会需要,动物是没有的。社会需要是人在社会发展的过程中以生理需要为基础形成和发展的,所以社会需要对于社会发展和形成具有重要作用。人对知识的渴望、交朋友的需求、获得成就的需求等都是社会需要。这些社会需要维持人在社会的正常生活。社会需要会因为不同时期、不同地域等因素形成不同的特征,所以人类具有的社会性会受到社会历史条件的影响。

### 2. 物质需要和精神需要

需要从需求的对象进行分类的话,大致可以分为物质需要和精神需要两大类。

物质需要:物质需要是人为了维持生存和发展产生的对物质产品的需要,包含对大自然的物质需求和对生活用品的物质需求。假如你需要睡觉,就需要有床或者其他能睡觉的物品。随着社会的不断发展,人们的物质需求越来越多,这就导致物质需求中的产品和方式变得多种多样,越来越复杂。

精神需要:精神需要是人在面对社会文化时对精神的需要。例如,对文化科学知识的需要或者发现美和欣赏美的需要。精神需要主要是智力、道德、交流和审美等方面的产物,是人类发展历史上最早的产物,人的精神需要在人的机体中占有很重要的位置。精神需要也会随着社会的不断进步和发展变得更加丰富和广泛。

### 3. 直接需要和间接需要

直接需要:直接需要就是比较具体的需要,一般以一种直接的方式满足人的欲望和需要,所以直接需要具有即时性。

间接需要:间接需要一般是以抽象和不容易被理解的形式出现,大多是理想和志向的产物,只有当人发展到一定水平的时候才会拥有间接需要。间接需要和直接需要是有关联的,多种直接需要联合到一起共同组成间接需要,所有间接需要具有延迟性。

## 三、需要层次理论

需要层次理论是马斯洛提出的。马斯洛最初主张行为理论,后期变成人本主义,他认为人的动机有两种，一种是欠缺的动机，另一种是发展的动机。每一种动机中都会产生不同的需要。需要层次理论的主要内容如下。

### 1. 基本的需要

人类一般有七种基本需要，这七种需要之间相互关联、相互依存，是根据一个层次组建起来的系统。

生理需要：在需要的种类划分上已经对生理需要进行了详细介绍。补充一点，生理需要是其他需要的基础，因为生理需要关乎人的生存，所以是人类最重要的需要。

安全需要：人在遭遇威胁的时候就会产生安全需要，希望得到保护和免受威胁。最常见的安全需要有人身安全、财产安全等。

归属与爱的需要：归属需要是希望在群体或者集团中获得归属感；爱的需要是希望自己和其他人之间能和谐相处，关系融洽，相互友爱，这两种需要都属于社会需要。

尊重的需要：在前三种需要都得到满足的时候才会产生尊重的需要，尊重需要是渴望别人能信任、理解和尊重自己的需要。为什么需要被尊重？原因就是人认为自己之所以受到别人尊重，是因为实现了自我价值，是别人对你认可的肯定评价，假如人们得到尊重的需要，那么这个人就会信心十足，对生活充满热情和激情。

求知的需要：求知需要是人们对外界事物的探索，希望在求知的需求下，满足自己对知识的渴望，假如求知需要受到一定限制，那么其他需要也会受到一定的影响。

审美的需要：审美需要就是喜欢追求结构比较完美的事物，包括对称、秩序整齐以及行为完美。审美需要与其他需要之间存在密切的关联。

自我实现的需要：这种需要是一种挖掘自身潜力用来实现自己的理想的需求，这种需要要求个体充分发挥自己的潜能。自我实现需要是最高级别的需要。

### 2. 需要的顺序

马斯洛提出的需要层次理论就是在说明需要具有层次性，是按照高低等级进行划分的，其中生理需要、安全需要、归属与爱的需要和尊重的需要属于低层次的需要，而求知的需要、审美的需要、自我实现的需要属于高层次的需要。低层次的需要可以通过外部条件来得到满足，但是高层次的需要，满足的条件比较复杂。

### 3. 需要的发展

七种需要是一个三角形的结构层次，从上到下越来越宽，人的需要也就越容易被满足。相反，越往上的需要所占比重就越小，越难以实现。高层次的自我实现需要会受到很多因素的限制和制约，所以是七种需要中最难满足的。

## 四、需要的发展及培养

需要会伴随个体的一生，无论是处在什么阶段的人都需要满足自己的欲望。人处在不同阶段的时候，生存条件和发展要求是不同的，需要的内容也是不同的，上述已介绍需求的种类共有七种，分别是生理需要、安全需要、归属与爱的需要、尊重的需要、求知的需要、审美的需要和自我实现的需要，七种不同类型的需要贯穿于个体的不同时期。

### 1. 个体处于学龄前阶段

个体在学龄前阶段的时候，具有生理需要、安全需要、归属与爱的需要、尊重需要和审美需要，个体需要此时还是通过教师或者家长给予的。家长开始让孩子自己动手吃饭、自己穿衣服等来满足生理需要，家长和教师在一旁进行指导，帮助孩子通过自身培养需要。

### 2. 个体步入小学阶段

学龄前阶段完成后，开始步入小学阶段，这个时候婴幼儿时期的基本需要都能自己满足，小学生开始按照需要的层次由低到高不断发展，但是发展水平不是统一的，会有主要需求和次要需求的区分，小学中的不同年级都有相对应的需要，并且不同年级会有需求上的倾向性。

### 3. 个体进入中学阶段

进入中学阶段，此时学生的知识水平和心理水平都相对之前有所提高，所以需要越来越多。除了生理需要以外，安全需要、归属与爱的需要、尊重的需要、求知的需要、审美的需要和自我实现的需要都成为该阶段中的主要需要，学生可以通过获取知识的方式或者生活实践培养和满足需要。

### 4. 个体进入大学阶段

当学生进入大学生活的时候会发现生活环境发生了很大的变化，人际关系和专业知识都变得相对复杂起来，此时需要的内容就会变得更加丰富，发展的层次也变得更高。基本需要已经很难满足大学生的欲望，他们还产生了爱情需要等。需要是与生活环境相呼应的，也要结合个人要求调整自己的需要，以便能适应社会的发展。

## 第二节 动 机

需要是产生动机的基础，动机理论的内容就是动机和需要之间关系的理论。生活和社会中遇到困难的时候，需要培养良好的动机帮助我们消除障碍。

### 一、动机概述

动机是人的需要产生以后就要通过某种行为活动去满足需要。举例来说，当我们需要别人喜欢自己的时候，就做出让对方喜欢的事或者行为；或者尊重别人，让对方喜欢自己，满足自己的心理需求，这个过程就是动机。也就是当人意识到自己有需要的时候，就会想办法寻找满足需要的方法，即为动机。

需要是产生动机的基础，是激发个体向着目标努力前进的动力。动机具有一定特点，以下是对动机特点进行的总结，如图 9-1 所示。

图 9-1 动机的特点

1. 原发性

人要是想进行某种行为活动就一定会有什么原因,而这种原因就是产生某种行动的动机,总体来说就是人产生行动之前是有一定动机的,反过来说动机是行为活动的出发点。

2. 隐蔽性

动机是一个人的心理活动,而且行为和动机之间也是相互关联的,所以人在产生动机的时候往往是不会被察觉到的,这就是动机的隐蔽性。

3. 活动性

活动性指的是动机和行为活动是分不开的,有动机就会有行动,有行动就有动机。

动机是行为活动的出发点,也就是行为在动机中起着很重要的作用。动机还具有以下几种功能。

1) 激活功能

动机能激发个体产生某种活动,当个体接收到与动机相关的刺激时会产生一定的反应,然后个体就会借助刺激去做出某些行为。例如,学生知道学习的意义后,开始努力学习,这个过程就体现出动机具有激活功能。

2) 指引功能

动机和需要之间是有区别的,需要是因为缺乏某种主观追求,而这种主观追求是没有明确目标的,但是动机是不同的,它是依靠明确目标进行指引的,所以当需要受到明确目标指引的时候就会变成动机。

3) 维持和加强功能

动机不仅可以指引个体向着明确的目标前进,还能控制活动的强度。当我们实现目标的时候,动机就会停止;如果没有实现目标的话,动机就会促进个体加强行为活动。动机的不同性质和强度会影响对活动的刺激。

## 二、动机理论

动机理论主要讲述的是动机和需要之间的关系。动机主要是人将内心的想法激发出来,不断地追求实现目标。动机的产生是建立在需要的基础上的,有时候需要也能转化成动机。动机理论可以从以下几个方面进行了解。

1. 动机与需要、诱因的关系

需要和诱因是动机产生的两个基本条件,以诱因和需要为基础形成动机,一个属于外在条件,一个属于内在条件。

需要是动机的内在条件,当人意识到自己有需要的时候,就会寻找能够满足需要的对象,此时的需要就被转化成动机。举例来说,当你产生饥饿感的时候就想要寻找食物,此时饥饿的需要就要食物来满足,饥饿的需要也会变成寻找食物的动机。需要和行为的强度也有一定的相关性,越是想要,行为动力就会越强。

诱因是动机的外在条件,主要是个体在外界受到的刺激。比如,学生会因为受到奖赏,开始发奋图强、努力学习;相反,受到批评的时候就会丧失学习的动力。或者教师给予的奖励是学生喜欢的事物，学生也会对学习产生浓厚的兴趣；相反，如果奖品是学生已经拥有的物品，学生学习的动力就不会那么强。总体来说，奖励的物品和对物品的喜爱程度就是刺激学生产生行为的诱因，在诱因的促使下学生产生学习的动力。

需要和诱因之间是有关联的，需要是用来支配个体产生动机的内部因素，诱因是与需要有关的刺激作用于个体后，让个体产生动机的一种外部因素。

### 2. 动机与行为和效果的关系

其实，动机和行为之间是有关联的，但不是一一对应的关系，它们之间的关系相对比较复杂。

首先，同一个行为会源自不同的动机。例如，人们参加工作这件事，有的人是为了挣钱、有的人是想体验生活、有的人是想学习社会经验。每个人的动机是不同的，但是并不影响他们做出同一种行为。

其次，相同或者类似的动机会产生不同的行为。例如，同是上班工作，有的人喜欢同事之间协同办公、有的人喜欢自己独立工作。

最后，在同一个人身上，行为和动机也可能是不一致的，有的人喜欢将动机放在主导位置，这就是主导性动机；有的人喜欢将动机放在从属位置，这就是从属性动机。

人与人之间动机存在很大的差异性，从而形成不同的动机；人不只是由一个动机支配的，还是由多种动机共同促进的。

动机和行为不是一一对应的，大多数情况下，动机和效果是统一的，两者之间成正比关系，好的动机就会产生好的效果。反之，坏的动机就会产生坏的效果。但是行为和动机之间不是绝对的统一，"好心办错事"验证了这一道理。行为效果确实是由动机决定的，但是行为效果还会受诸多其他因素影响，这都会导致最终的效果没有按照最初的动机获得。

### 3. 动机强度与工作效率

动机强度和工作效率之间的关系看似是成正比关系，动机强度越高，工作效率也会越高。相反，动机强度越低，工作效率也会越低。其实不是这样的，它们之间的关系并不是线性关系，而是一种 U 形的曲线关系，动机强度越高反而会对工作效率起到阻碍作用。例如学习动机越强的话，内心就会越想成功，心里会出现不同程度的焦虑和紧张，从而导致学习效率变低。

## 三、良好动机的培养

良好的动机才能帮助我们顺利进行某种活动。具有良好的动机，学习和工作上才能保证最后的结果是完美的，是符合自己内心想法的，当自己在生活和社会中遇到困难的时候才能有毅力和信心摆脱消极心态。那么如何培养良好的动机？

### 1. 确定目标

要有崇高远大的志向，明确自己奋斗的目标。为了实现自己的目标和志向，要保证自己的学习态度是端正的，有扎实的知识基础，在目标和志向面前产生动机，在动机的作用下，执行动作。学习动机对理想的实现有重要作用，学习动机的产生是需要掌握知识和技能的，再通过大量的实践活动实现自己的志向。

### 2. 保持好奇

好奇心是人们探索未知世界的一种心理，是一种求知欲的体现。当学生保持强烈的好奇心和求知欲的时候才能产生学习的动机。好奇心的产生还会帮助学生克服在学习中遇到的困难和障碍，促使学生挖掘问题最深处的含义。世界本身就充满奥秘，需要我们学习和了解的地方太多，正是因为好奇心，才能增加学生学习的动力。

### 3. 培养兴趣

兴趣的产生能帮助个体强化动机。当对一件事物产生强烈的兴趣时，就会全身心地投入其中，这就是为什么经常有人会说"兴趣是最好的老师"，只有在自己喜欢的事物面前才能产生持久的动机。所以教师和家长也要重视孩子的兴趣培养，为孩子的兴趣创造良好的条件，动机自然也会产生。

### 4. 与人竞争

没有压力就没有动力，与人竞争的过程就是在给自己施加压力。无论是学习还是工作，都需要给自己适当的压力，要不人的惰性会阻止人前进的脚步和心态。对于学生而言压力可以来自内部，也可以是其他学生。工作中，可以自己给自己施加压力，也可以由领导施加压力。施加压力的作用是营造一种追赶的氛围，在这种氛围中激起强烈的动机，但是只限于团队中的良性竞争，不允许有其他歪心思的存在。

## 第三节 兴趣、志向和价值观

### 一、兴趣

兴趣是认识事物或者从事某种工作的心理目标，也是推动工作和认识事物的动机，我们认识世界和对世界的探索都需要以兴趣为基础。兴趣使人产生积极热情的心态面对或者完成某件事，兴趣有助于提高工作或者学习效率。

兴趣的种类也是多种多样的，每个人的兴趣类型都是不同的，感兴趣的事物也会不同。大致可以将兴趣分为三类。

#### 1. 物质兴趣和精神兴趣

物质兴趣指的是人们生活中的物质，例如吃、穿、住、行等方面的追求；精神兴趣指的是对知识、学习或者艺术和精神的追求。对于不同阶段的学生来说，在人生观和世界观还没有形成的时候，物质兴趣和精神兴趣都需要进行积极引导，防止学生产生不良的兴趣。

#### 2. 直接兴趣和间接兴趣

直接兴趣就是对活动的兴趣，学生们会在活动过程中发挥自己的想象力和创造力制作感兴趣的事物，对活动表现出强烈的兴趣；间接兴趣是对活动的结果产生兴趣，也就是自己每进行一项活动，都会对自己取得的成果产生非常高的兴趣。直接兴趣和间接兴趣之间是相互促进的关系，以直接兴趣为基础，才会对活动的整个过程产生强烈的兴趣和爱好，也就能将这种活动坚持下去。学生在进行实践活动的时候需要将直接兴趣与间接兴趣相结合，才能够将自己的创造性充分发挥出来。

### 3．个人兴趣和社会兴趣

个人兴趣指的是个体对事物或者活动等产生积极的、具有指向性的情绪和态度；社会兴趣指的是社会成员对社会某一领域中的事物或者活动产生一定的兴趣爱好，或者是这一社会领域对社会成员的普遍要求。

兴趣对一个人个性的形成和发展，还有生活和活动都具有重要作用。兴趣具有四种特性，分别是兴趣的倾向性、兴趣的广度、兴趣的稳定性和兴趣的效能。

## 二、志向

志向是人们奋斗的目标，是我们对未来的计划和想象。每个人都会根据自己的价值观、人生观和世界观产生不同的志向。有的人志向远大而有意义，有的人志向符合自己的实际情况。志向能体现在学习和工作上，选择符合自己需求和社会要求的目标，利用自己的知识和技能实现自己的志向。志向的存在可使我们变得更加努力，执行能力也变强。远大的志向会帮助我们成功。

志向的树立也要满足自身条件，假如志向设置得太过远大，不利于执行能力的产生，还会使自己丧失信心，失去斗志。不是任何想象都是志向的化身，志向不是幻想。志向有几点特征，用来区分幻想和空想，如图9-2所示。

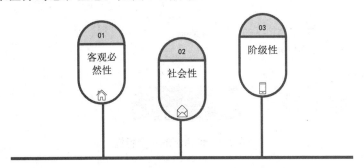

图 9-2　志向的特征

### 1．客观必然性

志向是客观必然的存在，将自己当作一个理想的人然后制定符合自己的志向，用来反映客观必然的实际问题，事实和未来之间有一定的联系和影响，志向只有在经过不断努力之后，才能从理想变成现实。

### 2．社会性

在不同的成长阶段，人产生的志向是不同的。比如小的时候，认知意识还不是很强，当别人问及你以后想做什么？一般情况下都是科学家或者音乐家，其实当时对科学家还有音乐家的概念都不是很了解，只是在电视中或者听别人说起来的，对人物的形象没有明确的认知。随着年龄的增长和知识、阅历的丰富，自己的志向越来越趋向于社会性，按照社会的需求进行志向的确定。

### 3. 阶级性

根据现代社会的发展，会产生不同的社会阶级和地位，这个时候人们的利益和想法也就会产生巨大的差异，人们追求的目标也就开始发生不同的变化，所以不同社会阶层的人产生的志向也是不相同的，这是由个人的利益和社会地位所决定的。

## 三、价值观

价值观指的是个体从意义、作用、效果和重要性等方面，对人、事物、行为进行评价，也就是总体看法是什么样的。正确的价值观指引我们产生正确的决定或者行为，帮助我们知道什么是对的；什么是错的，能明辨是非。价值观决定、调节、制约人们的需要和动机，成为人们的标杆和原则。需要是价值观的基础，会影响和调节人的需求活动。价值观会对一个人的态度和行为产生重要的决定性作用。人生的"三观"分别是价值观、人生观和世界观，而价值观受制于其他两个观念。

一个人在出生之后就已经具备了学习能力，所以他的价值观也会在家庭和社会的影响下慢慢形成。不同的人会拥有属于不同的价值观，在价值观的影响下人的行为和态度也会各个不相同。价值观具有三个特性，如图9-3所示。

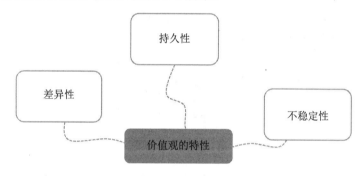

图9-3 价值观的三个特性

### 1. 差异性

因为每个人的心理特征、生活环境、接受的教育等都是不同的，人们的先天条件和后天环境都会对价值观产生一定的影响，所以就会产生不同的观念和想法。每个人都有自己的价值观和价值体系去评价一个人或者一件事情的好坏。即使在同等的客观环境下，也会产生不同的价值观，因为价值观不同，行为和态度也会不同。

### 2. 持久性

价值观反映的是个体内心深处的思想认识，它还会制约着人生观和世界观的形成。随着人们不断地接触社会，自我认知能力也开始提高，还会随着环境和教育的影响改变自己的价值观，但是只要人的价值观形成，就具有持久性。

### 3. 不稳定性

周围的生活环境和教育环境发生变化，价值观就会体现出它的不稳定性。价值观可以影响和调节人的行为方式，是一个人的基本思想观念和生活方向，对动机具有导向性，价值观会支配和制约人的动机和行为。价值观不同的人其动机和行为方式也是不同的，目标和方向也会受到价值观的支配和影响。

## 四、兴趣、志向和价值观的培养

### (一)兴趣的培养

"萝卜白菜，各有所爱"，正说明每个人的兴趣爱好都是不同的。在现实生活中，兴趣的存在能帮助我们明确自己的目标，也会在兴趣的陪伴下坚持，克服过程中遇到的困难和挫折，以便取得成就。所以我们要培养良好的兴趣，如图9-4所示。

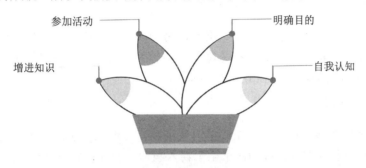

图 9-4　培养良好的兴趣

#### 1．增进知识

知识是产生兴趣的前提，发展某种兴趣爱好就需要利用该类事物的知识。比如你对音乐感兴趣，就需要了解五线谱、音乐符号等，这样才能将自己的兴趣爱好充分地发挥出来。知识越丰富的人，其兴趣爱好也越广泛，因为知识是兴趣培养的基础。

#### 2．参加活动

积极参加活动可以培养直接兴趣。教师的教育教学内容中添加丰富有趣的活动可以激发学生对学习产生浓厚的兴趣，可以帮助学生了解知识的含义和基本原理。幼儿园一般就很重视让幼儿参加集体活动，这是为了让他们更好地体验社会角色，锻炼他们的动手能力和思考能力，帮助他们健康快乐地成长。

#### 3．明确目的

明确活动的目的和意义、培养间接兴趣是希望在活动过程中能保持持续性和稳定性，不会在遇到困难的时候轻易改变自己的想法和观念，即使过程是枯燥乏味的都不会改变自己对最终目标的追求。

#### 4．自我认知

要对自己有一个正确的认知，知道自己的优势和不足分别是什么，因为个体之间存在差异性，需要根据自身条件选择适合自己的兴趣爱好，这样才能将自己的兴趣爱好发挥到极致。

## (二)志向的培养

对于学生来说,理想和志向是最为重要的,只有意识到学习的意义,才能确定自己的志向。志向会帮助学生培养学习兴趣,对学习产生动机。那么如何培养学生的志向呢?

### 1. 榜样

学生在成长的阶段需要榜样作为自己的目标,让学生和自己的榜样进行对照,知道榜样的成就和品质都是什么,让学生对榜样人物进行模仿,也可以按照自己的榜样确定相关的志向,开始向着自己的目标前进。

### 2. 梦想

可以将自己的梦想当作志向,开始不断地努力。学习知识是为了离自己的梦想更进一步,梦想是需要付诸实际行动的,不是每天的幻想就能成功的,梦想是帮助自己实现志向的动力,在动力作用下才会产生相应的行为动作。

## (三)价值观的培养

正确的价值观能指引我们走上正确的人生道路,在追求理想的时候,良好的价值观能够帮助我们摆正自己的态度和行为,不至于误入歧途。所以需要培养正确的价值观。

### 1. 阅读

阅读在帮助我们拓宽视野的同时,还可以帮助我们树立正确的价值观,多看书,获取一些正能量,书中积极向上的价值观值得我们借鉴。

### 2. 交流

多与别人进行交流,观察别人的价值观有没有值得借鉴的地方,当自己的价值观出现问题的时候就能纠正。

### 3. 实践

有时间的话可以多出去看看外边的大千世界,开阔自己的眼界,不要让周围固有的环境和氛围影响你的价值观。

# 课 后 习 题

1. 从不同的角度进行分类,需要的种类有_____、_____、_____。
2. 动机具有_____、_____、_____的特点。
3. 兴趣可以分为三大类,分别是_____、_____、_____。
4. 价值观具备的特性是_____、_____、_____。
5. 简述如何培养良好的学习动机。

# 第十章 气 质

## 第一节 气 质 概 述

### 一、气质的概念和特征

为什么在有些书籍和电影中，人物形象总是能给读者或者观众留下深刻的印象？主要是作家和导演在进行人物刻画的时候，将人物的气质拿捏得恰到好处。在日常生活中，我们会遇到各种各样、形形色色的人，他们的性格和做事风格都是不相同的，比如有的人喜欢广交朋友、有的人沉默寡言。这些不同都是根据人的气质不同表现出来的。

什么是气质？气质就是个体的心理活动表现出来的动力特征，此时的心理活动是稳定的、典型的。换句话说，也可以是心理活动在灵活性、强度、速度、指向性等多方面的综合特征。心理活动中的速度指的是知觉速度；灵活性指的是思维的灵敏程度，集中注意力的时间；强度指的是情绪和意志的程度；指向性指的是个体心理活动是倾向于外界还是自己的内心。

气质会影响一个人的心理活动，使整个人的心理活动都带有自己独特的特性，与其他心理特征进行比较可以发现，气质具有稳定性。气质就是人的禀性和特点，但是气质不是一直不变的，也会受到生活和教育的影响，只是这种变化会被掩盖，是缓慢进行的，可是就算改变，稳定性依然是主要的。

气质的心理结构是极其复杂的，是由多种心理特征共同构成的。气质的心理特征有以下几种。

#### 1. 感受性

感受性，个体会感受到外部的刺激，这就是感受能力，主要是通过大脑上的神经系统感受外界刺激强度的表现。

#### 2. 耐受性

耐受性主要是个体接受外界刺激的时候所表现出的承受能力，一般就是面对重大灾害时，内心对这件事的承受强度，这也是神经系统强度的特征表现。

#### 3. 反应敏捷性

反应敏捷性是对一件事情心理反应和心理过程的速度，其中心理过程的速度指的是记忆力的快慢或者思维能力的敏捷程度等，这是神经系统对一件事反应的灵活性的表现。

#### 4. 可塑性

个体对外界环境的刺激进行自我调节，用来适应外界环境，可塑性就是适应环境的难易程度的表现，这一特征和灵活性有密切联系。

## 5. 情绪兴奋性

情绪兴奋性主要是情绪兴奋的强弱和情绪表现出来的程度。这一特征和大脑神经过程的强度有关，也和大脑神经过程的平衡性相关。

## 6. 倾向性

内心活动、言语和动作反应是倾向于外部还是内部，这一特征主要和大脑神经过程和情绪兴奋性的强度相关，外向是情绪兴奋性高，内向是情绪兴奋性低，因此倾向性对情绪兴奋性起促进作用的为外向，对情绪兴奋性起抑制作用的为内向。

## 二、气质的类型

气质是由许多心理特征构成的，不同心理活动的特征任意结合就会形成不同的气质。按照希波克拉底体液说的方式对气质进行分类，如图10-1所示。

图 10-1 气质的类型

### 1. 多血质

多血质类型的人是活泼开朗的，反应能力比较强，思维的灵敏度高，动作灵活性也高，但是这类人反映出来的行为就是不喜欢追问问题，注意力不集中，偶尔还会情绪化，容易将表情摆在表面，不会隐藏自己的内心情绪，环境适应能力比较强，擅长人际交往，喜欢交朋友，善言谈，处事风格大方但不细心，属于外向型气质。

### 2. 胆汁质

胆汁质类型的人精力比较旺盛，同多血质的人一样反应能力强，智商相对较高，性格坦诚直率，不是拐弯抹角之人，行为和想法基本保持一致，情绪方面容易冲动，韧性强，也比较果敢，面对困难的时候有顽强的拼搏力。但是对事情或者人会缺乏耐心，性子比较急，此类气质的人整个内心活动是会随时变化的，也是外向型气质。

### 3. 黏液质

黏液质类型的人性格比较安静，做事沉稳，基本上喜欢独处和沉思，反应力和思维力不如胆汁质和多血质的人敏捷、灵活。这类气质的人还比较沉闷，思想古板，不擅长人际交往，也不会处理人际交往中出现的问题。面对新环境、新工作的时候适应能力弱，可是他们不容易将自己的情绪展示出来，喜怒哀乐都藏在自己的心里，对人和事物有很强的耐心，性格执拗，属于内向型气质。

#### 4．抑郁质

抑郁质类型的人思维敏感，做事稳重，但是他们胆小怕事，性格比较孤僻，比黏液质的人群更加不擅长人际交往和处理事情，喜欢独来独往，不喜欢和别人交流思想和观念，情绪也不易显露，遇到困难的时候喜欢逃避，缩手缩脚。这类气质的人比较敏感，想的事情也比较多，总是会关注别人注意不到的事情，行动力和执行力慢，属于内向型气质。

## 第二节　气质对个性心理和实践的影响

气质对个性心理和实践的影响指的是气质对能力的影响、气质对职业活动的影响、气质对心理健康的影响和气质对自我教育的影响。气质在这四方面的影响效果是不同的，进而影响人的行为方式，但是对活动结果起不到决定性的作用。

### 一、气质对能力的影响

气质对能力的影响主要体现在智力活动和运动能力上，一个与大脑相关，一个与四肢相关。

#### 1．气质与智力活动

人的一生基本上都需要不断学习，这样才能提升自我能力，学习恰好是一项认知能力比较强的智力活动。气质并不会决定一个人智力发展水平的高低和成就的大小，但是气质会对智力能力产生一定的影响。有心理学家还通过实验进一步证明气质对智力能力的特点和方式有影响。

从本质上说，因为不同类型的气质就会有不同的智力能力，所以间接就会导致气质与能力之间有关联。不同类型的气质在学习能力上的表现也是不同的，有的人思维灵活，精力充沛，可是注意力不集中，很难在一种事物上花费很长时间；有的人动作缓慢，总是感到疲倦，智力能力和学习能力也会受到影响，但是他的其他能力会对智力和学习能力进行补充，所以也并不妨碍这种气质的人成绩优秀。

不同的气质会对人的学业产生一定的影响，尤其是气质中的思维能力、注意力、情绪化和执行力，但是研究的对象只是针对中小学时期的学生，至于大学生还没有相关研究表明气质会对学习成绩产生影响。

#### 2．气质与运动能力

气质与能力性质不同，但是两者之间会相互影响。不同气质类型的人具有不同的特点，有些气质会促进某种能力的形成和发展，但是有些气质会抑制某种能力的形成和发展，像优秀的运动员一定是在运动能力上比普通人突出，他们也会根据运动项目的内容不同产生不同的气质。例如，短跑或者跳高的项目更适合胆汁质的气质人群，因为他们精力比较旺盛，爆发力也比较强；喜欢球类项目的人群以多血质和胆汁质气质为主；黏液质气质的人更适合长跑或者攀岩，因为耐力比较强。

## 二、气质对职业活动的影响

人的行为方式会受到气质的影响，但是对行为方式最终产生的活动结果起不到决定性作用，不过会对职业活动产生影响(见图10-2)，比如，好的气质可以帮助大学生在毕业之后找到一份自己满意的工作和岗位，也可以帮助大学生掩饰自己原本的兴趣。

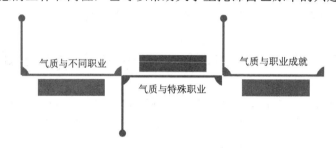

图 10-2　气质对职业活动的影响

### 1. 气质与不同职业

现如今，许多公司抓紧大数据潮流开始布局新兴产业，更多的职业进入人们的视野。而每个岗位对从业人员的要求是不同的，有的要求从业人员具有坚强的气质；有的要求从业人员沉着冷静、知识和技能都兼具的气质。不同职业对不同人员的气质要求不同，不同的气质适合不同的从业人员。

有些职业适合反应能力强、速度快的人员，这类工作更适合多血质和胆汁质的人；对于需要持久性和耐心的工作大多数适合黏液质人群；抑郁质的人群更适合注重细节和敏锐的工作。各种类型的气质对学习和工作都不会有太大的影响，因为气质具有互补性，也就是说，无论是哪种气质，都既有其长，又有其短，正好可以互补，弥补各自的缺陷。

### 2. 气质与特殊职业

气质对于一般职业来说，不会产生太大的影响，但是有一些特殊职业(如运动员职业)，这些职业要求从业人员进行气质测定。因为特殊职业对于人员的气质要求比较严格，不像一般职业对气质的要求。换句话说，正是因为职业具有专一性，也正好需要专一气质的人员。某些特殊职业的人员经过气质测评之后，还要进行严格的专业训练才能胜任这一职位。

### 3. 气质与职业成就

对于一般气质来说，气质并不会决定人在某种职业中的成就，在同一个职业领域，会有不同气质的人。同样，在不同领域的优秀人员中，也可以找到同一气质类型的人员。任何一种气质的人都可以在自己的职业中发挥作用。

## 三、气质对心理健康的影响

气质不仅仅会影响一个人的行为方式，还会对人的心理健康产生一定的影响。其实，气质并没有好坏之分，因为每一种气质都有好的一面，也有坏的一面，所以不同气质之间没有办法进行优劣比较。

气质虽然没有好坏之分，但是不同的气质会对人的心理健康产生有益或者有害的影响，像多血质的人情绪比较丰富，擅长处理人际交往中的问题。对不同气质进行比较的话可以得出，胆汁质和抑郁质的人或者两种气质结合的人，在不良的环境下适应能力不强，容易造成心理上的问题，从而影响自己的工作和学习。下面从神经系统和生活工作两个方面说明气质对心理健康的影响。

首先，从神经系统方面来看，不同气质对人的心理和生理健康还是会有不同影响的。有时候神经系统比较弱的人，接受外界刺激的能力比较低，对事情的反应比较敏感，很容易在不良环境的刺激下造成心理阴影或者心理障碍，导致精神上的崩溃或者持续在坏的心境中走不出来，心情持续郁闷。这种气质的人生理的不健康体现在肠胃功能上，心理上也有可能抑郁。

对神经系统强，但是各个方面不均衡的人来说，受不良环境的影响，做事情容易冲动，精力比较旺盛，很容易将自己的情绪表达出来。在紧张和压力的状态下，该类人的心血管方面不是很健康。情绪容易受到外界刺激而兴奋和激动，这个时候心脏和血管会受到一定的压迫，造成生理上的不健康。该类人应该学会改善自己的气质，用自己的长处弥补自己的短处，起到均衡的作用，达到自己心理上的健康。

其次，不同气质的人在生活和工作中的表现都是不相同的，还有就是对事情产生的态度和反应也都是不同的。学生之间也要摸索出对方的气质是属于哪种类型的，方便彼此之间和睦相处，有助于人际关系的完善，使自己有健康的心理。在知道彼此的气质之后，更能了解对方的脾气和性格，自然也就会互相理解和宽容。毕竟人和人是不一样的，知道面对不同的人该保持何种处事态度和风格，可以减少因为人际关系造成的心理障碍。

## 四、气质对自我教育的影响

下面以大学生为例，介绍气质与自我教育之间的影响，可以根据大学生的气质类型，了解气质类型与教育之间的关系，如图10-3所示。

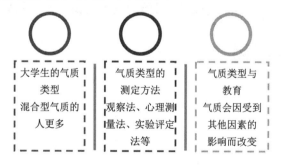

图10-3　气质对自我教育的影响

### 1. 大学生的气质类型

大学生正好处于社会和学校的中间位置，属于特殊群体。根据研究显示，大学生中混合型气质的人群比单一型气质的人群要多一些。一般情况下单一型气质中多血质的人偏多，黏液质的人偏少。混合型气质中理工科和文科的学生就会存在不同类型的气质。

### 2. 了解气质类型的测定方法

大学生需要了解自己的气质，自我意识比较强的学生能清楚地知道自己的气质属于哪种类型，对于不了解或者了解模糊的学生就需要对自己的气质进行测定，只有明确知道自己的气质所属的类型，才能扬长避短，更好地和周围的人相处和交流。

常用的测定方法有观察法、心理测量法、实验评定法、谈话法，或者运用气质测量表来进一步了解自己的气质类型。气质测量表中比较有名的包括我国张拓基和陈会昌气质测量表和瑟斯顿气质测量表。

### 3. 气质类型与教育

气质类型基本上先天已经形成，但是也会受到其他因素或者重大刺激的影响，导致气质类型改变。比如长期的生活环境和接受的教育都可以改变一个人的气质。大学生要比其他阶段的学生具有较高的文化素养，能够清楚地知道自己气质中的优点和缺点，重视自己的气质与各方面的关系，也可以根据自己的专业培养不同的气质。

多血质的学生学习兴趣比较广泛，但是注意力经常不集中，这就需要在学习的时候培养自己的专一性，改正自由散漫和不专一的缺点。学会将自己气质中的缺点隐藏起来，发挥自己的优势，让别人看到自己好的一面，不足的地方可以进行优化，使自己的行为规范和心理满足社会要求。

作为大学生要清楚地知道自己的气质类型，用客观的眼光看待自己的气质，面对不同的环境时，对自己的气质进行不断的调节，从而适应环境。

## 课后习题

1. 气质就是_____表现出来的动力特征。
2. 气质的类型分为_____、_____、_____、_____。
3. 气质对能力的影响主要体现在_____、_____两个方面。
4. 活泼开朗的人，反应能力比较强，思维的灵敏度高，动作灵活性也高，属于_____气质类型。
5. 简述抑郁质气质类型的特点。

# 第十一章 性　　格

性格是个体依据态度反映出来的行为方式，性格的结构特征大致可分为态度特征、意志特征、情绪特征和理智特征四种，每一种性格特征都可以表明个体对一件事的态度和行为。对人的性格进行评测的目的是对自己的性格能够有更清楚的认知。

## 第一节　性　格　概　述

性格是以态度为基础反映出来的行为方式，具有很强的社会性。气质会影响性格的形成和表现，反过来性格也会影响气质。为了更好地了解性格，需要将性格分开从不同特征着手。由于各种因素的影响，会产生各种各样的性格类型。

### 一、性格的概念

性格反映的是对社会现实的态度，或者以这种态度为基础反映出来的行为方式，是由社会和人共同形成的，所以性格具有很强的社会性。性格虽然会反映态度，但是两者的定义内容还是不同的。当人遇到困难的时候，有的人选择逃避，有的人选择迎难而上，这就是不同人的性格造成的。

态度反映的是人对人、事物或者思想等表现出来的倾向性，主要由情感、认知和行为三种成分构成，一般情况下是后天生活中形成的。态度反映的是一种倾向性，但是性格反映的是态度。一个人对现实生活的态度，主要表现他在生活中喜欢什么，拒绝什么，并对喜欢和不喜欢的事物做出了什么。一个人对事物做了什么就是一种行为方式，所以一个人对生活的态度决定了他的行为方式，但是习惯了的行为方式又反映出他的态度，例如你几乎每天出门的时候都会和父母打招呼或者拥抱，这说明你对父母的态度是喜欢和爱。

有时候人们总是将性格和人格混淆，或者是用一个代替另一个，其实性格包含两种要素，分别是稳定的态度和习惯性的行为方式。性格的构造和形成相对比较复杂，但是只要有这两种要素基本上就可以看出一个人的性格特征。按照要素来说，性格具有稳定性，但是态度和行为是不稳定的，也许你今天喜欢的事物，但是明天也许就不喜欢了。

性格是人和社会的产物，一旦形成就会比较稳定，但是性格稳定性不是一直不变的，准确来说是可塑的。一个人的性格是在社会生活中形成的，很有可能会因为重大的灾难或者环境变化导致人的性格发生变化。

性格和气质之间也是相互作用、相互制约的，两者之间有密切联系。一方面，气质会影响性格的形成和表现，一个人性格的特征和表现都会带有自己的气质特点。另一方面，性格也会影响气质，人常常会因适应社会而掩饰自己的气质，也就是学会控制自己，这样的情况下就会使自己的气质改变，性格也就开始重新被塑造。

## 二、性格的结构特征

为了更好地了解性格，需要将性格分开，从不同特征上进行了解。一般情况下，性格的结构特征可分为四种，性格结构特征的分析对象是大学生。

### 1．态度特征

态度特征主要是处理人际关系的时候展示出来的性格，可以是对人、社会或者集体的态度。大学的生活已经添加社会的成分，大学生对社会的进步和发展非常关心，开始产生强烈的社会责任感，希望在社会中大展自己的风采，追求客观公正的存在，性格也是按照道德特征发展的。

对学习、工作的态度，大多数大学生都表现得兢兢业业，刻苦上进，勤奋认真，此时的创造能力也会得到发展，帮助自己在事业上有所成就。大学生的自信心增强，遇到事情的时候能够客观地看待自己。

### 2．意志特征

意志特征就是对自己的行为方式进行调节和控制，大多数大学生其行为具有目的性、独立性和自主性。这个阶段的学生意志已经很坚定，遇到事情的时候基本上能调节和控制自己的意志向着目标前进。极少数的大学生或出现相反的状况。

自制力的强弱主要取决于自己的意志，自制力强的大学生，个人行为基本能体现自己的意志。但是自制力弱的人，行为基本上无法体现自己的意志力。在面对困难的时候，有的大学生表现为临危不惧，在危机时刻作出果断的决策，不会出现优柔寡断、犹豫不决的行为。有的大学生在遇到挫折的时候，会躲避和退缩，不愿意面对现实，没有做好克服困难的准备，坚韧性相对较差。

### 3．情绪特征

情绪特征就是个体面对人、事物或者行为的时候产生的心境，像喜、怒、哀、乐等。性格在情绪特征方面主要关注外在控制、情绪持久性和情绪的主导心情。大学生中每个个体之间也是存在差异的，有些学生情绪特征表现得就比较积极热情、活泼开朗，但是有的大学生的情绪特征就表现得悲观消极、抑郁焦虑。

### 4．理智特征

个体在感知、想象等认知过程中的表现就是理智特征。大学生所处的阶段正是能力发展达到顶峰的时候，创造力、思维力和想象力等都是发展的最佳时期。但是会在分析事情上产生纰漏，往往在认识问题的时候存在片面性，没有多方面、多角度地考虑事情，容易在不理智的情况下做出决定或者产生某种行为。

## 三、性格的类型

人与人在性格上还是有差距的，性格是在社会实践中形成的，是因为先天和后天环境因素造成的。性格有各种各样的类型，不同的心理学家对性格分类的原则不同。一般来说，性格可以按照以下几种原则进行分类。

### 1．按知、情、意三者的比例分类

理智型：理智型的人做事情的时候头脑都是清醒的，知道自己想要什么，需要购买什么。一般情况下，用自己理智的头脑支配和控制自己的行动。

情绪型：情绪型的人往往在考虑事情的时候喜欢带有感情色彩，这就导致自己的行动和思想会被情绪支配。

意志型：意志型的人一旦制定好自己的目标和计划，就会向着这个方向积极主动地前进。

### 2．按个体心理活动分类

外向型：外向型性格的人擅长人际交往，活泼开朗，乐观向上，行为易受外界事物的影响。

内向型：内向型性格的人喜欢独处，不经常与别人交流，这样的人做事比较细心，心思也比较敏感。

### 3．按个体独立性分类

独立型：独立型的人做事喜欢自己思考，态度也非常认真，不轻易受外界因素的影响，能够自己独立地解决问题。

顺从型：顺从型的人所做的决定容易受到外界因素的影响，经常会盲目地听从别人的意见，没有独立思考的意识。

### 4．按个体生活方式分类

根据人的生活方式的不同，人们形成的价值观、人生观和世界观都是不同的，这就导致最终人的性格也是不同的，可以分为理论型、经济型、审美型、社会型、权力型和宗教型等。

其实根据人的人际关系，也可以将性格分为不同类型，分别是A、B、C、D、E五种性格类型，每一种性格类型都有自己的特点，在人际关系上也有自己独特的表现。

## 第二节　性格理论与性格测量

心理学家从性格的不同角度出发，得出不同的性格理论。行为和行为方式会受到性格的影响，需要对性格进行评测，一般有三种方式，分别是自我评测、量表评测和投射测验。

## 一、性格理论

许多心理学家从不同角度和方向对性格进行研究，于是就产生了不同角度的性格理论，其中比较有名的就是以下几类理论。

### 1．单一型理论

单一型理论认为一群人中总会有一种特殊的性格特征，并以此作为理论依据。最典型的单一型理论就是 T 形性格。T 形性格主要的性格特征就是喜欢冒险和刺激，同时还将 T 形性格分为两种；分别是 T+性格和 T-性格。T+性格的行为基本上是向着创造力和积极健康的方向发展。T-性格就是向着相反的方向发展。其中 T+性格又被分为体格 T+和智力 T+两种。体格 T+的人一般喜欢运动，利用自己的身体当作自己实现目标的动力；智力 T+的人往往在智力上的表现尤为突出，他们的冒险精神体现在对科学的创新上。

### 2. 对立型理论

AB 型性格是面对生活和学习上的压力产生的性格类型。A 型性格的人一般脾气比较暴躁，对人和事情缺乏耐心，但是他们有强烈的上进心，成就感高，适应环境的能力比较差；B 型性格的人一般就是不紧不慢，行为举止都很妥当，生活节奏相对较慢，对生活有很强的满足感，适应环境的能力比较强。但是经研究表明，A 型性格的人比 B 型性格的人容易患冠心病。

内外型性格就是内在性格和外在性格。内在性格的人比较敏感，做事比较谨慎，并不擅长人际交往；外在性格的人为人处世方面做得比较好，热情奔放，活泼开朗，善于交际。两者之间不同的地方就是关注点不同，同时内外型性格还认为，人的心理活动还会根据思维、情感、直觉和感觉四种基本功能结合成八种性格类型。

### 3. 多元型理论

多元型理论认为人的不同性格是由不同特质构成的。很早的时候就将人分为 12 种类型，每一种类型的人都会产生不一样的性格。不同国度的心理学家在多元型理论上的说法都是不统一的，每个人有每个人的看法和观点。例如，德国的心理学家将性格按照个体生活文化的形式进行划分等。

## 二、性格的评测

行为和行为方式会受到性格的影响，又涉及人的心理活动和人的身心健康，所以就需要对个人进行性格评测，然后根据测试的结果了解自己的性格，找到正确的方式去充实和发展。性格的评测方式有三种。

### 1. 自我评测

性格的自我评价就是根据自己对自己的了解，进行客观公正的评价，可以询问几个关于性格特征、品质的问题，对这些问题要是能快速做出答案的话，说明对自己的认识还是比较清晰的，重视自我发展。假如做题的时候需要进行反复思考才能想出答案，那么就是自我意识不够强、信心不足、平时喜欢依赖别人的表现。

性格的自我评价可以根据性格的结构特征进行一个基本的评价，检验自我意识的强弱，如果对自己评价的结果有疑义，可以让自己的父母或者朋友也对自己进行评价，或者与自己性格类似的人进行比较，这两种方式起到的是修正和补充的作用。

### 2. 量表评测

性格测量表是评价性格的一种方式，一般用得比较多的就是自陈量表。自陈量表的方式也有很多种，其中比较有名的有明尼苏达多项人格测验、卡特尔 16 种人格因素测试、艾森克人格问卷等。

测量的工具大多数采用调查表的形式，题目的数量比较多，常常一个测试中有好几个量表，因为测量的特质较多。测量表的应用范围比较广，可以用在公司进行人才选拔上或者招聘员工上，为公司挑选性格和能力良好的人，加速公司的发展。有时政府机关选拔人才也会使用这种测量表。

### 3. 投射测验

投射测验的方式主要是将自己的想法、情绪、态度和性格等特征反映到外界的事物或者反映给其他人，不同的人对外界事物的看法是不一样的，通过这种隐藏的看法来分析人的性格特征。在投射测试中，测试人需要提供一些有意义的刺激情景，这个时候实验对象就会对这一刺激作出反应，然后再对反应进行分析，推断实验对象属于哪种性格。

## 课后习题

1. 态度主要由_____、_____和_____三种成分构成。
2. 性格的结构特征可分为_____、_____、_____、_____。
3. 性格按照个体心理活动可分为_____、_____。
4. 性格的评测有_____、_____、_____三种方式。
5. 简述性格和气质之间有密切关系的原因。

# 第十二章 能　　力

　　本章主要从能力的概念、种类及其与知识、技能的关系着手进行介绍。能力也是需要进行测量的，只有经过测量之后才知道自己有多大的能力，方便制定目标或者计划。能力的形成和发展受一定因素的影响，能力发展也会受个体差异的影响。

## 第一节　能　力　概　述

　　能力可以直接影响一个人工作的质量和效率，能力的这种特点与气质、性格等是不同的，虽然它们也会对工作产生一定的影响，但是都是间接的。每个人都应该具备能力，能力与智力之间也是关联的，智力也是能力的一种体现方式，但是并不能代表能力。

### 一、能力的概念

　　在社会活动中，每个人在不同领域展示自己的能力，并利用自己的能力在所在领域取得相应的成就，这些成就是大多数人都羡慕不来的，每个人的成功都与自身的能力相关。就像人们常说的"有多大能耐就办多大的事"，成功不仅仅需要努力，还需要与之对应的能力，有时候不是你不成功，而是没有将自己的能力发挥到最大。

　　能力是帮助人们实现梦想的必要条件，也是人心理活动过程中的重要组成部分，无论是工作还是学习，能力都与我们息息相关。学生要想取得好的成绩，就必须具有良好的表达能力、逻辑能力和记忆能力等，没有这些能力作为基础，成绩上升的速度就会很慢，要想更好地完成工作任务，就需要有良好的执行能力和理解能力。

　　能力能直接影响一个人工作的质量和效率，这一点与气质、性格等是不同的，虽然它们也会产生一定的影响，但是都是间接的。假如我们缺少能力，那么与能力相关的活动效率就会直接受到影响，很有可能就会导致活动无法正常进行下去，所以能力是某种活动顺利进行下去的必备条件。

　　能力与智力之间也是关联的，一个人要想有绘画能力，那么就一定少不了敏锐的视觉或者观察力；一个人想要有音乐能力就少不了敏锐的听觉。思维能力和表达能力都是个人从事某种活动必备的能力，智力也是能力的一种体现方式，但是并不能代表能力。

　　利用知识来解决问题的能力就是智力，从事任何活动，智力都是必备的条件。智力也是由多种因素共同构成的，最主要的核心是思维能力，因为思维能力代表一个人的智力发展水平。每一个人都希望拥有正常的智力，在智力的基础上能力也能得到很好的发展。人的智力和能力都是从事活动的基本心理条件，如思维力、想象力和记忆力等。

### 二、能力与知识、技能的关系

　　知识是人类对经验的总结，是人脑对事物的认知结果，假如人没有知识就很难在现代的社会中生存。每个阶段掌握知识的内容都是不一样的。技能建立在经验和练习的基础上，最终形成熟练的动作和行为方式。能力是人能顺利完成某种活动的心理特征，属于心理范畴。

能力的发展要比知识和技能的发展困难，为什么这么说？原因是知识和技能的发展在每个阶段是会变化的，能力的发展却不一定会随着年龄的增长而变得更强、更厉害，但是能力会在某一个阶段成为发展的关键期。能力与知识和技能之间并不是同时进步的，知识和技能发展的时候，能力不一定会发展，或者要等到某一特定时期能力才会发展，这也是能力与知识和技能不同的地方。

举例说明，一个人并没有绘画的能力，所以掌握绘画的知识和技能相对不是很顺利，绘画能力低，所以在绘画方面取得好成绩也是比较困难的。或者两个人拥有同等水平的知识和技能，也并不能代表两个人的能力是相同的，很可能是两个人的年龄不同，或者掌握知识和技能的时间不同，还有就是即使两个人达到同一知识和技能的水平，也有可能付出的努力是不同的。总之不能用一个人的知识和技能就随便判断一个人的能力。

能力与知识、技能之间是有联系的，但是知识和技能并不是能力，是能力的一种体现方式，因为三者隶属不同范畴。能力是获取知识和技能的前提，知识和技能又是能力发展的基础，但是值得注意的是，不是所有的知识和技能都能发展成能力。知识和技能转化成能力是需要有特殊条件的，只有熟练地掌握知识和技能并能合理地应用才算转化成能力。

之所以说知识和技能不是同时进步的，那是因为它们三者之间是作用和反作用的关系。知识和技能在一定时期发展的时候，其实能力也伴随一定的发展，但是并不是知识和技能发展得越快，能力也就越高，需要将知识和技能充分掌握和应用之后，能力才会有变化，也就是知识和技能的掌握速度和质量才能反映能力的高与低。

## 三、能力的种类

能力的种类一般有很多，可以根据能力的不同方面和不同角度进行划分，以下是能力的具体分类，如图 12-1 所示。

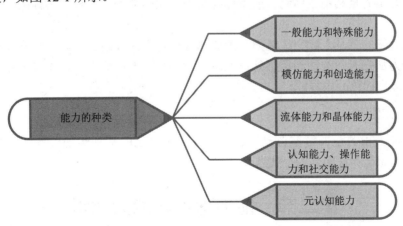

图 12-1　能力的种类

**1．一般能力和特殊能力(按照能力范围划分)**

一般能力也就是人们常说的智力，是在某种活动中表现出来的能力，可以是创造力、想象力和思维力等，智力是完成基本活动必须具备的条件。

特殊能力指的是在某种专业领域体现出来的能力，可以是绘画能力、唱歌能力或者动手能力等。特殊能力是在某一专业领域顺利工作的必备条件。

### 2．模仿能力和创造能力(按照能力形式划分)

模仿能力指的是长时间观察别人的行为和动作，然后开始模仿别人的行为或者动作的能力。例如孩子模仿父母、学生模仿老师，或者学习模仿明星的穿衣打扮等体现的都是人的模仿能力。

创造能力是根据自己已经具备的知识和技能创造某种新颖独特的或者存在个人价值的产品的能力，创造能力的核心是创造性思维。

虽然模仿能力和创造能力的形式不一样，但是两者之间还是有关联的，一般是先有模仿能力，之后再有创造能力，也就是模仿能力是创造能力的基础，两者的顺序是不能颠倒、不可互换的。

### 3．流体能力和晶体能力(按照人的发展趋势划分)

流体能力指的是信息处理加工和解决问题的能力，主要依赖的是人的天赋，与知识和技能之间的联系相对较少，比如认识事物之间的联系，形成抽象逻辑概念等。流体能力受教育和文化的影响比较少，一般与年龄有关，在某一年龄段流体能力达到巅峰，然后再在某一阶段流体能力出现下滑的现象。

晶体能力指的是获得语言和数学学科的能力，与后期的学习和社会文化密切相关。虽然晶体能力在人的一生中是不断发展的，但是也是到达一定阶段的时候开始变得缓慢。

### 4．认知能力、操作能力和社交能力(按照能力的特殊功能划分)

认知能力指的是在人的认识活动中获取知识的能力，认知能力需要对信息进行加工、整理和应用才能获得。

操作能力指的是利用肢体制作或者操控某种活动的能力，主要以具体的实践操作和技能为基础。

社交能力指的就是人际交往能力，主要体现在与人的沟通交流和互相合作上，人需要具备社交能力加强人际沟通和正确处理人际关系。语言表达能力、组织管理能力和协调能力都是社交能力的核心内容。

### 5．元认知能力

元认知能力指的是人根据自己的认识和理解对自己的某种活动进行评价和监控的能力。元认知能力会存在明显的个体差异。

## 第二节　能力理论与能力测量

本节从能力因素说、能力结构论和信息加工论三个方面介绍不同的能力理论。能力测量的作用是检验个体能力发展的状况、能力水平的判定或者对教育质量进行评价。

## 一、能力理论

心理学对能力进行深入研究，不再停留在表面，方便对能力开展详细的表述，也方便对能力进行测量。以下是比较有代表性的能力理论。

1. 能力因素说

1) 独立因素说

独立因素说认为能力是由多种因素共同构成的，但是各种因素之间不存在任何联系，都是独立的存在，也就是说能力只是由各种因素组成，而能力的发展是各种因素的独立发展。但是经过大量实验证明，独立因素说的表述并不严谨，组成能力的各个因素相互之间是有联系的，并不是独立存在的。

2) 二因素说

二因素说认为能力是由两种因素组成的，一个是一般因素，另一个是特殊因素。一般因素就是遗传因素，是个体顺利进行活动的主要因素，可以决定个体能力的高低；特殊因素就是常说的智力因素，是个体顺利进行活动的必备因素。不同个体所体现的遗传基因和智力都是不相同的，所以能力也是不相同的，可是二因素说还是将能力看成是独立因素拼合成的，这种观点明显是有缺陷的，因为一般因素和特殊因素之间是相互作用、相互联系的。

3) 群因素说

群因素说认为个体的能力可以被分解成七种不同的原始因素，这七种因素之间相互作用、相互联系、相互制约。这七种不同的原始因素可以自由组合，形成独特的能力，然后体现不同的能力水平。

4) 智力多元论

智力多元论认为个体的智力具有多元化特征，主要由八种独立的智力组成，每一种智力都有属于自己功能的系统，每个功能系统之间相互作用和联系，最终形成显示智力的行为。这八种智力分别是言语智力、逻辑-数学智力、空间智力、音乐智力、身体运动智力、社交智力、自知智力和自然智力。

2. 能力结构论

1) 层次结构说

层次结构说认为能力结构是由四种从上到下的层面组合而成的，最上边的层次是一般因素，其次是大因素群，再次是小因素群，最后是特殊因素，这四个层次自上而下完整地构成能力结构，其中大因素群指的是语言教育因素、机械操作因素等；小因素群指的是空间、语言等能力。

2) 两态结构说

两态结构说认为个体能力是由两种成分组成的，一种是液态能力(流体能力)，指的是信息处理加工和解决问题的能力，主要依赖的是人的天赋，对知识和文化的依赖较少，可以是人的记忆能力和反应能力；另一种是晶态能力(晶体能力)，指的是后天努力的成分，获取知识和技能的能力。从能力的结构来说，这两者之间在功能上还是密切相关的，进行某种活动时很可能需要两者之间相互配合。

　　3) 三维结构说

　　三维结构模型说认为智力的结构是分为三个维度的，分别是内容、操作和结果。三维结构模型说的出现使人们对能力结构的认识变得更加具体和全面，也使人们发现能力是有规律可循的，并没有那么神秘。

### 3. 信息加工论

　　1) 智力三成分论

　　智力三成分论认为智力主要体现在三个方面，分别是内在成分、成分和经验之间的关系、外在作用，同时这三方面也构成智力成分亚理论、智力情景亚理论和智力经验亚理论。

　　2) 智力PASS模型

　　智力PASS模型即"计划—注意—同时加工—连续加工"。此模型由三种认知系统和四种认知过程构成，从最高层次到最基础的层次分别是计划系统、加工系统和注意系统。

## 二、能力测量

　　能力测量的作用是什么？只要是检验个体能力发展的状况、能力水平的判定或者对教育质量的评价都可以利用能力测量来完成。

　　能力测量评定的标准是有标准量化表的，标准量化表的形成主要是依据能引起个体反应的一系列项目，然后再对每一个项目进行评判，评分标准也是经过大量实验证明和其他项目进行比较得来的，进而判断个体的能力水平属于哪一种范围和评定标准。能力测量具有三个特点。

### 1. 定量化

　　给能力进行定量是能力测量的基础，能力测量中要求实验对象的心理活动要按照一定的量进行评定，数量上的多与少才能反映质量的高与低。实验对象的最后得分就是其能力水平的体现。

### 2. 间接性

　　能力测量是利用被测试的项目作为中介用来反映实验对象的能力水平，其中被测试项目是需要经过选择和组织的，然后再刺激个体产生一定的能力，所以被测试的项目和实验对象之间存在一定的关系，但是这种关系并没有清晰地表达出来，只是说两者之间存在一定的函数关系，正好可以利用这种函数关系间接地对实验对象的能力进行判定。

### 3. 代表性

　　实验对象的能力在被测量的时候，只需要对代表性的能力进行测量即可，不需要对全部的其他能力也进行测量，用代表性的能力证明个体的能力水平。

　　能力体现在个体是否顺利完成某种活动。活动完成之后对能力范围和能力发展情况进行测量，查验知识和技能是否能为以后的实践应用提供依据，这就是能力测量的目的和意义。

教师可以利用能力测量对学生的能力进行判定，应该做到对每个孩子的能力做到心中有数，但是不可以对能力发展慢的学生进行歧视，目的是方便教师做到因材施教，为每个学生制订自己的学习计划和目标。能力测量还可以用在人才选拔上，挑选能力、知识和技能都相对比较出色的个体完成某项任务。

能力分为一般能力、特殊能力和创造能力，而能力测量也可以按照这三种类别进行划分，分别是一般能力测量、特殊能力测量和创造能力测量。能力测试还可以按照实验的方式进行划分，分为个体测试和团体测试；又可以按照实验的内容进行划分，分为文字实验和非文字实验。

## 第三节　能力的形成与发展

生物因素、环境和教育因素、实践因素和个人主观能动性因素是影响能力形成与发展的因素。能力发展的一般趋势可分为五个阶段。

### 一、影响能力形成与发展的因素

能力的发展对每个人而言都是不同的，因为个体之间存在差异性，有的人能快速掌握和运用知识和技能，但是有的人需要花费很长时间才能掌握。那么能力在个体身上体现的差异性具体是怎么形成的呢？能力是由多种因素之间相互结合形成的，如图12-2所示。

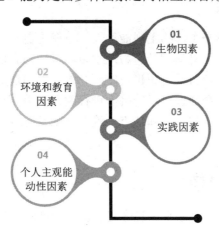

图 12-2　能力形成和发展的影响因素

#### 1. 生物因素

生物因素对能力形成产生的影响体现在两方面，分别是遗传和胎儿的生长环境。遗传指的是大脑中神经系统的结构对能力形成造成的影响，直接体现在人对外界事物的反应速度、程度或者灵活性上，遗传是能力形成的先天条件。有时候血缘相关的两个人(同卵双胞胎)生活在不同环境中，两个人能力水平也基本处于同一水平；但是生活在相同环境中没有血缘关系的两个人，能力水平却会有很大差异，所以遗传会对能力的形成产生很大的影响。

胎儿的生长环境指的是胎儿出生前周围的环境对其能力的形成和发展具有影响性。包括母亲怀胎时的营养品和胎教等都会在一定程度上影响胎儿的成长和发育，同时对胎儿的智力也会产生影响。

### 2. 环境和教育因素

胎儿出生后会慢慢地成长，成长的环境对能力的形成和发展有一定的影响。假如一个人出生在书香世家，长期在环境的熏陶下，对书籍和知识的认知能力相对比在普通人家出生的孩子要强，所以环境对能力的发展也起着很重要的作用。

教育因素在能力的形成和发展中起主导作用。这里的教育包括家庭教育和学校教育，儿童前期的时候主要依靠家庭教育。随着现代科技的发展，越来越多的家长开始重视家庭教育，希望早点培养孩子的某种能力，所以经常给孩子讲故事，或者玩智力游戏等。市面上也有很多智力开发的玩具帮助家长激发孩子的学习兴趣，提升孩子的交往能力。

慢慢地孩子开始进入学校接受学校教育，学校教育更加注重孩子的全面发展，教育的方式具有目的性和计划性，孩子在接受教育、掌握知识和技能的同时还能发展能力和其他优秀品质。孩子的表达能力、思维能力和逻辑能力都与学校教育密切相关。

### 3. 实践因素

生物因素和环境教育因素只有通过人的实践活动才能发挥重要的作用，所以参加实践活动也是一个人能力的形成和发展的方式，虽然同卵双胞胎生物因素和教育因素基本都是相同的，可是为什么还是存在能力的差异？主要还是实践因素导致的。

### 4. 个人主观能动性因素

能力的形成和发展离不开个体的主观能动性，也就是自觉性。为什么有的人能成功？那是因为别人在你休息和玩的时间刻苦努力地学习，对知识表现出强烈的追求，所以这个人的能力就会有很大的发展。自我认识也决定一个人能力的形成和发展，例如能时刻反省发现自己错误和缺点的人，会通过自己的努力进行改正来提高自己的能力；相反，自我认知能力低的人，不能发现自己的优点和缺点，没有办法及时调节自己的行为，能力也就不会提高。

## 二、能力发展的一般趋势

能力是进行某种活动的心理条件，也会直接影响活动的质量和效率。可是能力随着年龄的增长是会发生变化的，虽然不是按照线性关系进行变化的，但是也具有一定的规律性，大致是以正态分布的状态变化。能力发展的一般趋势分为五个阶段。

(1) 童年时期和青少年时期是个体能力发展的重要时期，小时候是能力发展比较迅速的时候，儿童学习知识和技能也是相对较快的。但是日后随着年龄的变化，能力发展呈缓慢的增长趋势，增加到一定时期的时候，能力的发展基本处于平缓状态。

(2) 人在中年时期基本处于能力发展的巅峰状态，这个时期个体的各种能力发展都处于良好的状态，顺利进行某种活动的效率和质量都比较高，但是每个人能力到达顶峰的时期是不固定的，毕竟能力的形成和发展会受到许多不同因素的影响。

(3) 对人一生的能力发展研究发现，能力种类中的流体能力和晶体能力发展的时期和状态都是不同的,可能是因为反映能力的内容是不同的。流体能力在人中年时期之后的状态呈下滑趋势,但是晶体能力在人的一生中都是稳步上升的状态。

(4) 成年时期是人一生中时间最长的阶段,这个阶段也是个体能力发展比较稳定的时期,这个时候个体的创造力发展比较有优势,大多数情况下是依靠创造力进行活动。

(5) 能力的发展趋势会根据个体的差异表现得有所不同。对于不同的人来说,能力有可能在早期的时候就已经形成和发展,但是有的人需要等到中年的时候能力才会形成和发展。每个人能力的发展速度也是有差距的。能力发展比较快的,达到高峰的时间也会比较早;反之能力发展比较慢的,达到高峰的时间就会相对比较晚。

## 三、能力发展的个体差异

能力的形成和发展会受到很多因素的影响,能力的发展具有差异性,每个人拥有的能力是不同的。主要从以下三个方面介绍个体差异。

### 1. 能力发展水平的差异

每个人的能力发展是不同的,会存在高低差异。但是按照全人类的人数来说,能力的个体差异水平是呈正态分布的。

### 2. 能力类型的差异

前面介绍过能力的种类有很多种,正是因为能力有不同类型,所以说能力具有差异性。每个人所表现出来的能力有时只是能力的一种,有的人逻辑能力和表达能力强,至于其他能力却很普通;有的人创造力或者想象力比较高;有的人听觉比较敏感,展示出音乐能力;有的人视觉比较发达,展示出良好的绘画能力等。我们很难说两个不同领域小有成就的人谁的能力更高,这是没有办法比较的,两个人都很有成就,是因为拥有不同的能力,在这个领域拥有成就的人不一定胜任另一个领域的工作。

### 3. 能力发展时期的差异

有的人在儿童时期能力就已经开始发展,智商水平也比较高,小的时候就能吟诗作赋,记忆力或者逻辑能力强,一般早期就表现出能力很高的人属于"早慧",也就是人们常说的"神童"。但是也有人到了晚年的时候才取得成就,算得上是"大器晚成",这种人一般在早期的时候并没有接受良好的教育,或者没能认识到学习的意义,再或者早期的生活过得比较坎坷,到了中年或者晚年的时候,突然将某种能力激发出来并创造出成就,之前的经历都是为后期的成就做准备的。

## 课 后 习 题

1. 能力的种类可分为_____、_____、_____、_____、_____和_____。
2. 能力测量的特点是_____、_____、_____。
3. 个体能力发展的重要时期是_____和_____。
4. 简述能力发展个体差异的三个方面。

# 第十三章　青少年的心理发展

青少年的心理发展一直是国家和教育部门比较关注的问题，古今中外许多心理学家都对青少年的心理发展颇有研究，因为青少年时期是最重要的时期，是各种意识逐渐形成的开始，需要进行正确的心理指引，成为德智体美劳全面发展的青少年。

## 第一节　心理发展概述

从个体的出生到成人每个阶段都会产生心理变化，心理发展会在相应的环境下发生变化，这个过程是复杂的，是一种体现在个体内部的具有连续性和稳定性的变化，还有很多心理因素和其他因素影响心理发展。

## 一、什么是心理发展

心理发展指的是个体随着年龄的增长产生的心理变化，从个体的出生到成人每个阶段都会产生心理变化，而且心理过程和个性特点有关，也就是说随着个体在每个阶段性格的改变，导致心理过程也会产生变化。

值得注意的是，不是所有的变化都被称之为心理发展。举个例子，人在生病或者疲劳的时候也产生各种各样的心理变化，但是这种变化就不能被称之为心理。心理发展是发生在个体身上的有规律的心理变化。

人的心理发展还具有很多基本特性，大致可分为五种。

### 1. 方向性和顺序性

心理发展的历程是按照一定的方向有顺序地发生变化，阶段等级的划分也是从低到高的方向发展的，各个阶段的顺序是固定的，不可超越，更不能随意打断顺序，例如先学会区分上下，再学会区分左右。

### 2. 不平衡性

不平衡性主要说的是人的一生中，所有阶段的发展都不是匀速前进的，会以一种不平衡的方式发展。比如，从出生到幼儿时期的阶段属于发展加速期，因为对各种事物都充满好奇，所以心理发展比较快速。青春发育期也是加速期，但是到了成年期的时候发展就会变得相对缓慢，老年时期基本处于下滑阶段。

### 3. 普遍性和差异性

人的心理发展既具有普遍性，也具有差异性，因为心理发展在发展过程、发展内容和发展水平上存在巨大差异。

### 4. 增长和衰退的辩证统一性

心理发展就是增长和衰退的对立统一，幼儿时期属于增长阶段，但是步入老年时期基本处于衰退状态，中年时期增长和衰退都是存在的，总之，不同年龄增长和衰退都是不一样的。

5. 连续和阶段的统一性

心理发展出现在各个阶段且随着时间不断发生变化，所以心理发展具有连续性和阶段性，两者相互结合，相互统一。

值得注意的是，有时候人们经常将发展和成长混为一谈，严格来讲，两者之间是有差异的，成长描述的是人生理上的变化，而发展指的是人心理上的变化，但是两者之间也存在密切关系。

## 二、终身发展观

终身发展观就是人在每一个阶段都有发展的机会，直到我们生命终止的那一天。从出生到死亡个体的心理都会发展。个体的心理发展可分为八个阶段，每个阶段都会有主要的影响因素，使个体的心理发展更加成熟与稳定。

**第一阶段：基本依赖对基本不依赖**

这个心理变化阶段，一般是婴儿时期，也就是个体刚出生的时候，此时个体对所处的环境非常陌生，随之就会对成人产生依赖心理。父母每天的尽心照顾促使婴儿产生强烈的依赖感，但是如果父母每天按照不变的流程照顾婴儿的话，就不会让婴儿产生依赖感。依赖和不依赖基本是同一时间产生的，婴儿知道父母在需要的时候会及时出现，所以不再担心和哭闹。这个过程的出现使婴儿产生内部心理的记忆，开始将内心想象的事情与外部的事物和人进行结合。如果一个人开始不依赖别人，那么他就会具有不怕困难的品质。

**第二阶段：自主对害羞和怀疑**

这个阶段人开始学习各种技能，例如跑、爬等，他们在开始学习的时候会非常快乐。他们会有自己的意识，会产生害羞和怀疑心理。

**第三阶段：创新对罪恶**

这个阶段孩子的心理已经处于成熟的第一步，他们开始探索新的世界，利用自己学会的能力做许多有侵犯性的事情，比如动手打人、说话伤害别人。他们开始产生幻想，制定目标。孩子做一件事情的时候希望引起父母的注意，还希望得到支持，如果他被关注和支持，这时候孩子就能建立自信，还会发展创新精神；反之，就会产生罪恶感。

**第四阶段：勤奋对自卑**

这个阶段的孩子处于上小学阶段，正式开始接触文化教育，这个时候人会产生勤奋精神和自卑感：面对别人的夸赞时会表现得更加上进和勤奋，面对批评时会产生自卑感。

**第五阶段：对角色混乱**

这个阶段的孩子基本处于青春期，开始时常注意自己的变化，观念也在发生变化，此时做的决定有一部分继承之前的自己，有一部分违背之前的自己，这个过程就是开始重新检验和调整自己，形成一种全新的身份。假如这个阶段不能对自己进行统一，那么就会陷入角色混乱的局面中，无法正确地适应环境。

### 第六阶段：亲密对孤独

完成上一阶段的人就会进入对人产生亲密感情的阶段，婚姻和爱情也会如期而至，但是上一阶段还没有完成的人进入这一阶段的时候，往往会以失败告终。上个阶段的青少年如果太过注重自我，没有实现自己的同一性，这一阶段就没有办法产生亲密感情，最后就会回到自己的世界中，体会孤独。这个阶段发展的是爱的品质。

### 第七阶段：关心后代对自我关注

亲密关系建立之后，开始关注自己的下一代，为他们创造良好的生活和学习的环境，关爱他们的成长。此时处于成年人的阶段，时间相对较长。没能走到这一阶段的人很可能就是童年的时候过得不是很好，内心存在阴影，不知道怎么去关心自己的孩子。父母在这个阶段不要因为过于关注自己而失去对下一代的关心。

### 第八阶段：自我整合对失望

这个时候基本进入老年阶段，身体状况开始走下坡路，身边不断地有人离开，开始回忆自己的一生，有没有做过惊天动地的大事情，值不值得来这人间走一遭，假如自己一生无所事事，那么在这一阶段就会表现出失望的感觉，完成自我整合的过程，最后面对死亡。

## 三、心理发展的影响因素

人的心理发展是一个从量变到质变、简单到复杂的过程，同时也会有很多心理因素和其他因素影响心理发展，每一种心理因素的形成和发展都是慢慢积累实现的，各种心理因素之间的变化不是同步的，它们之间会相互影响，相互之间也会进行错综复杂的更替交换。以下是对影响心理发展因素的总结。

### 1. 遗传因素(生物因素)

遗传因素是人心理发展的物质基础，人的心理发展是要有物质遗传基因和生命作为前提的，而且生命中的大脑神经系统对人的心理发展有着直接的影响。总之，人的心理发展跟自己的父母有很大关联，但是与父母也会存在差异。

遗传素质只为人的心理发展提供最初的可能性，因为遗传因素也是有差别的，正是这些差别导致生理基础的差异，也是导致最终个体差异的原因。当遗传因素成熟时，开始制约人的心理发展，主要包括心理发展的水平和阶段。遗传因素虽说为人的心理发展提供了物质基础，同时也为人的心理发展提供了可能，但是并不会最终决定人的心理发展水平，因为还会受到其他因素的影响。

### 2. 环境因素(自然因素)

环境因素在人的心理发展过程中具有决定性的作用，主要包括家庭因素和学校因素两种。孩子的身心发展会受到家庭的影响，这种影响是潜移默化的，父母对孩子的教育方式、家庭氛围等很多原因都会影响孩子的心理发展。家长要以正确的方式教育自己的孩子掌握正确的价值观，尽量不要因为家庭原因影响孩子。

学校中的教师也会无形中影响孩子的心理发展。有些孩子内心比较敏感，此时教师就要慢慢引导，不能太过着急，伤害孩子的自尊心，导致孩子的心理健康受到影响。教师应该正确看待每个学生的差异性，引导孩子的心理健康发展，教师的工作职责就是教书育人，保证学生身心健康，热爱生活。

### 3. 教育因素(社会因素)

教育因素在人的心理发展过程中具有引导作用，引导孩子心理正确发展，教育工作必须从儿童开始。教育因素制约着学生的心理发展速度和方向，所以教育工作的内容要适合学生的心理发展水平，以因材施教的方式促进学生的心理发展。

教育工作必须以学生为本，激发学生对学习的积极性和提高自律能力，虽然父母是孩子的启蒙老师，但是当孩子开始上学的时候，教育工作必须抓紧落实，及时纠正之前学生心理发展出现的问题，引导学生形成正确的价值观。

总结：以上三个因素在人心理发展的各个阶段都会产生不同的影响。遗传因素(也就是生物因素)为人心理发展提供物质基础；环境因素(也就是自然因素)在人心理发展中起决定性作用；教育因素(也就是社会因素)在人心理发展中起主导作用。制约心理发展的因素还可分为先天和后天两种，先天因素一般就是遗传因素，婴儿从出生那一刻便会携带父母心理素质的遗传基因，但是心理素质不是心理发展的充分条件，所以还必须有后天因素的影响，自然因素和社会因素可以称为后天因素，人的心理发展受到大脑神经系统发育及外部环境的影响。

## 第二节 心理发展的主要理论

不同的心理学家在心理发展上提出的主要理论包括精神分析发展理论、行为主义发展观、认知发展理论、文化—历史发展理论和社会学习理论，提出这些心理发展理论的心理学家是从心理发展的不同角度和方面进行研究的。

## 一、精神分析发展理论

弗洛伊德创立的精神分析理论成为现代心理学的基石，精神分析理论在整个西方人文科学中的各个领域产生了深远的影响。弗洛伊德认为行为动机会产生强大的内在驱动力和冲动，例如欲望本能和攻击本能。他还认为人做出的行为，能够溯源到幼儿时期没有得到解决的问题。弗洛伊德指出的内在驱动力会引导行为，也会带给行为能量。下面从五个方面对弗洛伊德的精神分析发展理论进行介绍。

### 1. 精神理论

精神分析理论将人的不同意识分为三大部分，分别是意识、潜意识和前意识。这里的潜意识也相当于无意识，也是人心理活动的最深层次，人产生的某种本能冲动都存在于潜意识中，因为会与社会伦理相违背，所以被压制在内心深处，但是潜意识不是被动的，是积极存在的，属于无法被察觉的意识。前意识处在意识和潜意识中间，一般发生某种情况或者行为的时候才能进入到意识中。意识存在心理结构的浅层，人的某些心理活动是会被自己感知到的，这个时候内心就会有不断的观念和意识产生。

### 2. 结构理论

弗洛伊德将人格结构分为三种，分别是自我、本我和超我。本我指的是最初的自己，它包含性本能、冲动以及生命力。本我追求的是一种快乐，不会管社会道德和其他行为规范，只知道自己的目标就是快乐和舒适，避免一切痛苦进入到自己的意识中，本我属于潜意识，不容易被察觉。

自我指的是自己，自己能意识到自己思考、分析、判断等行为，自我决定是否满足本我产生的冲动，自我在本我和外界关系中具有调节作用。

超我指的是人格结构中的理想部分，它同本我一样是潜意识。超我的主要特点就是追求完美，处于理想化状态，是在文化环境和价值观中形成的，按照社会可以接受的方式去满足本我。

### 3. 动力理论

弗洛伊德理论中的心理动力指的就是性本能，本能对人行为的内部动力产生推进作用。在弗洛伊德眼里，性欲望能给人带来快乐，像婴儿在哺乳期的时候，会因为吮吸母亲的乳头带来口欲期的性欲望。人心理的一切内部动力源于人的性本能冲动，当这种能量累积到一定程度的时候，人体机能就会产生紧张感，然后机体就会寻找释放能量的方法。

### 4. 释梦理论

弗洛伊德认为心理活动一般都会遵循因果规律，没有一件事情是随机发生的，一定会有某种原因导致心理活动的产生，包括我们做的梦，都不是偶然形成的，很可能是因为人在睡觉之前内心的欲望没有得到满足，开始进入人的潜意识中，最后进行伪装进入大脑意识。通过对梦的分析能知道人的心理活动，找到内心深处的潜意识和欲望。

### 5. 防御机制

人的心理活动也是会产生防卫功能的，当超我、本我和现实三者之间产生冲突的时候，人就会感受到痛苦和忧虑，这个时候自我就开始调节两者之间的关系，使超我接受的同时本我也能得到满足，从而缓解焦虑和减轻痛苦，这就是防御机制。防御机制包含各种各样的形式，以帮助人克服心理障碍。

## 二、行为主义发展观

### 1. 华生的古典行为主义

华生认为行为是受锻炼和学习控制的，与遗传因素没有多大关系。华生还用刺激-反应模式(R-S 模式)来验证自己环境决定论的观点，主要体现在以下两个方面。

1) 否定遗传因素

否定遗传因素是华生古典行为主义的基本点之一，明确指出心理的本质是行为。那么华生为什么会否定遗产因素的作用呢？

首先，由华生刺激—反应模式可以得知，刺激可以预测反应，反应也可以预测刺激，人产生的行为与刺激有关，但是刺激来源于客观现实并不是遗传，所以行为与遗传没有关系。

其次，生理上的遗传不能导致心理上的遗传，生理上的差异与遗传有关，但是生理遗传并不能导致行为上的遗传，由遗传得来的构造未来的形式还是会受到环境的影响。

最后，华生理论研究是以控制行为为目的，但是遗传是不受控制的，是在出生的时候就已经决定的，所以华生否定行为受到遗传因素的影响。

2) 强调环境和教育因素

首先，华生得出的重要理论是生理构造上的差异和幼儿时期训练、学习上的差异影响后来行为的差异。

其次，华生提出教育论，让众多的健康婴儿在设定的环境下接受教育，然后从中任意挑选一个婴儿，不管他的兴趣爱好、性格等其他外在因素的影响，可以把他培养成艺术家、科学家，甚至小偷等其他人物。

最后，华生还提出学习论，他认为学习是根据条件反射引起的，条件反射是因为外部刺激，外部刺激是可控制的，所以不管怎样的行为都可以通过外部刺激形成，这种学习理论也符合以可预测和控制行为作为基本主张的行为主义。

华生古典行为主义的贡献：华生的古典行为主义将早期的行为主义心理学强调的意识转入到对行为的研究，开始注重刺激和反应之间的可预测关系，有助于进一步对儿童行为发展的了解。

华生古典行为主义的批判：华生过早地抵触对心理学的研究，导致早期的行为主义没有得到进一步的发展，也很难解释个体高级心理的发展是什么样的。太过强调教育和环境的因素，忽略其他因素。虽然在矫正个体的行为方面有很大的意义，但是否定儿童在心理发展中的主动性和能动性，还否定心理会根据年龄特征和阶段发生变化。

### 2. 斯金纳的操作行为主义

斯金纳的操作行为主义是在华生的古典行为主义的基础上进行研究的，在华生的刺激-反应模式中加入第三变量，使整个理论进一步完善。斯金纳认为，人的大部分行为会受到之前行为的影响，而之前行为起到的是激励作用，强化后来的行为，后果不同的话，强化的效果也是不同的。

## 三、认知发展理论

认知发展理论是皮亚杰将个体的认知发展分为不同阶段而形成的，时间上从出生到成年。皮亚杰认为，认知不是数量上的积累，而是每个阶段对认知的重新组建。

皮亚杰将儿童的认知发展分为四个阶段(见图13-1)，每个阶段儿童的认知能力都是不同的，每个阶段认知的发展都是建立在前一个阶段认知的基础上，这个阶段顺序是不能改变的，而且各个阶段是一个整体结构，它们之间是不能进行互换的。但是认知阶段的发展时间可能存在差异，毕竟儿童接触的文化和周围的环境都是不同的，而儿童本身的智力发展也是不同的。

图 13-1 认知发展理论四个阶段

**1．感知运动阶段**

感知运动阶段大概是儿童 0～2 岁的时候，这个时期的儿童可以依靠感觉和动作来认识周围的世界，但是不能对事物进行划分。因此，感知运动阶段的儿童更喜欢以自我为中心。这个阶段的儿童对图形有较深的认知，也就是看到他认识的图形时，就相当于看到刺激，就会做出与刺激相对应的动作。这个过程不是推理产生的，而是对刺激形状的再认过程。

**2．前运算阶段**

前运算阶段大概是儿童 2～7 的时候。儿童在 2 岁左右的时候，便不再以自己的身体为中心，他们开始认识到能够运用语言或者是抽象符号来代表曾经经历过的事情，也就是借用某种象征的方式或者凭借不是很流利的语言和手势来表达自己的想法。当儿童从以自我为中心演变成具有象征功能，思维能力才会产生。但是此时的儿童还是不能形成对事物的正确认知，只是依靠自己的直觉作出判断，当事物发生变化的时候，他们就很难进行判断或者作出错误判断。

**3．具体运算阶段**

具体运算阶段大概是儿童 7～11 岁的时候，这个时期的孩子基本上处于上小学阶段。皮亚杰认为这个年龄段是孩子对事物的概念认知的一个转折点。他们对概念还不是很理解，但是可以根据概念进行推理。

**4．形式运算阶段**

形式运算阶段大概是儿童 11 岁以后，这个时期的儿童不再依靠具体的事物进行推算，而是开始对表征和抽象的事物进行逻辑运算，开始具有更高级别的思维能力，这便是形式运算。形式运算阶段的主要表现是能将形式和内容区分开。

## 四、文化-历史发展理论

文化-历史发展理论是维果茨基根据教育在儿童心理发展中的主导作用进行研究而提出的，将心理发展与文化历史相关联，进一步说明人的心理和社会历史发展的关系问题。

维果茨基的文化-历史发展理论还对两种心理机能进行区分。一种是低级的心理机能，是由动物进化后演变而来的，大多数情况下个体在早期的时候可能会利用知觉或者其他能力进行与外界之间的联系或者作用所表现出来的特征；还有一种是高级心理机能，主要是根据历史的发展得来的产物，像人对记忆的加工或者高级情感等都属于高级心理机能。

高级心理机能能将人的心理和动物进行区分，但是个体的心理发展融合了高级心理机能和低级心理机能，两者一起作用于个体的心理发展，而且低级心理机能是可以向高级心理机能发展的，具体有四种表现。

1．随机机能发展

个体处于儿童时期的时候，个体的行为是受意志支配和控制的，这里的"随机"指的是儿童的心理活动比较随意，因为他们的意志和想法会天马行空。

2．抽象-概括机能提高

儿童开始接触各种文化知识，例如诗词、语言和经验等，这些知识的增长，使儿童形成更高级别的意识系统，各种心理机能中的概括性和抽象性都得到进一步的发展。

3．心理机能变化

各种心理机能之间都是存在关联性的，彼此之间相互作用、重组和变化，形成高级心理机能，个体可以利用各种符号为联系中介。

4．心理活动个性化

个体的心理活动具有个性化特点，这种个性化特点对儿童的认知发展有一定的影响，儿童的意识发展不仅是皮亚杰的认知发展理论中的从一个年龄段向另一个年龄段对认知组建的增长和提高，更重要的是儿童的个性化发展促进了整个意识的发展。高级心理机能发展的关键点是个体心理活动个性化的形成，换言之，就是个性化的特征对各种心理机能都有很重要的作用。

## 五、社会学习理论

班杜拉是新行为主义派的代表人物，他在学习理论的基础上，提出人自身能动性的观点，强调人的行为与社会环境之间的联系，从而得出新的"社会学习理论"。班杜拉的社会学习理论认为，人的行为不仅受到内在驱动和周围环境的影响，人在产生行为之前是有认知过程的，认知不仅会参与到行为形成中，还会参与到人格的形成和培养中。社会学习理论更加全面地解释了发展心理学的观点。

1．观察学习及其过程

观察学习指的是观察别人的行为和结果进行模仿和学习，这是班杜拉社会学习理论中的基本概念。刺激-反应学习是指学习的人通过自己的实际行动给予强化并完成学习。但是观察学习不同于刺激-反应学习，它强调的是学习的人不需要做出反应和自己强化，只需要观察别人的行为，然后接受强化完成学习任务，这里的强化是可以直接强化和替代强化的。

班杜拉认为，外界因素虽然会对学习者的行为产生一定的影响，但是人的行为没有唯一的结果。人在自己的认知下，对观察的结果和行为进行支配，引导自己的行为形成。此外，就是看到别人受到表扬和赞赏的时候，也会强化自己产生同样的行为。相反，别人因失败而受到批评的时候，就会避免自己产生同样的行为。

#### 2. 社会学习在社会中的作用

班杜拉非常重视社会中的学习，也就是社会成员用社会允许的方式产生行为，为此，还专门从以下几个方面进行研究。

(1) 攻击性。班杜拉认为，社会中的攻击性可以作为操作条件使用，当攻击行为符合社会标准的时候，家长或者其他成员就可以给予儿童适当的奖励，假如是社会不允许的攻击行为，可以适当批评或者惩罚，那么儿童就会意识到哪些攻击行为是可以强化和模仿的，哪些攻击行为是需要抑制的。

(2) 性别的作用。班杜拉认为，男女儿童的性别行为也是可以通过社会进行学习的。一般情况下，儿童两种性别都会关注，在社会强化的情况下，儿童通常会观察适合自己性别的事情。值得注意的是，社会强化有时会影响本身的观察过程，也就是儿童会停止对异性的观察。

(3) 自我强化。班杜拉认为，自我强化也会影响社会学习模式。他用滚木球比赛的实验证明自己的想法。实验得到的观点是看过木球比赛的孩子采用的是报酬方式，就是自己在取得一定成绩的时候能给予奖励，但是没有看过木球比赛的孩子，不管什么时候，只要自己愿意做和喜欢这件事就可以。由此可知，儿童在社会化的自我强化中有显著效果。

(4) 亲社会行为。班杜拉认为，亲社会行为以适当的模式出现时才能出现明显效果。他还在滚木球实验的基础上来验证自己的想法，就是让儿童捐赠他们得来的奖励。班杜拉得到的结论是亲社会行为在训练的作用下没有明显的效果，强制命令只会起到一时的作用，但是在适当模式的影响下，持续的时间就会变长。

## 第三节　青少年心理发展的特点

青少年时期个体心理发展的总体特点是：处于前期阶段时，心理发展属于快速上升时期，会按照一定的顺序进行变化；前后两个阶段之间相互联系，完成一个阶段之后成功进入到下一个阶段。青少年心理活动的特点是心理活动比较丰富。

### 一、个体心理发展的总体特点

个体心理发展有两种对立的心理变化过程，一种是前期的快速上升变化时期，另一种是后期的衰退下降变化时期。这两种心理变化主要体现在不同的年龄阶段上，并在一定时期占据主导地位。比如，青少年时期处于前期阶段，心理变化属于快速上升阶段，老年时期处于后期阶段，心理变化属于衰退下降阶段。

个体心理发展是一个从量变到质变的过程，也会从简单发展到复杂，既是矛盾的对立面，也是矛盾的统一面。个体心理发展还具有另外一些特点，总结起来就是以下所述几点。

(1) 个体心理发展一直在以一种方式不断地发生变化，每一个人的心理发展在循序渐进地持续变化着，从低到高，总之就是持续不断变化的过程。

(2) 个体心理发展会按照一定的顺序进行变化，也就是说个体心理发展具有顺序性。比如，儿童的心理发展开始的时候属于具体思维发展，慢慢就会变成抽象思维发展。

(3) 个体心理发展会出现很多阶段，前后两个阶段之间相互联系，完成一个阶段之后成功进入下一个阶段。前一阶段的出现为后一阶段进行准备，这样起到承上启下的作用。

(4) 每个人的心理发展过程和特点都是不一样的，发展速度也是不相同的，达到成熟的时期也是不相同的。有的人在青少年时期知觉和记忆就已经发展到较高水平，有的人还处于发展阶段或正在初步形成，但是逻辑思维能力一般出现的时间会比较晚，大致是青少年时期。

(5) 个体心理发展的各个阶段既相互联系，又相互制约。举例来说，儿童记忆发展的前提是知觉发展，反过来说，知觉发展也会影响记忆发展，知觉也会为思维提供便利，所以知觉发展也是思维发展的基础，与此同时，思维也会进一步对知觉进行完善。

(6) 个体的心理发展也是具有个体差异的，因为每个人所处的环境和接触的事物都是不相同的，还有遗传基因也是不同的，所以个体的心理发展也具有各种各样的特殊性。为什么同一年龄段的孩子会在心理发展上出现差异，有的时候是父母教育的原因，导致心理发展速度不同。总之，心理变化发展的情况是因人而异的。

## 二、青少年的心理发展特点

个体心理活动的发展在每个阶段都会有不同的特点，青少年阶段是人生观形成的重要阶段。因此，青少年心理活动比较丰富，心理出现的问题也比较多，需要家长和老师正确掌握青少年的心理变化，引导他们健康成长，这里所说的健康包括身体健康和心理健康。以下是青少年的心理发展特点。

### 1. 情感丰富，但是容易情绪化

进入青春期之后，个体的行为变得更加感性化，情感也变得更加丰富，很容易付出真感情。包括看到感人的电影和故事的时候，就开始潸然泪下，遇到自己喜欢的事物就会表现得异常兴奋，激情澎湃。

青少年摆脱了儿童时期的稚嫩，开始逐渐走向成熟，但还是掌握不好成熟度，在遇到困难的时候，还是容易情绪化，冲动易怒。青少年时期，少数男生还会出现打架斗殴的行为，用暴力的方式宣泄自己的情绪，这种心理活动就是不健康的。

### 2. 兴趣广泛，但是缺乏判断能力

青少年时期的孩子大多数思维比较活跃，喜欢接触更多新鲜有趣的事物，会积极参加自己感兴趣的活动，做有意义的事情。家长和老师可以积极鼓励学生参加各种健康有益的活动，提高青少年参加活动的积极性。

青少年还喜欢结交更多朋友，希望扩大自己的朋友圈，但是因为缺乏判断能力，很容易会造成交友不慎，开始沾染不良习惯。他们没有接触过社会，判断是非能力和选择能力都比较差，不知道什么人应该相处，什么人应该远离，严重的还会走上犯罪道路。

### 3. 建立意识，但是不完善、不稳定

心理活动健康的青少年意识是非常坚定的，主要表现在以下几个方面。

① 自觉性。与小学阶段相比，自觉性明显增强，知道自己主动学习，遵守学校和社

会规章制度，不做违法乱纪的事情；积极参加学校组织的各种活动。

② 坚持性。面对自己感兴趣的事情表现得非常坚定，能坚持不懈地努力学习，提升自己的个人价值，遇到困难的时候也能积极勇敢地克服，不畏失败。

③ 果断性。面对生活中的选择时，不再表现得优柔寡断，而是当机立断地作出正确决定，把握正确的时机，绝对不拖泥带水、藕断丝连。

④ 自制性。大多数青少年能利用日常行为规范约束自己的行为，知道什么事情该做，什么事情不该做，能够控制自己的情感和欲望。

### 4．智力逐渐成熟

智力上的成熟主要体现在注意力和求知欲上。青少年在青春期的时候注意力达到一定水平，开始对周围的事物有自己独特的见解，教师和家长一定不要阻止孩子发表自己的见解，一定要采用鼓励的方式，随后再进行正确引导。但是有时候他们也会固执己见，不愿意改变自己的思想。

求知欲表现得非常强烈，但是缺少认识事物的全面性，思想还不是很成熟。随着智力的成熟，想象力和创造力也开始发展，但是会出现制定的目标过高的情况，现实和理想开始分离，这个时候教师和家长就要指导孩子制定符合实际的目标。

## 课 后 习 题

1. 终身发展观包括_____、_____、_____、_____、_____、_____、_____、_____阶段。
2. 弗洛伊德创立的是_____。
3. 维果茨基根据教育和发展进行研究的是_____。
4. 青少年的心理发展特点是_____、_____、_____、_____。
5. 简述心理发展的定义。

# 第十四章　青少年学习心理

青少年已经开始意识到学习的重要意义，但是在我国的应试教育体系中，学生会面临很大的考试压力，容易导致其产生不健康的心理，因此要指导青少年学会学习，利用不同的学习方式取得优异成绩。

## 第一节　青少年学习的特点和意义

### 一、学习的定义与青少年学习的特点

学习的定义：学习是人获取知识和掌握技能的过程。这里的学习包括在学校接受教育获得知识技能，也包括在日常生活和社会实践中收获的知识，自己积累的经验也是知识的一种。这是学习含义最普遍的理解，但是行为主义理论的心理学家却认为对这个定义太过宽泛，只适合于人类学习行为的解释，动物也是有学习行为的，这样的定义不适用于所有的动物，尤其是低等动物的简单学习行为。所以行为主义理论心理学家给学习下的定义是：在强化练习的作用下出现的反应能力，随后人的行为在这种反应能力的作用下有较为持久的改变。

总体来说，青少年学习具有如下的特点。

**1. 计划性、目的性和组织性**

学生的学习是有计划、有目的、有组织的活动。学生的学习是在教师的指导下完成的，社会也会对学生的学习时间进行规定，来帮助学生尽快达到社会的要求。教师是知识的传输者，需要在较短的时间内传授学生知识，采用一定的有效方式，帮助学生学会学习，学会前人的知识，并能自己构建属于自己的知识结构体系，也就是自主学习。教师既要对知识有充分的了解，还要知道自己学生学习的特点，这样才能找到适合学生的学习方法。

**2. 被动性**

学生的学习一般是被动地接受教育，学生学习是为了适应未来的社会环境，但是当学生意识不到自己的学习是为了今后的生活时，一般都不愿意付出时间和耐心学习，所以教师要起到很好的引导作用，使用恰当的手段激发学生的学习兴趣，提高学生学习的主动性和积极性。

### 二、学习的类型

对学习进行分类，能更好地帮助学生有针对性地学习，还能提高学习效率和自主学习的能力，以下是对学习类型最有意义的分类。

### 1. 根据学习对象和学习内容进行划分

(1) 知识学习。学校中教师传授的知识是对自然和社会理论的学习，主要是由文字语言和符号构成的，具体的知识学习还被分为以下三个方面。

概念学习：学生需要先了解知识的概念是什么，才能进一步学习。无论学习什么知识都离不开概念的学习，概念是了解知识的前提，学生只有知道概念后才能知道知识内容的逻辑结构是什么。

原理学习：原理的学习是建立在概念学习的基础之上的，原理是由多个概念组成的，只有掌握概念之间的关系，才能知道知识的原理是什么。学习方式有很多种，选择适合自己的方式学习原理即可。

问题学习：问题学习是学习的最高形式，是在知识、经验、技能和概念的基础上进行的，能利用自己学习的知识解决问题，能根据问题的要求进行整改和组装，也能举一反三等，最终形成问题要求的方案。解决问题的方式有很多种，例如，假设验证、提出问题等，学生可以不断尝试，找到适合的方式。

(2) 动作技能学习。学生学习知识属于认知过程，但是动作技能的学习属于实践活动过程，两者之间是有差距的，学习的方法也是不相同的。动作技能学习是人在有意识的、有目的的前提下利用身体动作完成学习任务。例如，物理和化学课程中的实验就是学生通过技能学习掌握操作过程，也能熟练地掌握知识内容。

(3) 社会规范学习。社会规范学习就是学习社会的行为准则。为什么要学习社会规范？因为人和人之间，群体和个体之间的社会关系都要受到社会准则的约束，用来维持社会的稳定发展和正常秩序。社会规范的学习可以是学生在社会经验中的总结，也可以是情感的体验，同时也会受到社会道德规范和法律制度的约束，还有社会文化的影响以及社会舆论规范的制约。

### 2. 根据学习方式进行划分

(1) 机械学习和有意义学习。

机械学习：学习的内容之间并不存在相互联系的意义，或者是学生不能理解知识的含义是什么，也不知道材料中的联系是什么，单一地进行记忆。机械学习是必不可少的学习方式。比如，课文的背诵。

有意义学习：指的是掌握材料中相互之间的联系，也知道学习的内容是什么，最终知道知识的意义是什么。这里的意义不单单是材料中的，当知识放在别处的时候也知道具体意义是什么。

(2) 接受学习和发现学习。

接受学习：指的是教师在课堂上将材料的概念、原理还有结论讲给学生听，学生接受现成的知识。在接受学习中，学习的知识都是经过确定之后才传授给学生的。

发现学习：指的是教师以不确定的方式告知给学生，为的是学生能独立思考发现事物的新含义和意义，教师再进行指导，最后对知识进行理解和记忆。

## 三、青少年学习的意义

对于青少年来说，必须了解学习的意义(见图14-1)，只有知道学习的意义之后，才能主动地学习，提高学习效率。

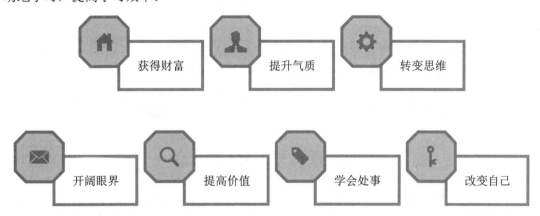

图 14-1 学习的意义

### 1．获得财富

学习就是不断获取知识的过程，只要学习不断，知识就会越来越丰富，俗话说"知识就是财富"，所以学习能帮助我们赚取很多财富。知识会帮助我们寻找一份适合自己的工作，在工作中还需不断学习，随之而来的就是知识会以薪酬的方式回报给你。

### 2．提升气质

学习不光能提高我们的文化素养，还会潜移默化地影响我们的气质。当你知识相当丰富的时候，会自带文人气质，包括做事的一举一动，还有处理事情的一言一行都透露着文化气息。

### 3．转变思维

学习的过程就是不断思考和分析的过程。多动脑、多思考就会使人变得越来越聪明，更能加深思想，还能运用知识改变自己的思想，改变思想也就是改变我们自己，使自己变得更加优秀。思想变得更加深邃之后，对事物的理解也就会更容易、更深刻。

### 4．开阔眼界

学习能帮助我们学到很多不知道的内容，帮助我们打开新世界的大门，开阔我们的视野。日常生活中没有遇到的事情或者是之前没有见到的事物，就可以通过学习进行了解。没有学习之前不知道世界之大，学习之后才知道自己有这么多不知道的事情，需要学习的内容无边无际。

### 5．提高价值

学习就是不断自我提高的过程，以实现自我价值。自我价值的体现就是看你影响了多少人，学习的知识越多，就会用知识去影响更多的人，实现的自我价值也就越高，这样生活才会更加充满意义。

#### 6. 学会处事

学习可以帮助我们学会处理事情，能平静自己的内心，遭受重大打击的时候，也能冷静下来寻找解决的办法。慌乱和焦急只会使事情变得更加糟糕。学习能帮助我们静下心来感受世界，感受生命的真谛，内心平静的人面对苦难的时候才会泰然自若。

#### 7. 改变自己

学习能让我们换个角度观察世界。学习也是与别人进行交流的过程，能从别人的口中得到他们的想法和观念，在他们的引导下，改变原来看事物的角度，随之发现新大陆。

总体来说，学习就是获取知识的过程，丰富我们的内心，使自己变得更加优秀，培养自己的技能，对世界产生新的认知。

## 第二节 学习理论

学习理论包括行为主义学习理论、认知主义学习理论和建构主义学习理论，三个学习理论发挥的作用都是不相同的。行为主义学习理论主要与行为塑造相关，摆正学生的学习行为；认知主义学习理论与获取知识相关；新课程改革的内容建立在建构主义学习理论的基础上。

### 一、行为主义学习理论与行为塑造

行为主义学习理论强调的是学习是个体在受到刺激之后就会产生一定的反应，因此行为主义者做出的行为是个体受到外界环境刺激之后产生的反应的假设。例如，学生在意识到学习是获取知识的过程，丰富内心，能使自己变得更加优秀，培养自己的技能，对世界产生新的认知，认识知识就是财富的意义后，开始主动学习，采取实际行动提高学习成绩。行为主义学习理论对学习的重要意义如下。

(1) 行为主义学习理论强调学习过程中存在的行为，这个行为作用可以是课前对课本内容的准备，也就是教师经常布置的预习作业；对知识进行练习，就是教师课后布置的练习作业，目的是对知识的认知进一步加深；对容易产生模糊记忆的知识内容进行强化训练。

(2) 行为主义学习理论培养学习动机，可以利用环境的刺激强化个体的行为，或者借助奖惩制度加强或者维持个体的学习行为。培养个体产生正确的学习动机，在动机的促使下产生某种学习行为。

(3) 行为主义理论学习还可以应用到学校的教育实践中。学校教师可以利用行为主义理论矫正和塑造自己的行为，也可以学习行为主义学习理论中的方法，掌握一定的方式和技巧，对学生的学习行为进行塑造和矫正，帮助学生在良好的环境和氛围中学习，最大限度地帮助学生改善不良的学习习惯，找到适合的学习行为。

总结：行为主义学习理论指出行为会受到外界的影响，可以在外界的刺激下改变学生学习的行为，或者塑造新的行为和矫正现在的行为。强化是塑造行为和保持行为重要的关键点，是不可缺少的部分。教师应该利用适合的方式对好的行为进行强化，这个时候学生的行为就会向着好的方向发展。

## 二、认知主义学习理论与知识获得

认知主义学习理论强调学习是一种对知识的认知过程,最后形成认知结构。也就是说,学生通过对知识的认知过程将各种信息进行存储和组织,形成一定的认知结构。人的大脑起到的就是信息加工的作用。这个过程是学生已有的知识和新知识之间相互作用、相互联系,形成新的认知过程。

认知主义学习理论认为学习就是获取知识的过程,学生需要自主进行知识的提取,亲身经历知识的获取过程,然后就会以某种方式将脑海中的知识和新的知识组织到一起,从而提高学生的记忆能力。认知主义学习理论包含三种观点。

### 1. 认知主义学习观

人类逐渐认识到,个体在接受奖励之后,学习行为会有进一步的强化。人类获取知识的过程体现为认知、注意、记忆、理解和解决问题。但是在获取知识的过程中会受到个体情感、态度、情绪等方面的影响,导致知识获取不准确,只是了解知识的表层内容。个体获取知识的过程主要是按照认知学习理论进行的。

### 2. 认知主义教学观

个体学习的过程是根据人的心理活动将认知活动和情境活动相结合,两个活动中产生的因素对学习过程产生一定的影响,它们是同时产生和相互作用的。假如没有认知因素,那么个体就不能完成学习任务;同样,没有情境因素,就不会有学习活动的产生和维持。

### 3. 认知主义知识观

认知主义知识观在帮助个体获得知识的同时,还会对知识进行加工,完成已有知识和新知识的相互融合,保证两者之间产生联系,并相互作用,最终新知识也会变成已有的知识或者信息。

## 三、建构主义学习理论与新课程改革

传统模式下的学习观是教师将要学习的知识灌输到学生的脑海中,忽视学生自主学习积累的知识,因此学生并不能发挥主观能动性和自主学习的能力,丧失独立思考的能力和自身的创造性。

建构主义学习理论强调发挥学生学习的积极性、主动性、自主性和创造性。建构主义学习理论是建立在传统模式学习理论的基础上的,它强调学生之间要相互合作和分享,达到对知识的全面认知,与现在的新课程改革所强调的内容有相同之处,如图14-2所示。

图14-2 建构主义学习理论与新课程改革相同之处

### 1. 师生角色

建构主义学习理论重视学生以已有的知识经验构建新的知识体系，只将知识的含义或者意义告知学生对学生没有实质性帮助，教师的教学方式要围绕学生的主观能动性、自主性、积极性和创造性展开。我国的新课程改革充分体现建构主义学习理论，确定新的师生角色，以学生为本，将更多的学习自主权交给学生。

### 2. 学生互动

建构主义学习理论发现学生的知识经验具有丰富性和差异性，因为每个学生的思维方式和知识背景都是不同的，这就导致在学习的过程中，他们对知识内容的构建也是不同的，所以应该正确看待学生知识经验的差异性，引导学生之间相互合作，进行知识经验分享、交流和沟通，这样不仅能发现学生在学习中遇到的困难，还有助于学生培养发散性思维和创造能力，更有助于师生之间关系的进一步和谐。我国的新教育改革也非常重视师生之间进行互动，合作学习，分享知识、观点。

### 3. 情境教学

情境教学的方式是教师设置一种教学情境用来唤醒学生已有的知识积累，这个时候新旧知识之间产生必然联系，对学习的新知识进行加工和处理，组织建构新知识的内容和意义，学生学习新知识的过程也不再困难。与此同时还能发挥学生学习的积极性和主观能动性。教师创设的情境尽量与现实生活相关，这样学生就会将理论与实际应用结合到一起。建构主义学习理论强调学科之间的交叉性，新课程改革充分体现了这些内容。

## 第三节 学会学习

学会学习的方式有激发学生学习动机、促进学生学习迁移、训练学生学习策略、了解学生学习风格的差异。每一种学习方式都需要学生自己充分掌握，学会这几种方式才算得上会学习。学会学习之后学生才能有稳定的行为方式和偏好习惯。

## 一、学习动机及其激发

学习动机直白解释就是能够推动学生学习的一种动力，只要学习就需要有学习动机，社会和教育也客观要求学生存在学习动机。学习动机由多种心理成分构成，但是最重要的核心是学习自觉性和兴趣。学习动机需要学生对学习产生兴趣并在学习上有自觉性，在学习上表现出非常高的热情和坚定的精神，因此教师一定要重视和激发学生的学习动机，如图 14-3 所示。

### 1. 激发求知欲和好奇心

学习动机中最重要的就是求知欲和好奇心，求知欲和好奇心是激发学生学习动机的基础。只有激发出学生的求知欲和好奇心，他们才会主动学习，这个时候教师的整个教学过程也会非常顺利。教师在合适的时机激发学生的求知欲和好奇心为自己营造良好的教学环境，可以利用最直观的方式进行教育教学，满足学生精神上的需求，从而感受到学习带来的乐趣。

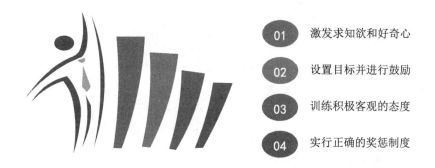

图 14-3　激发学生的学习动机

### 2. 设置目标并进行鼓励

从学生的心理出发，他们也希望自己能学会和运用知识，学习不好的时候，他们比任何人都着急和焦虑，只是面对问题的时候选择的做法不同而已。一般情况下学生可以分为两种，一种是成就目标型学生，另一种是学习目标型学生。前者是将学习当成获得能力的阶梯，后者是将知识用来获得能力，两者都可产生学习自觉性，当他们取得成绩的时候教师或者家长可以适时加以赞扬，从而激发他们的自信心和动力。设置目标还能培养学生迎难而上的勇气、遇到问题的时候自己想办法解决的信念。

### 3. 训练积极客观的态度

学生在学习的时候，对学习的态度不是一成不变的。影响学习成绩的原因有很多种，所以在分析的时候就需要结合多种因素同时考虑，大多数情况下学生会把成绩不好归结到自己不努力的原因上，因为他们认为成功与失败和努力之间有必然的联系，没成功就是努力不够，努力够了自然就会成功。学生对学习的态度不一样，产生的学习动机也是不同的，所以需要训练学生面对学习结果的时候保持积极乐观的、现实的心态。

### 4. 实行正确的奖惩制度

正确的奖惩制度能激励学生对学习产生积极性。学生要是受到教师的表扬和夸赞一定会对今后的学习更加努力和上进，肯定的评价会起到与它相对应的作用，学生能够产生积极向上的动力和学习追求。但是犯错误的时候也要进行惩罚，适当的批评还是有必要的，让学生知道有些事情是不可以做的。

## 二、学习迁移及其促进

学习迁移是学习过程中普遍存在的现象，有效的迁移能帮助学生提高学习效率。积极的学习迁移促使学生对知识吸收得更快、更有效，学生也能将知识和技能应用到实际问题的解决上，所以学习迁移是一种解决问题能力的表现。那么如何对学生进行有效的学习迁移呢？如图 14-4 所示。

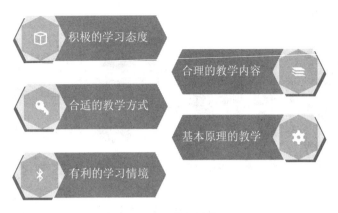

图 14-4　学习迁移

### 1．积极的学习态度

学生的学习态度是非常重要的，积极的学习态度促使学生产生学习积极性和自觉性，消极的学习态度会使学生丧失对学习的信心，所以教师要利用各种方式培养学生积极向上的学习态度，明确学生学习的意义和目的。

### 2．合理的教学内容

教师要整理好自己的教学内容，找到合理的方式将教材内容结构化、一体化和网络化，整体的教学内容以学生听得懂为原则，否则教师的整个教学就没有任何意义，合理的教学内容才能帮助学生更快地了解知识。

### 3．合适的教学方式

教师在教学的过程中还应以学生自主学习和探究式学习为主要方式，只有这样学生才能发挥创造力，真正理解知识的内涵和运用方法，更好地将理论和实践结合到一起。教师利用合适的教学方式引导学生自主学习和探索学习的奥秘，希望他们能够自己寻找资料中的知识和规则，然后加以概括和总结，形成自己的知识体系。

### 4．基本原理的教学

教师教学的内容不单单是简单的概念解释，还应结合知识的基本原理，学生只知道概念的话是没有办法解决问题的。在知识中介入基本原理的介绍，既可以增加学生的记忆和理解，又可以帮助学生积极地参与到课堂活动中，促进教师和学生之间的完美互动。

### 5．有利的学习情境

学生为什么要学习？一方面是充实自己的文化知识，另一方面是希望所学的知识能运用到相应的情境中，进行学习的迁移。有利的学习情境主要从学生的角度进行分析和观察，看看学生周边的生活和环境，然后有意识地将生活中的片断和具体的教学内容结合到一起，学生就能清楚地知道这类知识应该运用到什么地方，方便学生对学到的知识进行迁移。

## 三、学习策略及其训练

学习策略就是学生学习的有效方式和规则，正确的学习策略能帮助学生提高学习质量，取得优异的学习成绩。学生应掌握的学习策略有很多种，例如学习的技巧和方法等。其实学习策略并没有具体的概念界定，因为从不同的角度和研究方法上都有不同的看法。学习策略一般可分为元认知策略、认知策略和资源管理策略。如何对学习策略进行训练，具体如图14-5所示。

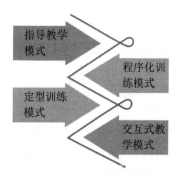

图14-5　训练学习策略

### 1. 指导教学模式

教师在整个教学过程中起引导作用。举例来说，教师向学生讲解某道题的具体解答方式和步骤，学生了解的时候对知识进行吸收。这道题具体应用的时候教师可以给予相应的提示，然后学生能够将刚才讲解的题进行口头叙述，解释明白每一个步骤操作的依据，还有自己在使用学习策略时的思维，这个时候学生就能对这道题举一反三，充分了解这道题的基本原理。通过不断叙述的定性思维模式，能加强学生对学习策略的认知和理解。

### 2. 程序化训练模式

程序化训练模式就像计算机编程一样，先将具体实现的基本功能进行分解，成为若干有条理的小步骤，慢慢地一步一步实现最终的基本功能。程序化训练在合适的范围以固定模式存在，这个时候就要求学生按照程序化模式经过反复练习和实践之后达到的目的。

### 3. 定型训练模式

定型训练模式就是教师讲解完一个完整的学习策略之后，然后为学生提供不同程度的资料，为的是促进学生充分理解学习策略中的每一个步骤和成分，最终使学生能够自主地完成学习策略中的步骤和成分，也就是将学到的内容变成自己的知识。

### 4. 交互式教学模式

交互式教学模式主要是帮助学习成绩不是很理想的学生，教师和学生之间组成小组，目的是教会学生五种学习策略，分别是总结、提问、分析、预测和合作学习。这种交互式学习策略比学生单独学习有效，大家的想法更具有完整性。学习成绩不理想的学生使用交互式学习策略一般都会取得比较好的效果。

## 四、学习风格及其差异

学习风格和学习策略一样没有统一的界定，很多学者从各个角度都对学习风格进行过定义，我们认为学习风格就是学生对学习有自己的固定模式，就像画家有自己独特的画风一样，学生在学习的过程中有自己的行为习惯和偏好方式来进行稳定的学习活动。学习风格对学习成绩和学习活动有一定的影响。从感觉通道和认知风格两方面来说学习风格也存在差异。

### 1. 感觉通道

感觉通道指的是学生在学习的过程中利用五官感受进行知识概念性的分析和比较，具体差异主要体现在视觉、听觉和动觉上。

（1）视觉型。视觉型的学生对视觉类的事物比较敏感，他们习惯利用眼睛去学习知识。例如，外部环境的景色和课本上的图片或者文字等。这类学生更适合自己看书，自己对看到的事物进行总结和规划，更倾向于自主学习，不适合教师灌输知识。

（2）听觉型。听觉型的学生更侧重于听觉，听觉比较敏感，像老师课堂上讲解的知识，这类学生就能更好地吸收和运用。听觉型的学生对语言和音乐的理解能力和接受能力比较强，他们喜欢在有声音的时候学习，此时才能发挥学习的主动性和积极性。

（3）动觉型。动觉型的学生更喜欢动手操作。比如化学和生物课的实验过程，他们认为自己动手参与的过程更加有趣。

### 2. 认知风格

（1）场依存型和场独立型。场依存型主要是知觉受到外界的刺激，而场独立型是身体内部在接收到外界刺激后产生的感受。

（2）反思型和冲动型。反思型的学生在回答教师提出的问题时，一般会经过深思熟虑、分析和逻辑性的思考，对各种有可能的答案进行评估，最后选择最有把握的答案；冲动型的学生往往在教师提出问题的时候，几乎是在没有进行思考的情况下很快作出决定，他们在直觉上做出很大的跃进，以最快的速度形成思维和看法。

（3）分析型、综合型和分析综合型。分析型的学生主要侧重于分析，包括细节上的分析，但是感知能力比较差；综合型的学生侧重于概括和总结，一般更关注事物的整体，对局部的感知能力比较差；分析综合型的学生结合两者之间的特点，既有分析又有概括和总结，既能观察事物的整体也能观察事物的细节。

（4）深层加工和浅层加工。深层加工的学生喜欢深入了解知识的内容，还能根据知识内容和概念建立框架，为的是获取更深层次的内涵；浅层加工的学生只是将知识进行记忆，不会将内容和概念连接到一起，也不会发掘深层的知识。

## 课 后 习 题

1. 获取知识和掌握技能的过程是_____。
2. 青少年学习具有_____、_____、_____、_____的特点。
3. 根据学习对象和学习内容进行划分，学习类型可分为_____、_____、_____。
4. 行为主义的学习理论与_____相关。
5. 简述青少年学习的意义。

# 第十五章　青少年心理健康

国家、学校和家长都必须重视学生在青少年时期的心理健康问题，选用合适的方式进行心理健康教育或者组织心理健康活动，帮助学生进一步了解有关心理健康的知识。面对青少年产生的心理健康问题需要找准应对措施，对青少年进行积极的引导。

## 第一节　青少年心理健康教育

### 一、心理健康的含义与标准

对于青少年来说，真正的健康是身体、心理都处于良好的状态。心理健康可以从广义和狭义两个方面来理解。从广义上来说，心理健康指的是各个方面和行为过程都处于高效和满意的状态下。从狭义上来说，心理健康是一种基本的心理过程，内容上完整，行动上保持一致，还有其他方面都能适应社会，与社会保持高度一致性。

心理健康是一个现代人不可忽视的问题，人的生理健康是有标准的，同时人的心理健康也是有标准的，可以依照以下标准，进行心理健康的自我判断。

(1) 有足够的安全感和自尊心，面对自己的成就有价值感和自豪感，认可自己并对自己有信心。

(2) 适度对自己进行自我评价，空余时间反省自己不足之处，不过分地赞扬自己，也不过分地贬低自己，面对别人的批评能够欣然接受，并及时改正。

(3) 面对生活的时候，有自己的主见，不会随波逐流，有分辨是非的能力，不盲从，坚持自己的观点，不会被外界事物影响自己的判断，还有一定的主动能力。

(4) 能够理智地判断事物，接受现实，客观看待自己，面对失败的时候，保持积极阳光的心态，不会被生活打败，以平常心看生活中的不如意，不抱有不理智和不现实的想法。

(5) 生活中有时候是需要别人帮助的，当一个人能力不足的时候，可以接受别人的帮助。正确看待自己的个人需求，同时也具有满足个人需求的能力。认可别人的帮助，也会非常感谢别人伸出的援助之手。

(6) 能清楚地认识自己的能力，对自己的能力有客观的评估，知道自己做一件事情的目的和动机是什么，知道自己要做成什么样子才算满意。

(7) 有责任心，无论是学习还是工作都能集中注意力且拥有耐心，还能保持高效性，保持自己的人格完整性与和谐性，个人的价值观符合社会价值观的标准。

(8) 在生活和学习中，有自己切合实际的目标，并有向着目标努力前进的决心，知道如何对自己的目标进行规划，制订符合自己情况的计划。

(9) 有学习能力，总结每次经历后的经验，为自己补充知识和技能，能适应环境和社会的发展，也能根据社会和环境的需求提升自己的适应能力。

(10) 拥有良好的人际关系，与他人发生矛盾和冲突的时候知道如何解决；有爱和被爱的能力；不做违背道德准则的事情，保持自己独特的个性，不过分阿谀谄媚他人；有自己的观点和原则。

自我诊断后，如果发现自己心理健康存在问题但问题不严重，可以有针对性地进行训练，以达到心理健康的标准，如果发现自己和标准相差很大，那就需要找专业人士帮助，及时就医，找到自己心理不健康的原因，及早治疗。

## 二、青少年心理健康的现状

随着社会的不断进步，一部分青少年对周围环境的适应能力，以及在学习方面和人际交往的选择上都出现问题，还有的青少年会因为不能及时克服心理障碍出现抑郁症状，一部分青少年出现不同等级的焦虑症。

现如今科技发达，互联网文化潮流涌入青少年的视野中，影响青少年心理健康。可以说青少年的成长和网络发展有很大关系，过度使用网络和手机给青少年的身心健康带来了很大的影响。对青少年心理健康现状进行分析后，总结出以下几点常见的心理健康问题。

### 1．学习心理问题

学习占据青少年的大部分时间，成为学生的主要任务。受我国应试教育的影响，学生在学习上承受着很大的压力，当压力无处释放的时候，集聚时间越来越长，总会在某个瞬间爆发，随之出现厌学和逃学的现象，想要摆脱学习的压力。因为压力的原因导致学习困难，产生焦虑的心理问题，还会产生学习障碍，这种现象出现在男生身上的概率会比较大。

### 2．情绪心理障碍

因家庭、换新环境和学习竞争压力等原因，青少年内心开始变得敏感多疑。青少年的情绪心理问题也是值得关注的心理健康问题。大多数青少年在不良情绪的影响下会因为抑郁、烦闷而心情暴躁。此心理问题一般发生在女生人群，女孩心思本身比较敏感。

情绪心理障碍早期的表现：情绪不佳、心情不好、易哭易怒、沮丧、垂头丧气、睡眠质量下降等。

### 3．品行和犯罪心理问题

青少年犯罪数据日渐上升，最大原因是没有做好青少年心理健康的研究和保障工作，没有及时发现异常迹象，犯罪心理主要是想报复社会。

具有品行心理障碍者，其主要行为是反社会性、攻击性和对立违抗性，总是喜欢与别人唱反调，不喜欢被人约束，经常以打架斗殴来展示自己的"魅力"，还会产生虐待小动物的畸形心理，以致过早地走上犯罪道路。

### 4．虐待心理问题

这里的虐待指的是遭受非人的待遇，有的家庭会出现家长对孩子施暴的行为，轻的对孩子的身心健康造成终身影响，重则导致死亡。父母或者监护人负不起精心照料的职责，忽视孩子的情感需求和心理健康。

虐待儿童的现象在我国还没有引起很高的重视，因为家庭中的施暴具有隐匿性，是可以被掩盖的。这种现象多在农村和偏远、贫困地区出现，在那里法律起到的作用也微乎其微。孩子在童年遭受的虐待即使被治愈，内心也会存在创伤后的阴影，出现不正常的行为。

长期遭受虐待的孩子还可能会有暴力倾向和反社会行为，精神上也会产生障碍。

#### 5．社交心理障碍

部分青少年还存在社交心理障碍，不愿意过多地与别人交流，只想活在自己的世界中，别人也难以了解他的内心世界。有些有社交心理障碍的青少年语言表达能力也会出现障碍，兴趣爱好也不同于常人，我们将这种社交心理障碍称之为孤独症。孤独症目前已经成为全社会重点关注的心理健康问题，还专门设立了国际孤独症关爱日。孤独症一般很难治愈，但是一部分孤独症患者是可以回到社会中的，只是会面临社交障碍和社会适应等问题。

#### 6．网络上瘾

由于互联网的出现，很多青少年喜欢在网络上抒发自己的负面情绪，表达对某件事情的看法，还会在网站里浏览有害身心健康的网页，或者发布不良信息，甚至以社交网络为中介传播自己的自残等行为。如今，互联网已经成为青少年日常生活中不可缺少的一部分，不少青少年开始沉迷于网络不能自拔。

#### 7．留守问题

由于存在城乡发展不平衡、农村居民生活贫困等问题，我国农村和偏远地区留守儿童数量很多，农村各种资源缺乏，青少年没有办法接受正规教育，没有父母的关爱，礼仪教养有失规范，有些青少年选择辍学，开始扛起生活的重担，还会产生叛逆心理。

## 三、学校心理健康教育

学生的心理健康已经成为国家和学校的关注重点，学校要进行心理健康教育，主要是对青少年心理健康知识和技能的指导和教育，培养学生良好的心理素质，促进学生的全面发展。学校的素质教育离不开心理建康，学校心理健康教育有着重要意义。

#### 1．促进学生全面发展

我国现在的教育体系是以马克思主义对于人的全面发展思想为理论基础，但是现在更多学校注重升学率，忽视学生的全面发展，导致学生学习压力过大。所以党和国家对教育作出深化改革、全面推进素质教育的决定。

全面发展的含义就是注重身体发展的同时还要重视心理健康的发展，促进学生在德智体美劳等方面全面发展。现如今社会关系也变得日益复杂，未来可能不仅要看人的知识能力，还要看个人的心理素质，所以学校有必要开展心理健康教育，促进学生的全面发展。

#### 2．促进学生身心健康

健康不只是代表没有疾病，更代表着身体和心理上处于完好状态，两者缺一不可。假如只有身体上也就是生理上的健康，没有精神上也就是心理上的健康，也是不健康的个体。

人们对青少年的健康基本还停留在生理上，心理健康的概念还没有普及，这样的做法不仅损害学生的心理健康，就连生理健康也得不到保障，毕竟两者之间是互利共生的关系。只有学生的生理和心理健康都得到重视，才能提高身心健康水平。

### 3. 促进学生思想品德提升

青少年时期正好是素质教育的最好阶段，原因是他们处于品质形成的重要时期，也是人生观、价值观、世界观形成的重要时期。这个时候青少年的心理复杂多变，家长和教师很难掌握把控力度，一旦力度过大就会导致学生产生逆反心理，所以有必要强化青少年的思想道德品质，知道他们内心的真正想法。双方之间建立亲密关系，不再是师生和亲属关系，而是朋友关系，这个时候青少年才能打开心扉，畅所欲言。

学校开展心理健康教育，目的是对青少年的心理进行调节和指导，进一步完善素质教育。值得注意的是，心理健康教育和思想道德品质教育两者有相通之处，但是不能混为一谈，也不能相互代替。

### 4. 促进精神文明建设

心理健康教育能帮助青少年以积极乐观的态度面对生活，克服自己的消极心理，促进社会主义精神文明的建设。青少年在心理健康教育中应正确认识社会和自我，知道如何拥有良好的人际关系，增强在社会中的适应性。

学校开展心理健康教育能帮助青少年塑造良好的品行，调动学生的积极性、主动性和创新性。所以学校开展心理健康教育能优化社会环境，是社会主义精神文明建设的重要内容，其意义深远且重大。

## 第二节　学校心理辅导

### 一、学校心理辅导的含义

学校心理辅导(见图15-1)属于帮助别人摆脱心理问题的过程，主要是帮助来访的人能够更加清楚地了解自己，帮助他们找到心理问题出现的原因，并给予相对应的解决措施，帮助心理存在问题的人克服障碍，积极地面对生活，使得他们能够适应环境继而达到心目中的理想状态。

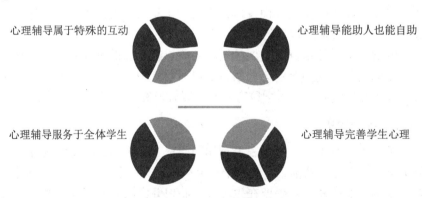

图15-1　学校心理辅导的含义

### 1. 心理辅导属于特殊的互动

心理辅导是一种特殊的交流互动，主要是帮助别人说出心里不愿意说出的秘密，辅导者和学生之间以朋友的身份互相沟通，帮助学生解答心理上的疑惑。辅导者必须是专业的，对于抗拒心理辅导的学生，要多一点耐心和理解。

在心理辅导的过程中，辅导者扮演的角色主要是倾听者，倾听学生的心事，期间一定要保持安静和耐心。听完学生的倾诉后，利用学过的专业知识帮学生分析产生心理问题的原因，主要的解决措施是什么。双方之间摒弃师生关系，更多的是以朋友的身份给予关心和爱护。

#### 2. 心理辅导能助人也能自助

心理辅导客观上利用心理学知识和专业技能，帮助学生走出心理上的困境，解决心理上的问题，维护学生的心理健康，使学生能够健康快乐地成长，这个心理辅导的过程完全就是助人为乐，促进学生个性健全地发展。

心理辅导过程中，辅导者和学生一起探索心理上的问题，双方之间互相合作，辅导者起到的作用就是民主式的协作。心理辅导教师是协助学生解决问题者，具体做法还是需要学生自己去解决，毕竟"解铃还须系铃人"。

#### 3. 心理辅导完善学生心理

心理辅导涉及的知识非常广，形式也是很复杂的，学校中的心理辅导者必须是经过专业训练或者考取心理学证书的人员，只有这样才能利用专业知识和技能帮助学校开展心理健康辅导。

心理辅导要理论结合实际，按照正规的操作步骤完成对学生的心理辅导。心理辅导老师运用自己的专业技能和知识理论帮助学生解决心理上的疑虑和困惑，使学生能够正确看待自己的发展和行为，从而获得心理健康。

#### 4. 心理辅导服务于全体学生

学校心理辅导面向的是全体学生，而不是针对心理有疾病的学生。从事心理辅导的教师在培训的时候也应多角度思考发展问题，学校心理辅导教师可以宣传心理健康知识，从根源上杜绝心理不健康。

## 二、学校心理辅导的内容

学校心理辅导的内容主要还是围绕学生进行的，为的是学生能够健康快乐地成长，具体内容和学校的教育理念保持一致。学校重视学生的学习成绩，同时也注重学生的全面发展和心理健康，所以才有学校心理辅导教师的存在，毕竟学生的心理发展是复杂多变的，很少有人能够读懂他们内心的想法，只能从专业的角度出发。

学校心理辅导的内容包括帮助学生对自我产生正确的认知，能够接纳自己的某些行为，解决学生心理上的问题和障碍，给予学生适应周围环境的方法和措施，增强学生在面对困难时的勇气和信心，最终就是让学生能心无旁骛地学习。学校心理辅导的内容主要以两个方面为主。

#### 1. 帮助学生调节和适应

学校心理辅导内容之一就是帮助学生学会调节和适应周围的环境，调节的主要是学生的行为习惯，适应主要是指学生改正错误的行为，培养正确的适应行为。学生的行为习惯不仅要符合学校行为规范，还要和社会规范保持一致，避免学生因为行为问题产生社交恐惧症，提高学生的社交质量。

通过学校心理辅导调节学生精神与生活上的关系，弄清在生活中是否存在影响学生身心健康的某些因素，仔细观察学生的心理变化。学生需要学会适应自己周围的环境，用正确的眼光看待自己的发展和行为，在心理辅导教师的帮助下，接纳不完美的自己，知道如何与周围的人和睦相处，保持和谐的人际关系，化解与别人产生的冲突和矛盾，保持积极的态度。

### 2．帮助学生正确发展

学校心理健康辅导内容之二就是帮助学生树立正确的发展观，引导学生发现自己的特长和优点，教育学生面对自己缺点的时候不要产生自卑心理，人都不是完美的，谁都会犯错误。让学生制定符合自己发展的目标和计划，知道如何对自己的计划负责任，学会主动与别人建立亲切的人际关系，学会主动性和创造性。

学校心理辅导的内容还包括指导学生积极向上地生活，找到适合学生的发展方式。例如对于自卑的学生来说，心理健康教师辅导的主要内容就是让他正确认识自己的心理问题，学会接纳和欣赏自己的缺点。

## 三、学校心理辅导的原则和形式

学校开展心理健康辅导，教师必须遵循心理辅导工作的原则，必须保持严肃的职业操守。学校心理辅导的原则如图15-2所示。

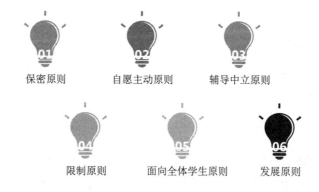

图15-2　学校心理辅导的原则

### 1．保密原则

保密原则是心理辅导获得学生信任的基本保障，要求心理辅导教师保守双方之间的秘密，保护好学生的隐私，包括双方之间的谈话内容都不可以进行公布，这是最起码的职业道德素质。还要保管好个人物品，避免丢失后造成学生信息泄露的问题。

### 2．自愿主动原则

学生意识到自己的心理问题主动请求心理辅导教师的帮助，而不是强制要求学生进行心理辅导，始终保持自愿主动的原则，不含有胁迫性。心理健康辅导是为了促进学生健康成长和发展，而这个过程需要学生的自觉性和主动性，所以即使教师逼迫学生进行心理辅导，学生也会产生抗拒心理，这就失去了心理辅导的意义。

### 3. 辅导中立原则

保持辅导中立原则的好处是保证心理辅导教师不带有个人情绪去批判和评价来访的学生，从而客观公正地分析问题，这样就会增强来访学生的信心，有利于双方之间建立信任关系，后边的心理健康辅导工作才会顺利进行。保持中立原则并不否认教师有自己的价值观和道德底线。

### 4. 限制原则

心理教师主要是辅导学生解决心理问题，时间是有限制的，大概一周一次就可以，不需要太过频繁，因为学生需要时间解决心理问题。而且心理教师起到的是协助作用，具体的做法还是要依靠学生自己。心理辅导教师只做工作范围内的事情，不会接受其他请求。

### 5. 面向全体学生原则

学校心理辅导不是只针对存在心理问题的学生，而是要面对全体学生的，心理辅导内容需要考虑到大多数学生的需要和普遍存在的问题。

### 6. 发展原则

心理辅导的核心是个人成长，主要是发展问题，不是健康问题，心理辅导教师应将来访学生的心理问题看成个人的发展问题，因为学生的思想普遍还没有成熟，心理和生理上还处于成长阶段，所以心理辅导教师应以发展的眼光看待学生的心理问题。

学校心理辅导的形式主要有五种，分别是：心理咨询，主要是进行心理上的个别服务；心理档案，心理辅导教师根据心理辅导的原则建立学生心理档案，方便对学生的心理情况进行筛查；心理图书，阅览室放置心理学相关书籍，帮助学生提高心理素质；团体辅导，心理辅导老师为团体学生进行心理辅导，学生之间相互交流，调整彼此的心理认知；心理讲座，讲座的受众群体可以是家长和教师，就当时的热点问题展开教育，可以是心理健康意识和心理问题防护问题等。

## 四、学校心理辅导的主要方法

学校心理教师的主要职责是针对学生心理问题找到适合的方法，帮助学生健康成长，正确认识自己。心理辅导的主要方法，如图15-3所示。

### 1. 心理指导法

心理指导法主要是对学生进行说理教育，但是与德育教育不同，心理指导中的说理教育是通过心理学理论和辅导技能，强调的是心理上的道理，学生接受心理指导来提高心理上的认知水平，从而改变自己的行为。心理指导的重中之重就是将心理之理变成说教之理，使学生能够信服，同时还需要心理辅导教师将"道理"讲明白，注意不同的学生要使用不同的说理方式。

图 15-3 心理辅导的主要方法

### 2. 心理陶冶法

心理陶冶法主要是心理辅导教师利用各种丰富的情感来抚慰学生的心灵，这就需要心理教师善于发现和创造陶冶心理的主要因素。心理教师可以以自己的情感为学生创造情境，也可以组织群体关心某个个体，或者学习陶冶心理的课程。心理陶冶法属于暗示的教育方法，让学生在无意识的情况下接受外界对他的积极影响，以达到教育的目的。

### 3. 心理激励法

心理激励法，顾名思义，就是利用一个具体的目标激励和鼓舞学生采取积极行为去完成。心理激励法主要是建立心理上的目标，再添加一定的促进力量，使学生积极努力地去实现。在心理健康教育上，心理激励法适用的范围比较广泛，心理辅导教师既可以将它运用到团体中，也可以将它运用到个人上。

### 4. 反"马太效应"法

反"马太效应"是相对"马太效应"而提出的。"马太效应"是指好的愈好，多的愈多，少的愈少的一种现象。教师在教学的过程中，会对自己喜欢的学生有一定的偏爱，不管是有意的还是无意的，都会在一定程度上忽略其他学生的想法，导致学生产生逆反心理，最终影响师生关系。心理辅导教师处理这类问题就需要运用反马太效应法，消除学生的消极情绪。

### 5. 心理控制法

心理控制法主要是心理辅导教师根据学生的心理变化、心理活动的规律和行为表现，利用巧妙的语言对学生的心理进行管理和约束。

### 6. 心理训练法

心理训练法主要是心理辅导教师通过有目的、有针对性的训练来改变学生的心理。预防学生出现心理问题或者是在学生出现心理问题之后的补救方法，提高学生的心理素质。

## 第三节 青少年常见心理问题的对策

青少年常见的心理问题包括青春期性心理问题、学习心理问题、人际交往问题、青少年心理压力和不良个性问题。这些心理健康问题会阻碍青少年健康成长。找到青少年对应的心理问题才能知道如何采取措施，对症下药。

### 一、青春期性心理问题

青少年在步入青春期之后便开始产生性意识，希望能引起异性的关注，还会想到一些跟性有关的事情，这些行为和想法经常会困扰刚步入青春期的青少年。真正的原因是对性知识的匮乏，和一些不健康的性观念的影响，以及家长和教师都认为这是非常隐晦的话题，所以也不愿意对青少年有过多的解释，这就导致青少年面对性问题的时候产生困惑。解决青少年性心理问题的具体对策，如图 15-4 所示。

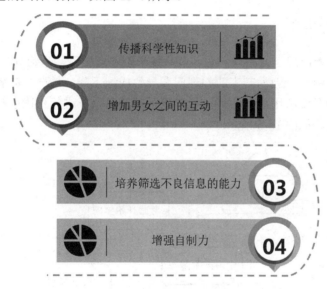

图 15-4　青少年性心理问题的具体对策

#### 1. 传播科学性知识

当青少年处于青春期的时候，也正是生理产生巨大变化的时候，这个时候应该增强学生对自己生理上的认识，知道到了青春期的时候自己的身体会有哪些变化，引导学生正确看待异性生理上的变化，教会他们用科学的方式保护自己，消除对性的神秘感。

以正确、科学的方式向青少年传播性知识，让他们以正常的态度去面对自己和其他人生理上的变化。应该面对面地与他们进行交流，解决他们不懂的问题，矫正他们对性的不良认知，纠正他们对性的错误认识。

#### 2. 增加男女之间的互动

青春期的青少年会对异性产生好奇心理，希望能够引起对方的注意，这个时候可以组织活动,进行男女生之间的互动,这样的活动方式能够促进青少年身心健康的发展,还能营造和谐的氛围。青春期男女之间性格的差异也表现得比较明显,正好利用这一特点让他们之间相互学习,取长补短。

### 3. 培养筛选不良信息的能力

现在能获取信息的渠道非常多,除了在课堂上获取知识外,还能通过其他渠道获得信息。这个时候很容易会受到不良信息的影响,学生自己无法分辨信息的好坏,所以要培养他们筛选不良信息的能力,要教育青少年抵制不良信息的诱惑。

### 4. 增强自制力

青少年在青春期容易产生性冲动,要提高青少年的自制力,避免他们走上犯罪的道路,学会调节自己的意志和情感,当自己冲动的时候可以转移注意力,将自己的思维转移到别的事情上,减少性冲动发生的概率。青少年要学会控制自己的情绪,行为不要被自己的情绪所左右。

## 二、学习心理问题

青少年时期开始出现学习心理问题,有些孩子不愿意学习,开始对学习产生新的意识,或者不良的想法,最终会因为产生的心理问题导致成绩下降,最严重的就是孩子不愿意上学,认为学习知识是没有用的。此时家长和老师就要对孩子进行正确引导。青少年在学习上产生的心理问题,如图15-5所示。

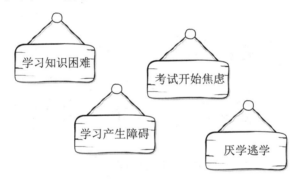

图15-5 青少年学习心理问题

### 1. 学习知识困难

青少年接触有难度的知识时,有时会对学习产生抑制力,导致学习困难,上课的时候没有办法集中注意力,下课也不愿意付出努力,与其他同学相比,随着成绩差距的不断扩大,对学习知识的抵触情绪也会不断加强,记忆力也会下降,面对相对复杂的题目时不愿意花时间去思考,长此以往,青少年最终会对学习丧失信心,从之前的主动学习变成被动学习,对学习失去兴趣。

### 2. 考试开始焦虑

考试之前的心理对学习成绩有很大的影响。因为自己没有掌握好学习的知识,所以就会在考试之前产生焦虑情绪，越是焦虑记忆力就会越下降，思考考试题目的能力也会下降，伴随下降的还有逻辑思维能力，最后原本会答的题目也开始变得不会，大脑一片空白，导致成绩不理想，随之就会产生逃避考试的心理。考前焦虑一般出现在中考和高考的时候，这种类型的考试可能会决定孩子的一生，所以他们很容易紧张和焦虑，害怕自己发挥失常，影响自己的一生。

### 3. 学习产生障碍

青少年在焦虑情绪的影响下还会产生心理障碍，最常见的就是感知觉障碍，也就是直觉和感受能力阻碍学习知识；视听功能障碍，人在高度紧张的状态下是听不到周围事物发出的声音的，只会沉浸在自己的焦虑中；语言发育障碍，紧张和焦虑会使人说话变得不流利，语言组织能力会下降，不能说出完整的话语；多动症行为障碍，有的人还会在紧张和焦虑的情况下不停地做出动作，比如抖腿、摸耳朵等。这些心理障碍会对学生的学习产生不利影响。

### 4. 厌学逃学

学习成绩不理想和不良情绪不断恶性循环，导致孩子就不愿意再去学校接受教育，内心也开始否定自己的能力。其实不只是成绩不好的孩子会产生厌学逃学的现象，学习成绩好的孩子也会，因为他们内心压力很大，也会产生想要逃避学习的情绪。

青少年要学会克服自己在学习上产生的心理问题，正确看待每一场考试。每个人都会在学习上产生迷茫和不知所措的心理问题，但是有的人会用自己的方式克服，或者向教师、家长和其他同学寻求帮助，因为一个人的力量是有限的，在别人的帮助下能快速解决心理问题，最终走出困境。

## 三、人际交往问题

人际交往是青少年进入社会必要的经历，良好的人际关系可使青少年获取外界信息、心理健康发展。但是青少年时期的孩子情绪不是很稳定，会在人际关系上出现隔阂，如父母与孩子之间沟通不畅，也不知道从什么角度进入话题；在学校中会出口顶撞老师，与老师的关系不佳，等等。当这些人际关系困扰到青少年的时候，就会影响他们的心理健康，看似普通的人际关系问题，却因为青少年的心理比较敏感脆弱，往往不能自己克服。为了青少年在人际交往上有良好的发展，可以参考以下对策。

### 1. 与父母之间的代沟对策

**案例**：小明在上小学的时候，总喜欢将学校中发生的有趣的事情讲给自己的父母听，包括自己对一件事情的看法。可是自从小明进入初中之后，他与父母之间的沟通越来越少，他也不再和自己的父母分享喜怒哀乐，总是喜欢自己一个人待在房间里，不愿意和自己的父母交流心事。小明觉得自己的父母不懂自己，不能理解自己的想法，总是喜欢不停地唠叨，所以就不愿意沟通。小明还觉得自己的父母总是过多地干涉自己的生活，吃穿住行自己没有一点参与感。

**解决措施**：小明和父母应该互相理解，多站在对方的角度考虑问题，父母应该及时关注小明的心理健康，引导小明说出自己的心事。

处于青春期的孩子自我意识发展迅速，不要事事都为他们操办好，要开始让他们学会独立，给予他们一定的选择权；要鼓励子女发表自己的想法，不要总是将自己的想法强加到他们身上。父母应该及时关注青少年的心理健康问题，理解孩子的心理变化，不断地调整自己的教育方式。

青少年也应该理解自己的父母，需要多从父母的角度考虑，想清楚父母这么做的意义，知道父母的初衷是什么，学会体谅父母，减少双方之间的摩擦。

### 2. 自身被忽视的对策

反省自己，寻找原因。面对自己不受欢迎的情况时，要学会反省自己，到底是什么原因导致这种现象的发生，是因为自己的性格原因，还是学习成绩的原因，只有找到真正的原因，才能进行自我改正。心思不需要太过敏感，要学会调整自己的心态，学会反省自己，做到对别人的宽容和理解。

诚信为美，互帮互助。假如学习成绩很好，可以主动帮助学习有困难的学生，展示自己友爱的一面，参加活动的时候主动积极，总之还是要打开自己的内心，积极与别人交往，注重生活中的细节，给别人一种无私奉献的感觉。

自尊自爱，自强不息。家庭条件不如其他同学的时候，摆正心态，努力学习，用知识改变命运，不能因家庭的原因影响自己的品质和德行，学会自尊自爱，自强不息，正确地看待自己，不要怨生活的不公平，而是欣然接受然后慢慢地逆风翻盘。与其他人交往的时候，展示自己自信大方的一面。

### 3. 师生关系的对策

教师应帮助学生在人际交往中学会如何正确地去爱一个人，面对叛逆期的学生，学会用关切的眼神和温柔的语气教育学生，实现心与心之间的互动，这样才能触动学生的内心，在一些小的事情上表现老师对学生的尊重和关爱，打消学生的逆反心理。

以学生为本。学生与学生之间是存在差异性的，老师要尊重每一名学生，树立以学生为本的理念，对于学习成绩不好、思想上比较叛逆的学生也要像对待好学生那样一视同仁。这样的孩子往往更加需要尊重和关爱，所以老师一定要做到公平公正地对待每一名学生，注意自己与学生之间的讲话态度，主动建立与学生之间的亲密关系。

## 四、青少年心理压力

**案例**：小兰是初三的学生，马上面临升学考试，可是最近她的成绩都不是很理想，还出现失眠多梦的现象，上课注意力不集中，总是犯困，这些状况她都没有及时和自己的父母进行沟通，自己一个人默默地承受升学带来的压力。她开始怀疑自己的能力，不知道学习的意义是什么，脾气也变得暴躁、易怒。

**案例分析**：小兰现在面临的就是心理压力过大，导致心理和身体上都出现问题，学校教师和家长要找到正确的解决措施，如图15-6所示。

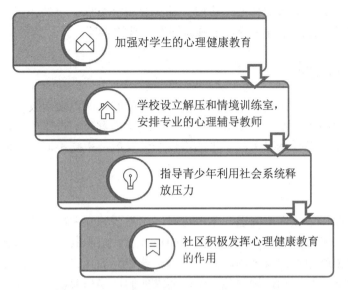

图 15-6 帮助青少年缓解心理压力的方式

### 1. 加强对学生的心理健康教育

学校和教育部门都要加强对青少年的心理健康教育，将心理健康教育贯彻落实到每一名学生身上，提高学生的心理素质，必要的时候可以更改教学内容和教学计划，减轻学生的学习和考试压力。

学校、家庭和社会相互之间都要积极配合减轻青少年心理上的压力，三方共同努力为青少年创造一个轻松愉快的环境。社会要给青少年建立一个科学健康的心理成长环境，家长学会正确与孩子沟通的方式，学校教师关注学生的心理变化，重视学生的心理健康问题，提高学生的抗压能力。

### 2. 学校设立解压和情境训练室，安排专业的心理辅导教师

学校可以专门设置帮助青少年释放压力的场所，还要有专门的心理辅导教师进行指导，学生在心理教师的指导下，能够得到情绪上的释放，调整到较好的心理状态。心理辅导教师要指导青少年如何自我调节压力，积极应对生活和学习上的压力。

解压室的存在就是帮助学生压力得到释放，通过情景模拟的方式让学生积极主动地应对压力，并找到解决的措施，培养学生应对压力的技能。

### 3. 指导青少年利用社会系统释放压力

利用社会支持提高青少年应对压力的技能，从而减轻压力带给青少年的不良影响。引导青少年发掘和利用自己身边的社会资源，提高周围资源的利用率，加强与身边人之间的沟通，帮助青少年建立良好的人际关系，也会完善青少年的社会支持系统。

### 4. 社区积极发挥心理健康教育的作用

社区心理健康工作也是非常重要的，保障社区中的孩子都能心理健康。可以在社区中设立交流室，家长之间可以相互沟通，分享经验，社区最好还能安排专业的心理教师解决家长的疑惑，正确引导家长对孩子的心理健康教育。社区还可以海报宣传等方式提醒家长

重视孩子的心理问题，或者安排心理讲座。社区要积极发挥自己的作用，重视社区中心理健康有问题的孩子，并能正确引导孩子重新拥有正常的心理。

## 五、不良个性问题

青少年身上的不良个性是影响心理健康的重要问题，所以要重视青少年的不良个性，像消极、悲观的情绪等，不仅会影响青少年自己的身心健康，严重的话还会导致青少年的发展失常。教育工作者要及时关注学生的不良个性发展，根据不同类型的不良个性，要采取正当的措施。

### 1. 依赖型

面对青少年存在依赖性的问题，学校可以组织需要独立完成的活动，可以让这类型的青少年去安排一些班级活动，比如寻找活动的地址或者组织其他学生积极参加活动等，将这些责任落实到依赖型学生身上的时候，可以培养他们独立完成事情的能力，还可培养与其他学生之间的交流和互动，增强独立性。要求他们自己想解决问题的办法，要不然他们永远不知道自己的能力。

父母对孩子的关爱要适度，要让他们自己学着解决事情，不要什么事情都替他们安排好，有意识地去锻炼孩子的独立能力，让孩子自己去独立思考事情的对与错。

### 2. 自卑型

面对青少年存在自卑心理的情况，首先要消除周围环境带来的不良刺激，教师和家长对青少年的缺点要宽容和理解，指出缺点之后引导其改正，不要一味地指责和批评，导致孩子心理健康受到影响，要为青少年营造良好的氛围。此外，告知青少年人无完人的道理，正确看待自己的缺点；面对失败的时候也要进行客观分析，对自己有一个正确的认识，知道如何取长补短；引导青少年正确使用自己的心理防御机制，保持积极乐观的心态；面对挫折的时候，要坚持不懈，正确合理地看待自己。

### 3. 孤僻型

面对青少年存在孤僻个性的问题，要学会让他们正确认识自己和别人，有问题的时候可以寻求别人的帮助，团队的力量是无穷的。教师也可以让班级中的同学与孤僻型不良个性的学生进行互动。家长也要及时给予孩子关爱，给予家庭的温暖。

### 4. 暴躁型

面对青少年存在暴躁个性的问题，首先要指出暴躁的危害性，轻的给别人造成心理阴影，重则动手伤害他人。暴躁的行为会让自己缺少朋友，当自己暴躁情绪上来的时候要试着转移注意力，不再关注这件事情，这样就不会激化矛盾。

### 5. 逆反型

面对青少年存在逆反个性的问题，教师要及时给予关心和爱护，从积极正面的角度去引导有逆反心理的学生，破解他们逆反的原因。当这类学生出现问题的时候，一定要客观公正地进行批判，对他们多点包容和理解。

6. 偏激型

面对青少年存在偏激个性的问题，要引导青少年客观、全面地看待事物，思想尽量不极端化，提高该类不良个性青少年的自我控制能力，用学校的行为规范制约他们的不良行为，培养其团结友爱、互帮互助的优良品质。

## 课 后 习 题

1. 青少年常见的心理健康问题主要有＿＿＿＿、＿＿＿＿、＿＿＿＿、＿＿＿＿、＿＿＿＿、＿＿＿＿、＿＿＿＿。
2. 学校心理辅导的内容包括＿＿＿＿和＿＿＿＿。
3. 学校心理辅导的原则是＿＿＿＿、＿＿＿＿、＿＿＿＿、＿＿＿＿、＿＿＿＿、＿＿＿＿。
4. 学校心理辅导的主要方法有＿＿＿＿、＿＿＿＿、＿＿＿＿、＿＿＿＿、＿＿＿＿、＿＿＿＿。
5. 简述心理健康的定义。

# 第十六章 教师心理

教师在学生的学习和生活中起到重要作用。教师的成长历程是非常艰辛的，不光要想方设法提高教育教学能力，还要保证自己的心理是健康的，这样才能传道授业。教师心理健康也会受到各种各样因素的影响，教师要学会对自己的心理健康进行自我维护。

## 第一节 教师的心理特征

### 一、教师角色

教师是家长和学校之间的连接者，也是家长和学生之间的连接者。韩愈曾说："师者，传道授业解惑也。"随着社会的发展，教师在学生中的角色不再只是单一的教书育人，要在传授知识的同时教会学生自己获取知识，有些学生课外知识可能比教师知道的还多，导致教师的角色不再单一化，而是多元化。

之前的教师都是直接将知识告知自己的学生，虽然现在教师依旧需要传播知识，但是主要是通过间接的方式，需要用各种方式调动学生学习的积极性，引导学生学习知识和技能。教师的角色(见图16-1)进入多元化之后，也需要随机应变。

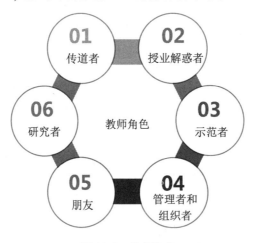

**图 16-1 教师角色**

#### 1. 传道者

教师要告诉学生学习知识的重要性，并将自己的技能和知识传授给学生，知识信息尽量不要提供完整，可以给予他们自己思考的时间，培养学生自主学习的能力。教师除了帮助学生获取知识外，还有传递社会正能量和社会主义价值观的职业任务，教师有指导学生做人的义务。

### 2. 授业解惑者

教师为各行各业培养人才，传播专业的职业技能和知识。教师在经过一定的社会经验积累之后，将自己总结的知识和技能传授给自己的学生，学生在自主学习知识的时候，难免会有疑惑的地方，这个时候教师就要为学生解决困惑，指导学生寻找正确学习的方式，启发他们的学习灵感，为的是让他们形成自己独特的知识结构和技能，用自己的知识和技能在社会上立足，成为社会上有用的人。

### 3. 示范者

教师要以身作则，做好学生的榜样和示范者。教师的一言一行、一举一动学生都会看在眼里，时间长了，学生也会潜移默化地受到教师的影响，因为学生具有向师性，就是教师做什么，学生会模仿什么。

### 4. 管理者和组织者

教师组织各种各样的班级活动或者学校活动，主要是为了帮助学生全面发展，懂得劳逸结合，规范学生的言行举止。教师身负学校教育教学管理的职责，配合学校完成教育教学工作，并对工作进行评价和检查。

### 5. 朋友

教师在学生面前尽量是一位朋友的身份，这个时候才能更加容易知道学生的想法，知道学生的内心活动。其实，学生也希望自己的教师不单单是教师，还是自己的朋友，在需要的时候能帮助自己找到正确的方向。与学生成为朋友之后，学生也更愿意和教师吐露心扉，将自己的喜怒哀乐都与教师分享，这个时候教师才能将其他的角色和身份发挥得淋漓尽致。

### 6. 研究者

教师的工作对象是学生，学生是充满生命活力的个体，而且每名学生之间都存在差异，教师只有研究每一名学生的个性和特点，才能找到适合每一名学生的教育方式。教师也要不断地与时俱进，掌握最新的人文知识和科学知识。教师要用一种发展的态度对待自己的工作，更新自己的想法，不断地创新和学习。

## 二、教师威信

教师只有在保持自己威信的时候，才能更好地完成教育教学工作。教师要不断地学习教师职业技能，拥有过人的本领，这只是维持威信的一部分，以下是教师树立威信的具体方式总结，如图16-2所示。

### 1. 关爱、尊重、相信自己的学生

学生在不同的年龄阶段有不同的想法和心理活动，这个时候教师就要想方设法从不同方面了解自己的学生，关爱和照顾每一名学生。尊重学生的爱好，教师也可以关注学生的兴趣爱好，培养自己和学生之间的共同话题，拉近彼此之间的距离，有益于双方之间建立

信任的关系，这样教师在开展教育教学活动的时候才会顺利。假如学生将自己的秘密和想法告知教师时，教师要守护双方之间的秘密，学生因为信任教师，才会将自己的秘密告知教师，教师要重视这份来自学生的信任。

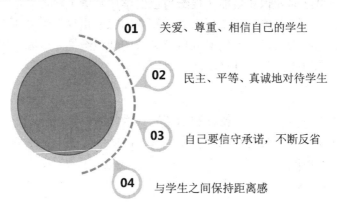

图16-2 教师树立威信的具体方式

教师交付给学生事情的时候，要以积极热情和信任的态度，相信自己的学生能够将这件事情顺利完成，信任是相互的，他们也会不负重托。教师要掌握好事情的度，私人的事情或者重要的事情尽量还是自己亲力亲为。

### 2. 民主、平等、真诚地对待学生

教师不能因为学生之间存在差异性，就对学生进行区别对待，要正确看待每名学生的学习成绩和性格。教师和学生之间要保持平等的身份，在理解和尊重的前提下，赢得学生的爱戴。对于学生发表的观点和想法，教师要积极地重视起来，公平地看待学生提出的问题，面对合理的建议要积极采纳。

学生和教师之间进行真诚的讨论，平等的相处方式学生才会更容易袒露心声，教师才能知道学生内心的想法；教师也要用真诚的态度对学生提出的问题进行分析，对自己的学生进行正确引导。

教师要学会制定合理的奖惩制度，面对犯错误的学生决不姑息，也不能忽视表现良好的学生，要做到一视同仁，不能因为极少数犯错误的学生对集体进行批评，否则表现好的学生心理会感受到不公平，慢慢地开始不信任教师，与教师在心理上产生距离。教师在批评和表彰上要做到民主化，可以询问学生的意见，不可以独断专行。

教师在面对学生礼貌的问候时，也要做出礼貌的回应，因为教师和学生之间的关系是平等、民主的，并没有谁是高高在上和优势的，不要摆出一副教师的架子，面对学生的礼貌教师也可以进行表扬和赞赏。

### 3. 自己要信守承诺，不断反省

教师对于自己制定的规章制度，一定要切合实际地执行，做到言出必行，信守承诺，言行如一。教师要是言而无信，那么教师的威信也会随之消失，学生也就不会再信任教师。

#### 4. 与学生之间保持距离感

教师要掌握好和学生相处的距离。虽然教师和学生之间要亲密相处，可是假如教师和学生太过亲密，很可能会失去学生的敬畏和尊重，教师要想在和学生和睦相处的同时保持自己的尊严和威信，就要与学生保持合适的距离。

## 三、教学效能感

教师的教学效能感指的是教师对自己的教学有信心，能利用自己的能力对学生产生积极的影响。教师的教学效能感对教师的教学活动和教学方式有一定的影响，教学效应感高的教师在选择和坚持上都会比效应感低的人更加有毅力，同时也比较喜欢挑战教学难度比较大的工作，努力程度也会更高，在教学上遇到困难的时候能够坚持完成，为实现自己的目标创造有利条件。

教学效应感高的教师更强调自由、以学生为本的教育理念，更加民主化的教育方式能够活跃课堂气氛，不会限制学生的自由想象；相反，教学效能感低的教师，教学方式比较死板，单一化地传授学生知识，学生不会对问题进行自由发挥，课堂氛围比较沉闷不活跃，所以教师有必要提高教学效能感。

首先，从社会角度出发提高教师教学效能感。社会要保持对教师的尊重，维护好教师教书育人的良好社会风气，党和国家也要加大对教育部门的支持和投入，强化社会作用，提高教师在社会中的身份地位，在这样的社会环境下，教师的教学效能感才会提高。

其次，从学校角度出发提高教师教学效能感。学校要制定相应规章制度，为的是形成良好的学校校风，教师也应严格地按照规章制度进行工作，学校领导要为教师做好榜样，严于律己，对于表现良好的教师要实行奖励制度，不能辜负教师对学生的认真努力和对教育工作的忠诚。学校和教师之间要相互沟通，鼓励教师发表对学校管理和决策的看法，提出建设性的意见；学校也要积极配合教师的教学工作，同时也要提供有利条件。在这些好的制度下，教师的教学效能感也会提高。

最后，从教师个人角度出发提高教师教学效能感。教师才是教学工作的主要个体，承担教学中最重要的职责。教师个人可以从以下方面入手提高教学效能感。

#### 1. 提高自身素质

教师要学会提高自身素质，这样才能更好地教育自己的学生。现在知识更新换代的速度比较快，教学技能和方式也在不断改变，这个时候就需要教师跟上时代的步伐，不断学习新的知识，充实自己，学习新的教育理念和方式，还要学习心理学，了解学生的心理活动，提高教学手段和教学能力，增强教师教学效能感。

#### 2. 向优秀教师学习

学校之所以会制定教师听课制度，是因为想让教师之间进行教学交流，看看别的教师是怎么向学生传授知识的，面对好的教学理念，要进行吸收转化成自己的方式，向优秀教师学习，改进自己不恰当的教学方式，增强教学效能感。

### 3. 进行归因训练

有的时候教师在面对教学的时候也会出现无能感和消极心态，因为他们总是将教学中出现的问题归结为不可控和否定自己上，或者归结到自己无法改变的原因上，所以教师有必要进行归因训练。归因训练可以通过各种方式进行学习。

### 4. 学会不断反思

教师要时刻对自己的教学方式进行反省，仔细寻找自己教育方式中的不足，并进行改正，不断提高自己的教学能力，增强自信心，促进良好的教学效能感。

## 四、教师期望

教师期望的主要对象是自己的学生。每个教师都非常关爱学生，并对他们抱有一定的期望，希望他们成为有用的人。教师的期望能产生积极有效的作用，尤其是对学习成绩不理想的学生，教师的期望和关爱会有明显的正面效果，学生会因为教师的鼓励和刺激变得更加上进。教师对学生的期望应该具有以下特征。

第一，教师期望具有鼓励性。教师给予学生鼓励性的评价时，学生的学习动力就会有所提高。其实，谁都希望自己被认可，当学生做一件事情成功的时候教师就可以适当地鼓励他，提高学生的积极性和主动性。

**案例**：小中是班级中的差等生，一直不愿意努力学习，各科教师都非常不喜欢他，甚至对他产生偏见。但是班主任张老师并没有对小中的行为进行批评教育，而是观察了一周左右的时间，发现小中虽然上课不认真听讲，但是并不会扰乱课堂秩序，只是成绩差一些。于是张老师开始在班级中对学生的学习成绩制定奖励制度，专门针对学习成绩进步的学生。张老师发现学生都开始铆足力气争取奖项，小中也不例外。

一周后的考试，小中的成绩明显上升，张老师将进步奖给了小中和其他几名学生。从那时开始，小中开始注重自己的学习，不懂的题就主动问老师，成绩也一直在进步。

**案例分析**：张老师对小中还是抱有一定期望的，所以才会设置班级奖励制度，提高小中学习的积极性和主动性，让小中充分认识到自己的能力和潜力。

每一个人都渴望成功，教师就是学生成功路上的指引者，学生也会带着教师的希望完成自己的学业，最终成为自己和教师期望成为的人。

第二，教师期望具有合理性。教师对学生的期望必须是合理的，太高的期望对于学生来说完成起来比较困难，还容易丧失信心和斗志，使学生放弃努力，自暴自弃，所以合理的期望很有必要。

班级中每个学生因为差异性的原因接受知识的程度是不同的，教师要做的就是因材施教，不能有同等水平的期望值，要根据学生的个体差异，掌握知识的能力水平，以及心理素质给予不同的期望。教师的教育教学内容要有针对性和区别性。

教师的期望和学生的健康成长有必然联系，当教师希望学生能有更好的发展时，就应该传递积极性向上的期望，所以教师要有正确的学生观，这样才能使学生良好地发展。

## 五、教师的人格品质与认知风格

教师的人格品质对于学生来说也是非常重要的。教师应该具备的优秀人格品质如下。

### 1．喜爱教师职业

教师只有真正对自己的职业产生兴趣的时候，才会对职业产生积极性和主动性，推动教师认识新的世界，不断地求知和探索，研究学生的心理健康发展，用自己的热情去了解学生。教师的兴趣爱好也要广泛，这样更能赢得学生的喜爱和关注。

### 2．正确的教育动机

教师要忠诚于自己的事业，保持自己的职业操守，做好将自己的一生奉献给教育事业的准备，事业心强且有奉献精神是教师必备的人格品质，是最高尚、最正确的教育动机。

### 3．健全的自我意识

教师要有健全的自我意识，能够正确地认识自己，还能客观地对自己进行评价，知道自己的优点和缺点。一名优秀的教师要学会自尊自爱，具有顽强、自信的品质，面对学习成绩不好的学生时，要将自己不卑不亢的精神表现出来，努力实现自身价值。

### 4．良好的性格

性格良好的教师更容易赢得学生的喜爱，更能与学生之间建立亲密关系，与学生成为朋友。教师一定要具备公平公正的品质，关心爱护班级中的每一名同学，即使是学习成绩不好的学生也要做到一视同仁，决不产生偏见。学生对教师提出怀疑的时候，教师一定要虚心接受并给予鼓励。教书育人是一件既困难又复杂的工作，所以教师一定要用热情饱满的态度面对自己的工作，用活泼开朗的性格感染学生。

## 六、教师的必备能力

教师要具备一定的能力才能更好地完成自己的教育教学任务，教师的能力也会影响学生的学习成绩。教师需要具备的能力可以从文化素养、教学能力、职业修养和教育观念四个部分进行说明。

### 1．教师的文化素养

教师要精通自己学科的知识，具有扎实的知识基础。教师的知识程度要比学校规定的教学大纲更高，这样才能拓展学生的知识面。对于教师来说，除了能熟悉自己学科的教材知识，还要具备一定的总结能力，形成一个完整的知识体系，讲课的思路才能更加清晰，学生学习起来也会更方便、更容易。

教师要博学多才。现如今施行素质教育，目的是培养学生的创新能力和综合素质，教师之间也要相互沟通，相互学习，好的教学方式要拿出来同大家分享，教师的知识体系也要进行不断的更新，要与时俱进，培养学生的自主创新能力，教师的博学多才也可为学生提供更大的帮助。

教师要懂心理学。教师的教育对象是学生，学生属于复杂多变的个体，所以教师要懂心理学，这样才能更好地掌握学生的心理活动，知道如何和自己的学生相处，当自己的学生身心健康出现问题的时候，能及时找到与之对应的解决措施。

### 2. 教师的教学能力

教师要具备良好的语言表达能力。语言表达是教师必备能力之一，教师需要依靠良好的表达能力才能将知识传授给学生，这种口头相传的方式要求教师的表达要清晰，尽量生动形象、抑扬顿挫。

教师要具备创新能力，成为创新型教师，不断地拓展自己的知识视野。教师要对自己的教学方式进行研究，对自己的教育能力有独特的见解，善于发现新的方式并用在教学上。

教师还要具备一定的组织能力。教师要积极调动班级学生的积极性，组织学生积极配合教师完成教育教学内容。教师要维护好班级秩序，活跃班级气氛，引导学生独立思考，同时组织学生完成学校安排的活动。

### 3. 教师的职业修养

教师必须具备高尚的职业道德。假如教师的职业道德有问题，学生很有可能就会有样学样，最终导致学生的修养也产生问题。教师要热爱自己的工作，提高政治素质，思想上做到与党保持高度一致，发挥自己教书育人的作用。

### 4. 教师的教育理念

时代在不断进步，教师要有观察新时代教育理念的能力，教师的教育观念要与时代保持一致，树立以学生为本的教育观念，关注学生的心理成长和健康发展，尊重学生的自由发展和创新思想。整个教育理念就是以学生为主体，培养学生的创造能力。

## 第二节 教师的成长与发展

教师所走的每一步都是为了学生和教育事业，教书育人的工作是非常重要和复杂的，所以要关注教师的成长和发展。教师成长和发展有基本途径，帮助教师提高教育教学经验和能力，最终成为专家型教师。

## 一、教师的成长历程

每一名教师的成长都会付出汗水，不是所有的教师开始工作的时候都很优秀、出类拔萃，优秀教师都是经过一点点磨炼成长起来的，他们不断地改进自己的教学机制，为的是学生能够适应自己的课堂氛围，找到学习知识的技巧。

教师在不同成长阶段关注的问题也是不同的，大致可以将教师的成长历程分为三个阶段。

### 1. 关注生存阶段

关注生存阶段的教师一般是初入教师行业的新人，此时的教师首先关注的是自己能否在教育行业生存，作为一名教师能否适应工作环境，自己的学生是否喜欢自己，能否和他们成为好朋友，还会思考同事和领导对自己的看法，这些都是新教师最初比较关注的问题，刚接触学生的时候还是比较迷茫的，不知道如何和学生相处。

有些教师初次讲课的时候总是想先给学生一个下马威，让学生知道自己的厉害，因为每一名教师都想成为课堂上的管理者，想要控制自己的学生按照自己的想法来维持课堂秩序，所以有些新教师会花大量的时间处理自己和学生、自己和同事、自己和学校之间的关系。

### 2. 关注情境阶段

教师度过生存阶段之后，开始适应教育工作的制度，此时的教师就会将注意力转移到学生的学习成绩上，也就是进入关注情境阶段，也是想给学校和家长一个交代，一方面是自己能胜任教育工作，另一方面是家长可以放心将孩子交给自己教育。

这一阶段的教师开始关注自己如何能讲好这节课的内容，自己的学生能否适应这样的讲课方式，关心的问题总是在传授知识方面，开始模拟教学情境，思考班级内部、讲课时间和备课材料的问题，将自己带入模拟的情境教学中。有时候学校会安排其他教师听课，一方面是互相传授讲课知识，另一方面了解这部分知识如何与情境教学连接到一起，一般情况下教师比较关注最后的评价，找到自己不足的地方。

### 3. 关注学生阶段

前两个阶段顺利完成之后，教师就开始关注自己的学生，不单单是学生的学习成绩，还包括学生的身心健康等，教师开始研究学生之间的差异性，知道每名学生的缺点和优点，找到适合学生的学习方式。

学生之间的差异性对于教师来说是必须思考的环节，只有意识到不同发展水平的学生的不同需要才能因材施教。每一名学生吸收知识的能力是不同的，教师不能急切地去要求自己的学生，对不适合学生的教学方式和教学材料要及时调整。教师开始关注自己的学生，也就意味着教师的成长开始逐渐走向成熟。

## 二、教师成长与发展的基本途径

教师的成长和发展途径可以从新教师和在职教师两个方面入手，毕竟因接触教育事业的时间不同，课堂经验和教育教学方式都是不同的。一方面为新教师提供师范教育培养训练，了解最基本的教育知识和教学技能，从而扩充教师队伍。另一方面为在职教师提供实践训练，为的是提高教师综合素质，帮助新手型教师向专家型教师转变，为了促进教师的成长和发展，有以下四种基本途径，如图16-3所示。

图 16-3　教师成长和发展的基本途径

1. 观摩分析教学

教师对教学活动的观摩一般可分为有组织观摩和无组织观摩两种类型。区别就是一种是有目的、有计划的观摩，另一种是没有组织的观摩。

一般情况下，组织观摩教学活动的意义是让新教师和教育经验缺乏的教师学习优秀教师的教学方式。在学校中，可以组织观摩教学，也就是所谓的班级听课，或者观看优秀教师经典的教学影像。在学校外，教师自己可以报专业的教师辅导团队的课程，学习新颖的教育方式。

非组织的观摩教学一般要求教师具备相当完整的教育知识体系和观察力，要不然很难获得预期效果。观摩的过程中，教师可以对优秀教师的专业知识和教育教学经验进行分析，自己欠缺的地方要重点关注，然后再应用到自己的教学实践中，提高自己的教育教学能力。

2. 开展微格教学

微格教学也就是小型教学课堂，以少数学生作为对象，将这种形式的教学课堂录制成视频之后再进行分析。微格教学的方式主要是训练新教师，目的是提高他们的教育教学水平，加深新教师对自己教学行为的分析，有目的地开展教学工作，这也是一种相当有效的教学方式。假如不进行微格教学，新教师很难看到自己不足的地方，更不知道如何改进自己的教学内容和方式。微格教学的方式比普通正规的教学方式更能提高教学水平。

3. 进行专门训练

要想促进教师的成长，必须对教师进行专门的训练，做好每一个关键步骤的工作。例如，每天都回顾一下课堂上的情境，为学生布置家庭作业等。教师一定要将教学策略发挥到极致。

4. 反思教学经验

教师每天应对自己的教学经验进行反思，没有反思就不会成长，教师可以将一天的教学工作写入自己的日记中，也可记录当天在观摩教学中获得的经验和知识。

其实，教师成长和发展的基本途径有很多种，教师也可以通过其他的方式帮助自己成长，同时学校也要为教师提供便利的工作环境和学习条件。

## 三、专家型教师

专家型教师指的是有自己擅长的专业领域，与其他新手教师相比具有丰富的专业知识和较高的知识水平，面对课堂或者班级中突发状况时，能及时找到解决办法。专家型教师拥有完整的知识体系，可以熟练地将自己掌握的知识传授给学生。

一般情况下，教师要经历五个成长阶段才能最终成为专家型教师，分别是新手水平、胜任水平、熟练水平、最终阶段和专家水平。要想成为专家型教师，从事教师行业的时间要长，每一个成长阶段都是必不可少的，普通型教师要经过层层磨炼才能达到专家水平。要想成为专家型教师，必须学会以下几点。

1. 学会奉献

专家型教师一定要树立远大的志向并矢志不渝地实现自己的目标。专家型教师基本上将自己的一生都奉献给了教育事业，无怨无悔，帮助学生获得知识，完成梦想。教师从事的工作，每天都是在为自己的学生付出，为学生的将来负责。为了国家发展进步，教师必须负起教书育人的责任，使国家变得更加强大。

2. 学会认真

专家型教师必须将认真放在工作首位，要秉承严谨的工作态度。教师面对的工作对象是学生，学生的每个阶段都离不开教师的指导和帮助，所以教师自身就要树立正确的三观，这样才能教育好自己的学生。

教育工作繁重又很复杂，这就要求教师一定要兢兢业业地教书育人，绝对不能出现任何差错，否则就会误导自己的学生，导致学生的三观出现问题。教育工作中的每一个环节都要讲究实事求是，不能掺杂半点虚假。教师与学生相处的时候，要认真观察学生的变化，尤其是进入青春期阶段的学生，心理活动比较多变，一旦发现有问题的学生，一定要进行正确引导，避免学生误入歧途，使学生健康快乐地成长。

3. 学会合作

合作达到共赢的战略同样适用于教师行业中。优秀教师的团队力量是不可小觑的，不能因为自己是专家型教师就看不起新手教师，不愿意与他们合作，进行交流分享经验。虽然专家型教师从事教育行业很多年，但是教育理念和观点有时候不能及时跟上社会发展的脚步，还是老一套的陈旧教学理念。相反，新手教师虽然施教时间比较短，但是教学理念比较新颖，更能活跃班级学习氛围。

教师之间要学会互相合作，共同培养新时代的新青年。同时还需要学校和家长共同配合教师，完成培育学生的任务。教师要及时与家长沟通学生的学习和心理情况，让家长做到心中有数。师生之间也要积极配合，随时沟通，最好建立民主、平等的合作关系，这样学生的创造力才能更好地发挥出来。

4. 学会学习

专业教师要学会学习新颖的教学观念，做到与时俱进。面对自己学科知识储备不足的情况，要及时进行补充来满足学生的不同需求。教师要找到适合自己的学习方式，这样才能事半功倍，不是只要求学生不断学习，专业教师也是一样的，不学习就会退步。

教师学会学习的原因主要有两个：一个是学校的教育体系要求教师学会学习，同时也能指导自己的学生学会学习，教师的学习方式会直接影响学生；另一个是知识飞速发展的时代客观上要求教师必须学会学习，教师每天都会接触新的知识，面对这些知识，教师必须学会筛选、加工、整理，这样才能传授给学生。

5. 学会研究

专业教师本身就是一位研究者，要研究每名学生的差异性，还要不断研究科学的教育教学方式。教师只有做到在自己的教育工作中不断反思、不断研究，才能获得持续性发展和适应教育改革的要求。

# 第三节　教师心理健康

心理健康是教师必备的素质之一，教师在健康的心理下，才会更加热爱自己的工作和学生，才会处于积极向上的工作状态，发挥主观能动性。教师心理健康出现问题后，会对自己的生活和工作造成不良影响，所以需要自己进行维护和调节。

## 一、教师心理健康的标准

除了要关注学生的心理健康外，教师的心理健康也不能被忽视。假如教师的心理不健康，那么学生也会受到直接或者间接的影响，同时教师的心理健康也关系其个人的人生和社交关系。教师心理健康的标准，如图16-4所示。

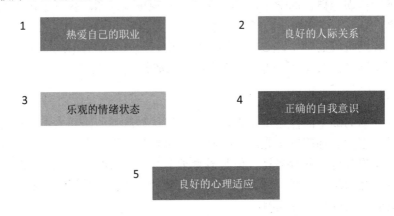

图 16-4　教师心理健康的标准

### 1. 热爱自己的职业

教师要认可自己的职业和角色，选择教师行业的时候就要做好心理准备，毕竟教师职业相对比较辛苦，服务的对象是学生，需要花费的时间比较长，很可能要牺牲掉自己的业余时间。教师要有一定的能力培育自己的学生，将自己的满腔热血奉献给教育事业。

### 2. 良好的人际关系

教师每天接触的不只是自己的学生，还有同事和领导等各种各样的人际圈子，要维护良好的人际关系，包括与家长和学生的关系。家长可以向教师咨询自己孩子的学习状态和学习成绩，此时教师要如实地告知家长，双方之间相互配合，共同完成对学生的教育。教师处理不好自己的人际关系，情绪就会变得非常郁闷，影响教书育人的工作，还会将自己的不良情绪带给学生。

### 3. 乐观的情绪状态

教师每天都要保持乐观的情绪状态，不可以受外界因素的影响，毕竟每天接触的是学生，即使再糟糕的事情都要调整好自己的情绪状态，不可以被自己的坏情绪所左右。面对顽皮的学生和犯错的学生也不要发火，控制好自己的情绪。有时教师会面临家长的责难，需要有能力调整和控制情绪，做到尽可能地理解家长、包容学生。

#### 4．正确的自我意识

教师要正确认识自己，充分了解自己，包括自己的优点和缺点，能做到取长补短，自信地面对自己的工作。假如教师对自己没有充分认识，就会产生消极悲观的情绪，影响工作状态，所以教师要正确认识和客观评价自己，不要过度地否定自己。

#### 5．良好的心理适应

面对社会的进步和发展，教师需要学习的知识比较多，需要面对的压力也很大，这个时候教师就要找到正确的方式调节自己的心理，消除自己的骄傲心态，改变自己的封闭心理，形成良好的适应心理。

## 二、中小学教师常见的心理问题

近几年，教育工作者压力普遍升高，不管身处什么地区、什么年龄的教师，心理都可能出现不同程度的问题，但是教师出现心理问题的比例比学生出现心理问题的比例低，所以各行各业普遍不重视教师的心理问题。中小学教师常见的心理健康问题，如图16-5所示。

图16-5　中小学教师常见的心理健康问题

#### 1．自卑心理

有时候教师内心也会出现自己不如别人的心理，面对别人的批评和怀疑心中会产生苦恼，因长时间内心的情绪得不到释放就会产生自卑心理，开始不断地怀疑自己的能力和水平，认为自己处处不如别人，这样的消极和自卑心理常常导致稍微努力就能完成的任务也选择放弃。在人际交往中，也常常因为不够自信，不愿意和同事之间沟通，缺乏人际交往的勇气和信心。

#### 2．嫉妒情绪

有些教师，其能力和才华确实比较出众，但是有些教师就是看不惯比自己能力突出的教师，因此产生嫉妒情绪，平时看见优秀的教师时总是喜欢冷嘲热讽。还有就是过高地看重自己的能力，极度以自我为中心，总是看重不切实际的东西，事事都喜欢抢占风头。

### 3. 焦虑心理

有的教师总是喜欢过分要求自己，约束自己的行为，很怕自己的一举一动会带给学生不好的影响，过分追求完美，还会时常感觉没有安全感，会因为在学生面前犯错误而产生不健康的心理，总是一成不变地完成自己的工作，内心非常敏感。

### 4. 性格问题

性格上的孤僻和忧郁也是不健康的心理，具有这种问题的教师不愿意和别人主动交流，总是将自己的内心封闭起来，不愿意别人走进自己的内心世界，有时还会误解别人的想法，内心缺乏安全感。有时候还会回想之前不开心的事情，越想心情越是烦闷，开始多愁善感，愁容满面。

### 5. 逆反心理

逆反心理强的教师不能客观地看待周围的人和事，喜欢在情感上与别人保持对立面，常常在一件事情上产生与其他人不同的认知和想法。有逆反心理的教师会有不同种状态，有时还会产生生理上的症状。

教师长时间的心理不健康，也会导致生理上的不健康，最终对自己的行为和事业都会造成一定的影响。教师产生心理健康问题的原因有很多种，需要找到与之对应的原因，再进行调整和改变。

## 三、影响教师心理健康的因素

教师心理健康出现问题后，会对其生活和工作造成不好的影响。影响教师心理健康的因素如下。

### 1. 事业上的压力

现如今，国家非常重视学生的教育问题，孩子是祖国的花朵和国家的栋梁，教师必须小心呵护，保证其健康成长并具备应有的知识技能和文化素养。社会、家庭和学校都非常重视成绩问题，学生之间的成绩竞争也日渐激烈，还有家长之间总是进行孩子之间的比较，所以教师必须做到令各个方面都满意。

学校还会对教师进行考核，本身工作上的压力就已经很大，还要面临考核制度，高度紧张的工作状态下，教师的心理就会受到影响，教师的人格发展也变得不健康，养成不好的性格。

### 2. 工作上的不被理解

社会各个方面都对教师过分苛责，认为学生的学习成绩不好是因为教师的教育没有到位，教师教育学生的方式不对也要受到各界人士的批评和责难。虽然外界只是简单的几句话，但是会造成教师一辈子的阴影。各个方面的不被理解导致有志从事教师行业的人越来越少，长此以往，学生很难接受到良好的教育，所以应给予教师一定的宽容和理解。

教师没有充分的权力管理学生，口头教育起不到好的作用，过激的教育方式又不被理解，成为好的教师越来越难，管理不好学生还要面临学校领导的批评教育。这个时候教师就要保持良好的心态对待自己的工作，既然从事教育行业，就要做好面临各方面压力的心理准备，矢志不渝地完成教书育人的任务。

### 3．工作的沉重和重复

教师每天的工作模式是相对固定的，如讲课、备课、批改作业等，除了这些，教师还要关注学生在学校中的生活琐事，处理学生之间的矛盾，即使做得再好，总有些人还是觉得不满意，所以教师永远都要面临各种各样的问题和困难，有时学生和家长之间的矛盾，教师都要帮忙化解，此外，还要参加各种各样的会议，大量沉重而重复的工作很容易影响人的心理健康。

### 4．工资收入不理想

教师的工资收入水平并不高，尤其是幼儿园和小学教师，但是工作任务量却从来没有减少过，随着社会的发展，对教师又提出更高的要求，面对报酬和付出不对等的情况，有的教师容易心理失衡。在这方面，国家也要保护好教师，给予相应的重视。

## 四、教师心理健康的自我维护

教师既要关注学生的心理健康，也要关注自己的心理健康。教师压力大，很容易影响生活和工作，身心都会受到相应程度的影响。教师进行心理健康自我维护的方法如下。

### 1．树立正确的自我认知观

教师需要与很多人打交道，打交道中的任何人都可以对教师进行评价，与这些人相处的时候教师很容易会产生焦虑心理。其实教师心中也会默默地对自己进行评价，反思一天的教学进程，甚至评判标准比别人更严格。

在双重的压力下，教师要树立正确的自我认知观，从各个方面客观公正地看待自己。教师应该不断地接受新的知识，开阔自己的视野。教师可以利用微格教学的方式回顾自己的讲课方式，观察学生能够接受哪种方式，这样才能更加客观地认识自我，也能客观地接受别人的评价，理解别人对自己的看法。

### 2．以平常心看待失败

其实，教师心理健康的自我维护方式有很多种，最核心的是教师在面对失败时的心理。教师应该以平常心看待自己的失败，并将自己失败的经历告诉学生，避免自己的学生重蹈覆辙；也可以将自己的经验总结告知学生，减少他们走弯路的可能。失败是成功之母，没有经历过失败，就不能让自己拥有强大的内心，所以教师也要帮助学生在失败后吸取教训，积累人生经验。

### 3．多角度思考问题

很多教师都会因为不能帮犯错的学生避免处分而内疚，其实这是再正常不过的事情。教师可以换个角度思考，将这种内疚转化到对不良学生的教育上，用各种方式帮助学生产生学习兴趣。

## 课 后 习 题

1. 教师角色主要有_____、_____、_____、_____、_____、_____。
2. 教师期望的特点是_____、_____。
3. 教师成长历程的阶段主要有_____、_____、_____。
4. 中小学教师常见的心理问题有_____、_____、_____、_____、_____。
5. 简述教师如何树立威信。